財政規律の研究

Begrenzung der Staatsverschuldung und die Verfassung

ドイツ憲法上の起債制限

石森久広［著］
ISHIMORI Hisahiro

有信堂

はしがき

　財政法上，いわゆる赤字国債が禁止されているわが国で，長年にわたり特例法に基づく赤字国債が発行され続け，これを主因に，国および地方の長期債務残高は増加の一途をたどり，OECD（経済協力開発機構）加盟国のなかでも，群を抜いて高い数字を示している。

　日本国憲法 83 条が定める財政国会中心主義は，（内閣の）「財政を処理する権限」と（国会の）「財政を決定する権限」を区別し，前者は後者に基づくものでなければならないという関係を示している。そのなかで，必要な支出に見合う財源をどう調達するかの決定は，財政民主主義の核心部分に属する。累積債務も国会の議決に基づく起債が積み重なったものであり，その都度および恒常的に経済学者・財政学者の助言も仰いでいる。それゆえ，現在，膨大な累積債務を抱える状態に至っていることの是非にはひとまず立ち入らない。問題は，財政法上の原則を国会自身が例外を通例化してしまい，あたかも例外が常態化・原則化してしまっていることである。これにも，ひとまず国民の意思は反映されているとみることはできる。しかし財政法の「法的規律」が全く機能していない点は，公法学の立場からは看過できない問題である。

　ドイツにおける公債制御につき，大きな特徴を挙げるとすれば，まず第 1 に，それが「法律」ではなく憲法で規定されているということである。議会の行動を適切に制御するには，議会自身の制定する法律では足りず，憲法による規律が効果的といえる。第 2 に，ドイツでは，憲法自身が折に触れ大きく改正される（憲法上の公債制限規定の変遷を「第 1 章」で扱い，規定の変遷の一覧を「巻末資料 1」に掲載する）。戦後制定された基本法の公債制限規定も，財政改革によって 1969 年に（「ゴールデン・ルール」と呼ばれるこのときの規定を「第 2 章」で分析する），また，第 2 次連邦制度改革を経て 2009 年に（「起債ブレーキ（Schuldenbremse）」と呼ばれる），それぞれ大きな改正が施されている。そして第 3 に，

ドイツでは，予算が「法律」の形式をとるため，憲法裁判所の規範統制の対象になるという特徴があり，判例を通じて法律学からの研究も少なくない。いずれも，わが国と対照的である。

規範統制訴訟としては，1989年（「第3章」）および2007年（「第4章」）と2つの連邦憲法裁判所判決が出されている。いずれも違憲判断はなされていないが，判決を契機に，わが国ではみられない法的議論を引き起こしている点は注目に値する。特に2007年判決は，厳しい特別意見によって，2009年型への憲法改正が強く推進された経緯がある（判決文の抄訳を「巻末資料2」に掲載）。以上を背景に，ドイツで実際にどのような検討過程を経て成案に至ったのか，その中心となる第2次連邦制度調査会に注目し，同調査会の検討過程のうち，2007年6月の「専門有識者ヒアリング」および2008年2月の「連邦財務省案」を取り上げ，ここで行われた，特に専門的意見を中心とした議論を跡付ける（「第5章」）。そのうえで，憲法上の新しい公債制限規定として採用された「起債ブレーキ」が有する意義と課題を探り，ドイツが「ゴールデン・ルール」を放棄し「起債ブレーキ」を選択した判断過程につき，わが国の財政規律のあり方を検討する際の好個の事例として論点を整理する（「第6章」）。加えて，このドイツの「起債ブレーキ」導入の背景には，国際的にも，財政に関し切り離して議論できない当時のEUとの関係，そしてスイスの「起債ブレーキ」が密接に関わっており，これを分析することにより，ドイツ公債制限規定の欧州における立ち位置を明らかにする（「第7章」）。

ところで，財政規律の担保を裁判所によって行うことがひとまず困難なわが国においては，財政規律実効化の鍵が「財政決定者のコントロール」にあるなか，手懸かりを裁判所以外の専門機関にも求めざるをえず，そこで本書は，新しい「起債ブレーキ」のなかで早期警戒システムに組み込まれた安定化委員会（Stabilitätsrat）（「第8章」），および「憲法機関」として財政コントロールを担う会計検査院の機能に着目する（「第9章」）。特にこれらの機関においては，持続可能な財政の維持に向けた活動，なかんずく「助言」「勧告」「警告」によって，いかに財政決定者の説明責任，および財政規律に対するコミットメントを引き出せるかがポイントとなることを論じる。

結論として，ドイツの動向をみるとき，今後，わが国において国会の財政決定権の規律を機能させるには，憲法上の規範を創設することが格段の手懸かり

となることは否定できない。その場合の選択肢は，第1に，財政法4条の規定をそのまま憲法に規定する，第2に，1969年改正型のように，「建設国債」を構造的制約とし，これに景気条項を設ける，そして第3に，2009年改正型のように，明確な数字でフレームを設定する，という3つのモデルが候補となりうる。もっとも，これらの選択肢を前に，わが国財政法4条に関する議論を振り返ると，さしあたり，わが国では，①「赤字国債」の可否，②可である場合の景気条項の導入の妥当性，③景気条項のもとで必要となる「建設国債」の定義厳格化の議論が未経験であることがわかる。まずはこれらの議論が不可欠である。そのうえで，第1の選択肢は，はたして「建設国債」のみの規範で現実的か，第2の選択肢は，景気条項の曖昧さが結局規律を緩めることになりはしないか，第3の選択肢は，「財源をどう調達するか」を決定する自由度は相当に減殺され真に必要な起債がなされないおそれはないか，の検討が必要となることを指摘する（「第10章」）。

　以上を通じ，本書は，財政民主主義を標榜する日本国憲法のもとで，真に「国民のための財政」を実現していくためには，「国会の議決」（「財政の決定」）そのものにも規律が及ぶしくみを構築する必要があることを主張しようとするものである。

　本書の刊行に当たっては，有信堂高文社の髙橋明義社長から多大なご支援をいただきました。的確なアドバイスと寛大なご対応を随所に織り交ぜながら，日常を忙殺される私を何度も救ってくれました。ここに記して，深甚なる感謝の気持ちを申し上げます。

　また，本書には，2017年度西南学院大学出版助成が交付されました。

　2017年12月24日

石森　久広

財政規律の研究──ドイツ憲法上の起債制限／目　次

はしがき

第1章　ドイツにおける憲法上の公債規定の変遷 ─────── 3

　　はじめに　3
　　I　1949年基本法制定までの憲法上の公債規定の変遷　4
　　　1. 等族制国家における信用借入れ（4）　2. プロイセンの憲法, 北ドイツ連邦憲法・ドイツ帝国憲法・ワイマール憲法における信用借入れ（6）　3. 1949年基本法（8）
　　II　2009年改正までの基本法上の公債規定改正の変遷　9
　　　1. 制定から1967／1969年財政改革まで（9）　2. 1967／1969年財政改革による基本法改正（11）　3. 財政改革後2009年改正に至るまでの公債規定（12）
　　III　ゴールデン・ルール下の連邦憲法裁判所判決　13
　　　1. 起債制限規律の不明確さに対する連邦憲法裁判所の疑念（13）
　　　2. 連邦憲法裁判所による憲法改正要求──2007年判決（14）
　　IV　2009年改正による基本法上の公債規定　15
　　　1. 第2次連邦制度改革（15）　2. 2009年改正基本法の内容（16）
　　おわりに──法問題としての公債制限　17

第2章　基本法上の旧規定「ゴールデン・ルール」 ─────── 19

　　はじめに　19
　　　1. ドイツの債務状況と債務規律（19）　2. 本章の課題（21）
　　I　公債の意義と問題　22
　　　1. 公債の意義（22）　2. 公債の問題点（24）　3. 公債と法的規律（25）
　　II　「ゴールデン・ルール」の問題点　26
　　　1. 「投資」概念の広さ（26）　2. 例外規定の不明確さ（28）
　　　3. 累積債務全体への視点の不足（29）　4. 予算執行における残余起債授権の利用（30）　5. サンクションの欠如（31）
　　おわりに　31

第3章　連邦憲法裁判所1989年判決
　　——「ゴールデン・ルール」の転換点————————— 33

　はじめに　33
　Ⅰ　1980年代までの州憲法裁判所判決　34
　　1.　1967年ザールラント州補正予算法律に対するザールラント州憲法裁判所1969年判決（34）　2.　1983年ハンブルク州予算附属法に対するハンブルク州憲法裁判所1984年判決（37）
　Ⅱ　連邦憲法裁判所1989年判決　38
　　1.　規範統制の申立ての許容性（38）　2.　判決理由（40）
　Ⅲ　連邦憲法裁判所への訴訟提起までの判例・学説の状況　43
　　1.　3つの裁判例の意義（43）　2.　学説の状況（44）
　Ⅳ　連邦憲法裁判所への訴訟提起後における学説の関心の上昇　47
　　1.　債務制限の規範性——オッセンビュールとオスターローの疑念（47）　2.　債務制限に対する法的妥当の要求（48）
　おわりに　49

第4章　連邦憲法裁判所2007年判決
　　——「ゴールデン・ルール」の終焉————————— 51

　はじめに　51
　Ⅰ　事実の概要と法廷意見の要旨　52
　　1.　事実の概要（52）　2.　判旨——法廷意見の要旨（55）
　Ⅱ　特別意見の要旨　58
　　1.　ディ・ファビオ裁判官およびメリングホフ裁判官の特別意見（58）　2.　ランダウ裁判官の特別意見（61）
　Ⅲ　議論の整理と論点の素描　62
　　1.　法廷意見と特別意見の結論の相違（62）　2.　結論を支える理由の相違（66）　3.　背景にある法原則の理解との関係（68）　4.　小括（72）
　おわりに　73

第5章　「起債ブレーキ」導入の背景と成立過程————— 75
〔Ⅰ〕　第2次連邦制度調査会における専門有識者ヒアリング　75
　はじめに　75
　　1.　第2次連邦制度調査会の設置とその任務（75）　2.　専門有識

者へのヒアリング（77）

　Ⅰ　調査会のスタートから専門有識者ヒアリング前までの状況　79
　　1. 調査会スタート時の状況（79）　2. 有識者委員会の鑑定意見（80）

　Ⅱ　起債制限3案　81
　　1. 第1グループ：上限の固定（81）　2. 第2グループ：中期的均衡（82）　3. 第3グループ：2つの要素（83）

　Ⅲ　サンクション・早期警戒システム　83
　　1. サンクション（83）　2. 早期警戒システム（84）

　Ⅳ　その他　85
　　1. 改革の理念について（85）　2. 州の起債制限について（86）

　おわりに　87

〔Ⅱ〕　**第2次連邦制度調査会における連邦財務省案の提示**　89

　はじめに　89

　Ⅰ　連邦財務省内部での検討の始まり　90
　　1. 検討の着手（90）　2. 学識者・学識機関からの助言（91）

　Ⅱ　連邦財務省内部における検討の加速　94
　　1. 2つのモデル案と有識者委員会鑑定意見（94）　2. 4つの論点（95）

　Ⅲ　連邦財務省案　98
　　1. 背景（98）　2. 提案（99）

　おわりに　101

〔Ⅲ〕　**議会での可決・成立に向けて**　102

　はじめに　102

　Ⅰ　座長による論点ペーパー　103
　　1. 最初の論点ペーパー（103）　2. 連立政権による合意（104）　3. 第2の論点ペーパー（105）

　Ⅱ　調査会の結論　106
　　1. 調査会の最終討議（106）　2. 調査会の最終パッケージ案（107）

　Ⅲ　議会における「起債ブレーキ」の成立　109
　　1. 連邦議会および連邦参議院における審議の開始（109）　2. 専門有識者ヒアリング（110）　3. 「起債ブレーキ」の可決・成立（111）

　おわりに　112

第6章　基本法上の新規定「起債ブレーキ」————————113

はじめに　113

Ⅰ　「起債ブレーキ」の原則　114
1. 新規定の基本構造（114）　2. GDP比0.35％の構造的起債枠（116）

Ⅱ　「起債ブレーキ」の例外　117
1. 景気要素の考慮（117）　2. 例外起債（118）　3. 管理勘定（119）

Ⅲ　「起債ブレーキ」の課題　120
1. 予算均衡のための「調整」と起債制限（120）　2. GDPとの連動（121）　3. サンクションの欠如（122）　4. 法形式性と立法の文化（122）

おわりに──わが国財政法4条への示唆　123

補論──「起債ブレーキ」導入直後の各州憲法における対応　125
1. 各州憲法による対応の類型化（125）　2. Ａグループ──直後に憲法に厳格な公債制限規定を設けた州（125）　3. Ｂグループ──直後に予算法に厳格な公債制限規定を設けた州（127）　4. Ｃグループ──直後には厳格な公債制限規定を設けなかった州（128）

第7章　「起債ブレーキ」導入の国際的背景————————131

〔Ⅰ〕　EUの公債ルールとドイツ　131

はじめに　131

Ⅰ　「起債ブレーキ」導入時のEU公債ルール　132
1. 「過度な財政赤字」回避義務（132）　2. 「過度な財政赤字」監視手続（133）　3. 「過度な財政赤字」に対するサンクション（135）

Ⅱ　「起債ブレーキ導入」へのヨーロッパの影響　136
1. 「過度な財政赤字国ドイツ」の経験（136）　2. 「起債ブレーキ」導入への内容的影響（136）

おわりに　138

〔Ⅱ〕　ドイツが参考にしたスイス憲法上の起債ブレーキ　140

はじめに　140

Ⅰ　スイスの起債ブレーキ　141
1. スイスにおける起債ブレーキ導入の背景（141）　2. スイスの起債ブレーキ（142）　3. ドイツの起債ブレーキとの異同

（146）
  Ⅱ　スイスの起債ブレーキの意義と課題　146
    1. 導入の意義（146）　2. 起債ブレーキの課題（148）
  おわりに　149

第8章　財政緊急事態早期警戒システムと安定化委員会 ─── 151

  はじめに　151
  Ⅰ　ドイツにおける「財政政策委員会」　153
    1.「財政政策委員会」（153）　2. 連邦憲法裁判所判決（154）
  Ⅱ　財政緊急事態早期警戒システムと安定化委員会の設立　156
    1. 第2次連邦制度改革（156）　2. 安定化委員会の設立（157）
    3. 安定化委員会の任務（158）
  Ⅲ　安定化委員会制度設計の評価　159
    1.「財政政策委員会」の評価指標（159）　2. 安定化委員会の評価（161）
  おわりに─財政規律へのコミットメント強化の手懸かり　164

第9章　「起債ブレーキ」と会計検査院 ─── 165

  はじめに　165
  Ⅰ　起債制限にかかる旧規律と会計検査院　167
    1. 旧規律（167）　2. 旧規律の問題点（168）
  Ⅱ　起債制限にかかる新規律と会計検査院　171
    1. 新規律（171）　2. 新規律の長所（174）
  Ⅲ　会計検査院から見た新規律の効果と課題　175
    1. 予算編成手続における新規律への対応（175）　2. 予算実務における新規律への対応（176）　3. 新規律の課題（179）
  おわりに　180
  補論─公債制限に関する国際的な試みと会計検査院　181
    1. INTOSAIと公債（181）　2. 第19回（2007年）INCOSAI勧告（182）　3. わが国会計検査院と公債（184）

第10章　わが国の財政民主主義と財政規律 ─── 187

  はじめに　187
  Ⅰ　財政と国民　187

    1. 財政国会中心主義・財政民主主義（187）　2. 法的観点からみた「財政」の特徴（188）　3. 財政立憲主義・「国民全体の利益・幸福のための財政」（188）

Ⅱ 「財政を処理する権限」のコントロール　190

    1. 国会によるコントロールの充実・強化（190）　2. 会計検査院による補完（192）　3. 「財政規律」とその実効性（193）　4. 国民による財政監視（194）

Ⅲ 「財政を決定する権限」のコントロール──起債制限を素材に　195

    1. わが国の起債制限（195）　2. ドイツの起債制限（195）　3. ドイツとの比較におけるわが国の検討事項（196）　4. わが国に緊急に求められる「財政規律」（198）

おわりに　199

巻末資料1　ドイツにおける憲法上の公債規定の変遷　201

巻末資料2　連邦憲法裁判所2007年判決（抄）　211

索引　241

【初出一覧】

第1章 「ドイツにおける憲法上の公債規定の変遷と公債制御」西南学院大学法学論集46巻1号（2013年）134-109頁

第2章 「ドイツ基本法115条旧規定『ゴールデン・ルール』の問題点―財政規律の法的性格と公債」西南学院大学法学論集44巻1号（2011年）55-75頁

第3章 「ドイツにおける憲法上の起債制限規律に基づく司法的コントロール―転換点としての連邦憲法裁判所1989年判決」西南学院大学法学論集45巻1号（2012年）33-54頁

第4章 「ドイツ基本法上の公債制限規定と連邦憲法裁判所2007年判決―議論の整理と論点の素描」西南学院大学法学論集（岩間徹教授古稀記念号）48巻3=4号（2016年）304-277頁

第5章 〔Ⅰ〕 第2次連邦制度調査会における専門有識者ヒアリング
「ドイツ基本法上の『起債ブレーキ（Schuldenbremse)』成立過程―第2次連邦制度調査会における専門家ヒアリング」西南学院大学法学論集（神宮典夫先生追悼号）49巻2=3号（2017年）270-255頁

〔Ⅱ〕 第2次連邦制度調査会における連邦財務省案の提示
「ドイツ基本法上の『起債ブレーキ（Schuldenbremse)』成立過程―連邦財務省案の提示」西南学院大学法学論集49巻4号（2017年）122-107頁

〔Ⅲ〕 議会での可決・成立に向けて
「ドイツ基本法上の『起債ブレーキ（Schuldenbremse)』成立過程―議会での可決・成立に向けて」西南学院大学法学論集50巻1号（2017年）59-71頁

第6章 「ドイツ基本法新109条・115条『債務ブレーキ』の意義と課題」『納税者権利論の課題（北野弘久先生追悼論集)』（勁草書房，2012年）299-317頁

第7章 〔Ⅰ〕 EUの公債ルールとドイツ
書き下ろし

〔Ⅱ〕 ドイツが参考にしたスイス憲法上の起債ブレーキ
「ドイツが参考にしたスイス憲法上の公債ブレーキ・ルール」西南学院大学法学部創設50周年記念論文集編集委員会（編）『変革期における法学・政治学のフロンティア』（日本評論社，2017年）45-59頁

第8章 「ドイツにおける財政緊急事態早期警戒システムと安定化委員会（Stabilitätsrat)」西南学院大学法学論集50巻1号（2017年）41-58頁

第9章 「ドイツにおける憲法上の起債制限規律と会計検査院による政府債務のコントロール」西南学院大学法学論集47巻4号（2015年）76-49頁

第10章 「財政民主主義」公法研究79号（2017年）121-131頁

巻末資料1 「【資料】ドイツにおける憲法上の公債規定の変遷」西南学院大学法学論集46巻1号（2013年）108-85頁

巻末資料2 「【資料】ドイツにおける憲法上の起債制限規律に基づく司法的コントロール―基本法改正の端緒としての連邦憲法裁判所2007年判決―（1）（2・完)」西南学院大学法学論集46巻4号（2014年）96-67頁，49巻1号（2016年）100-76頁

財政規律の研究

―ドイツ憲法上の起債制限―

第1章　ドイツにおける憲法上の公債規定の変遷

はじめに

　予算の編成上，収入の不足が生じれば，公債[1]は非常に便利な財源調達手段であり，どの国においても公債への依存は高まるが，その反面，その行き過ぎは財政上の均衡を著しくゆがめ，このため様々な支障を生じさせうる。

　わが国の公債に関する法規定は，その規範の趣旨に照らして適切に機能しているといえるであろうか。直接には，財政法，地方財政法による規制がこれに当たるが，規定上，いわゆる赤字公債の発行は禁止されているにもかかわらず，特例法の恒常化により毎年多額の公的債務が発生している[2]。財政によるわが国経済の調整機能等に照らせば，一義的な評価は必ずしも容易とはいえないが，「規範」のありようとしては，極めて問題がある。そこで，なぜ，わが国では議会の行動に「財政規律」が及ばないのか，及ぶしくみを構築するとすればどうしたらよいのかを探るため，ドイツにおける公債制限規定に焦点を当てようとするのが本書である。

　ドイツでは，公債制限が憲法上規定されている点が特徴的である。その起源は19世紀初頭に遡るが，基本法制定後においても，まず1969年改正までのもの（「戦後基本法型」），次いで，大規模な財政（法）改革時の1969年に改正さ

---

[1]　公的任務達成のための財源調達には，税収のほか様々な収入源がありうる。そのうち，本書は，国が信用（Kredit）の方法によって財源を調達するものを主たる考察の対象とする。この信用による財源調達の方法にも様々な形式がありうるが，本書では，公債の発行によるものを念頭におき，「起債」という場合，信用市場における借入れを意味している。

[2]　例えば，平成24（2012）年度から平成27（2015）年度までの間の各年度の一般会計の歳出の財源に充てるため，これらの年度における公債の発行の特例に関する措置を定める，財政運営に必要な財源の確保を図るための公債の発行の特例に関する法律（平成24年11月26日法律第101号）参照。平成28（2016）年には，平成28年度から平成32（2020）年度までの赤字国債発行を認める改正法が（平成28年3月31日法律第23号）成立している。

たもの（「1969年改正型」），そして第 2 次連邦制度改革を経て2009年に改正されたもの（「2009年改正型」）の 3 つに区分できる。それぞれの特徴を概略的に示すとすれば，「戦後基本法型」は，「事業目的」による起債と「通常外の必要がある場合」の起債が許容される規定であり，「1969年改正型」は，「ゴールデン・ルール」と呼ばれる「投資」額までの起債と「全経済的均衡のかく乱を除去」するための起債が許容される比較的緩やかな制限規定，そして「起債ブレーキ」と呼ばれる「2009年改正型」は，緊急事態等のほかはGDP 0.35％までの起債のみが許容される極めて厳格な規定である。

2009年の基本法改正直後に『公債と憲法』を著したナイトハルト（Neidhardt）によれば，国家の公債制限規定の歴史的経緯に目をやることは，2 つの理由から，重要な意義が見出されるという[3]。すなわち，第 1 に，公債法（Staatsschuldenrecht）の領域においては，概念およびドグマが基本的に引き継がれているということがある。しかも，それは，現在の基本法のもとでの展開にとどまらず，それ以前の諸憲法にまで遡る。したがって，この点の理解が，現行法の適切な解釈に必要となる[4]。そして，第 2 に，この展開の経緯をたどることによって，この問題の領域において，法律学が財政学の発展にどのように呼応してきたかを理解することができるという[5]。特に立法者が，その時々の最新の財政学の理論状況のもとで，どのように決定の努力をしてきたかを知ることは，法学的視点からは重要なことであるというのである。

以上のような歴史的経緯や特徴のもとで，ドイツの公法学は，それに相応する形で判例・学説の展開をみせる。そこで，まず本章では，ドイツの公債制御規定の変遷につき，特に憲法レベルのそれを概観してみることとする。

I　1949年基本法制定までの憲法上の公債規定の変遷

1. 等族制国家における信用借入れ

等族制国家における「憲法」である協約（Vertrag）のなかにも，信用借入れについての規定がみられる[6]。しかし，公的任務遂行のための財源調達の問題

---

[3]　Hilde Neidhardt, Staatsverschuldung und Verfassung, 2010, S. 32.
[4]　Neidhardt, a.a.O. (Anm. 3), S. 32.
[5]　Neidhardt, a.a.O. (Anm. 3), S. 32.

は，中世の封建秩序の崩壊，それと連なる，部族主義（Stammesprinzip）から領土主義（Territorialprinzip）への移行，そしてその帰結としての国家制度（Staatswesen）の出現によって初めて，重要なものとして現れてくる[7]。

ドイツにおいては，1648年のウェストファリア条約締結後，国家の財産の領邦君主（Landesherr）からの分離が徐々に始まり，それによって，世襲の財産から国家の財産への移行がなされていく[8]。この，17，18世紀における近代国家においては，財源の調達につき，レガーリエン（Regalien, 収益特権），領地収益（Domänenerträge）と並んで租税制度の拡充に比重が傾けられるが，これにさらに信用調達の方法が加わるとともに，債務の制限についての国家の規律への要請も現れてくる[9]。

このような背景のもとで，経済的拡張のために緊急に金員が必要なラントにおいて，租税，レガーリエンおよび領地収益からの収入だけで支出を賄えない状況に至ると，領邦君主は，積極的に信用調達の手段に依拠することとなる。この傾向は，当時の重商主義者や官房学者によって支持され[10]，公的債務が景気循環的側面に影響を及ぼすことも知られていたといわれる[11]。もっとも，この時代，公債の経済全体に及ぼす効果を基本的に積極に評価しながらも，後の利子負担や償還の負担の形で生じる国家債務の財政的な負の帰結に警戒も現れている[12]。

もっとも，当時，重商主義的な考え方とは異なる立場もあり，それは古典派国民経済学（Nationalökonomie）であった[13]。しかし，国家債務に関する重商主

---

6) Daniel Buscher, Der Bundesstaat in Zeiten der Finanzkrise, 2010, S. 275, Wolfram Höfling, Staatsschuldenrecht, 1993, S. 12f., 黒田忠史「等族制『憲法』テュービンゲン協約〔Der Tübinger Vertrag, 1514〕試訳（等族制史料研究-1-)」甲南法学13巻1号（1972年）63頁以下参照。
7) Buscher, a.a.O. (Anm. 6), S. 275.
8) Buscher, a.a.O. (Anm. 6), S. 275.
9) Buscher, a.a.O. (Anm. 6), S. 275.
10) Karl Heinrich Friauf, Staatskredit, in: Josef Isensee / Paul Kirchhof (Hrsg.), Handbuch des Staatsrechts, Band IV, 2. Aufl., 1999, S. 321ff., Rn. 2. この立場によれば，租税によるよりも財源調達の範囲を拡げるので，当然，経済の拡張を容易にすることになる。
11) Friauf, a.a.O. (Anm. 10), Rn. 2.
12) Friauf, a.a.O. (Anm. 10), Rn. 2.
13) Friauf, a.a.O. (Anm. 10), Rn. 3. 古典派国民経済学は，債務の引受けが領邦君主の財政上の行為の余地を拡げ，租税承認権を弱めるがゆえに疑わしいものと捉え，国家債務の重商主義的傾向に特に批判を向けた。

義的な実務がようやく変わっていくのは19世紀の前半である[14]。それでも，依然，国家債務の純粋な制限規律の形での償還の考え方は存在しなかったが，アンシャンレジーム，そして17,18世紀の国家債務に対する誤った政策によって幾つかの国家が倒産（Staatsbankrotte）していく頃になると，それを背景に，古典派国民経済学が次第に支持を拡げていくことになる[15]。

なお，同じ19世紀初頭，法的な制限の端緒が，初期立憲主義憲法（frühkonstitutionelle Verfassungsurkunde）のなかにみられる。これは，国家債務がもつ将来への負の影響への制限というよりも，国民代表がようやく獲得した予算権を保とうとする1つの試みであった[16]。

さて，1818年5月26日のバイエルン王国憲法（Verfassungsurkunde für das Königreich Bayern）第7章11条は，「国家のすべての債務は，……等族の保証（Gewährleistung）のもとに」おかれ，「資本額又は年次利息において現存債務の規模が拡大される新しい国家債務には，すべてライヒの等族の同意が必要である」旨，規定する[17]。領邦等族にとっては，「租税承認権の留保」同様，「債務引受けの留保」も認められることになり，この手続の承認がこの時代の特徴をなす。また，債務引受けの実体法上の要件についても，バイエルン王国憲法第7章12条は，債務は，通常または通常外の国民の拠出によっては非常に大きな負担なしには賄われえない，かつ，それが真にラントの利益になるような「緊急かつ通常外の国家の必要（Staatsbedürfnisse）のため」にのみ許される旨，規定している[18]。

2. プロイセンの憲法，北ドイツ連邦憲法・ドイツ帝国憲法・ワイマール憲法における信用借入れ

収入の手段としての国家債務の引受けに対する懸念は，19世紀半ば以降に

---

14) Buscher, a.a.O. (Anm. 6), S. 276.
15) Friauf, a.a.O. (Anm. 10), Rn. 3, Höfling, a.a.O. (Anm. 6), S. 108, Buscher, a.a.O. (Anm. 6), S. 276.
16) Neidthard, a.a.O. (Anm. 3), S. 34.
17) これにより，規範上，国家債務が初めて等族の保証（Gewährleistung）のもとにおかれることになる。これにつき，Buscher, a.a.O. (Anm. 6), S. 276. 類似の規定は，ほどなく，1818年8月22日のバーデン大公国（Großherzogtum）憲法においても設けられ（57条1項1文は，「等族の同意なしには借入れは効力を生じえない。」と規定する）。両国とも，18世紀末から19世紀初頭には，債務の増大で，「辺境伯（Marktgräf）の黒字経営」から「選帝候（Kurfürst）の赤字経営」へと取って代わられていた。以上につき，Höfling, a.a.O. (Anm. 6), S. 14.

始まった経済の高揚の過程で抑え込まれた[19]。もっとも，この展開の過程において，債務政策的な償還に関する規律の観念が生じていることは見逃せない[20]。

そして，借入れの際の等族の同意要件（Zustimmungserfordernis）は，1848年以降，法律による授権（Ermächtigung）に取り替えられていく流れが加速する[21]。この現象は，「等族の留保から法律の留保へ」と呼ばれ[22]，1848年以降のプロイセンの変遷が典型となる[23]。すなわち，1848年12月5日のいわゆるプロイセン欽定憲法102条と同様，1850年1月31日の修正憲法103条の規定も，「国家の金庫のための借入れの引受けは，法律に基づいてのみ行われる。国家の負担に帰する保証の引受けも同じ。」という内容である[24]。この国家の債務に関する法律の留保は，次の時代以降，憲法上「自明」のこととなる[25]。

1867年7月26日の北ドイツ連邦憲法（Verfassung des Norddeutschen Bundes）73条およびそれに続く1871年4月16日のドイツ帝国憲法（Verfassung des Deutschen Reichs）73条は，双方とも，借入れ（Anleihe）は通常外の必要がある場合に立法の方法においてのみなされうるという原則を定式化している[26]。この，国家債務に規律を及ぼそうとするドイツ帝国憲法の規範が，第1次世界大戦終結後，ワイマール共和国憲法87条に採用されていくが[27]，ワイマール憲

---

18) 法律レベルのものとして，プロイセンにおける1820年の公債法（Staatsschuldengesetz）があるが，これも，議会の予算権を確保するものであった。国王フリードリヒ・ヴィルヘルム3世は，宰相ハルデンベルク（Hardenberg）の提案に基づき，圧倒的部分がナポレオン戦争に起因するプロイセンの国家債務は，終了したものと説明した。つまり，新しい債務は，（当時はまだ存在しない）議会の承認によってのみ引き受けられるとした。プロイセン国王はそのような国民代表議会を認めなかったので，国家債務法は，債務引受けに関して有効なものと示される憲法上の制限に匹敵するものとなる。実際に，1820年から1859年までプロイセンにおいては，基本的には国家債務は引き受けられなかった。以上，Neidhardt, a.a.O.（Anm. 3）, S. 34.
19) Friauf, a.a.O.（Anm. 10）, Rn. 5, Höfling, a.a.O.（Anm. 6）, S. 109, Buscher, a.a.O.（Anm. 6）, S. 276.
20) Buscher, a.a.O.（Anm. 6）, S. 276f.
21) Höfling, a.a.O.（Anm. 6）, S. 13f.
22) Höfling, a.a.O.（Anm. 6）, S. 13, Buscher, a.a.O.（Anm. 6）, S. 277. これらの規定を通して，君主が無制限な信用引受けによって国民代表の租税承認権を迂回することが妨げられることになる。BVerfGE 79, S. 311ff.（Urteil vom 18. APril 1989）, 352.
23) Höfling, a.a.O.（Anm. 6）, S. 15.
24) Höfling, a.a.O.（Anm. 6）, S. 15.
25) Höfling, a.a.O.（Anm. 6）, S. 15.
26) Höfling, a.a.O.（Anm. 6）, S. 15, Buscher, a.a.O.（Anm. 6）, S. 277.
27) Buscher, a.a.O.（Anm. 6）, 277.

法87条2文によると，この法律の留保の適用領域が，従来の規定に比べ，広く及んでいる。すなわち，「Anleihe」だけでなく，国家のすべての「Kreditoperationen」つまり「Kredit」の方法による金銭の調達一般に及ぶこととなったのである[28]。

また，ワイマール憲法における実体的要件については，信用の引受けは，「通常外の必要」のある場合「および通例，事業目的の（zu werbenden Zwecken）支出のためにのみ」可能と規定された。しかし，これ以上の具体化はなされず，ともに内容は不明確であり，特に「通常（ordentlich）」の支出と「通常外（außerordentlich）」の支出との分類が恣意的に行われかねないことは明らかであった[29]。

ところで，景気状況に根拠をもつ公債の考え方については，すでに19世紀への転換期に最初の理論が展開され[30]，その後徐々に支持を拡げて行くが，これが国民経済学の中心的地位を得るのは，第1次世界大戦の時期になってから以降ということになる[31]。そして，1929年に発生した世界経済危機は，国家債務法の必要性を初めて熟考する契機となる[32]。しかし，時代は国家社会主義による独裁へと移行し，ドイツにおいては，その考えは，第2次世界大戦の終結の後にようやく拡大されることになる[33]。

3. 1949年基本法

戦争終結によりドイツは「破産」する。約8000億ライヒスマルク[34]の国内債務は，1948年の通貨改革の過程において解消され，通貨の切替えの結果，連邦および州は，171億マルク（約87億4000万ユーロ）の債務を残すだけとな

---

28) Höfling, a.a.O.（Anm. 6），S. 15, Buscher, a.a.O.（Anm. 6），S. 277.
29) Buscher, a.a.O.（Anm. 6），S. 277.
30) Friauf, a.a.O.（Anm. 10），S. 324. フリアウフにより，その先駆者として名前を挙げられるのは，フォン・シャンツ（Georg von Schanz）である。
31) Friauf, a.a.O.（Anm. 10），S. 324. その際，決定的な影響を与えるのが，ケインズ（John Maynard Keynes）の著作であり，1933年の『Means to Prosperity』，1936年の『Allgemeinen Theorie』がこれに当たる。
32) Buscher, a.a.O.（Anm. 6），S. 278.
33) Buscher, a.a.O.（Anm. 6），S. 278. なお，ナチスによる権力掌握によって，従前存在した予算法は，中心部分において変更された。1933年以降，予算は，政府によって制定され，議会によるコントロールの可能性が断たれることにつき，Buscher, a.a.O.（Anm. 6），S. 278.
34) 導入時（1924年）のレートは1ドル4.2ライヒスマルクであり，8000億ライヒスマルクはおおよそ1900億ドルとなる。

った[35]。

　基本法の草案準備の間，国家債務の規定については様々な案が出されたが，「ヘレン・キームゼー会議」の提案は，1871年の帝国憲法の規律（信用借入れは，実体法上，通常外の必要の存在する場合にのみ可能）を志向したものであった[36]。これに対して，議会代表会議（Parlamentarisches Rat）の財政委員会（Finanzausschuß）の多数は，ワイマール憲法87条1文（通常外の必要および事業目的の場合に可能）の後継とする意向であった[37]。

　結局，ワイマール憲法の規範がもつ周知の問題に対して個別的になされた批判にもかかわらず，基本法115条（旧規定）では，財政委員会の提案が採用されることとなった[38]。州もこの規定と同様の規定をそれぞれの憲法のなかに規範化した[39]。このように，基本法や州憲法の公債規定は，従前の文言のままにとどまり，最新の財政学理論が反映されるというものではなかった[40]。しかし，ドイツ連邦共和国の初期においては，信用による収入は非常に少なかった[41]。

II　2009年改正までの基本法上の公債規定改正の変遷

1.　制定から1967／1969年財政改革まで

　起債のための2つの要件（通常外の必要〔außerordentliches Bedarf〕および事業目的〔zu werbender Zweck〕）は，判例および学説においても具体化されることはなく，「通常の必要（ordentliche Bedarfe）」と「通常外の必要（außerordentliche Bedarfe）」という区別は不明確なままであり，これを奇貨とした広範な利用を可能とする状況は，ワイマール憲法のときと同様であった[42]。このような，基本法115条（旧規定）における不十分な制御規定を背景に[43]，1960年代のドイツでは，予算法の包括的な改革に関する議論が引き起こされることになる[44]。

---

35) Buscher, a.a.O. (Anm. 6), S. 278.
36) Buscher, a.a.O. (Anm. 6), S. 278.
37) Buscher, a.a.O. (Anm. 6), S. 278, Höfling, a.a.O. (Anm. 6), S. 121。
38) Buscher, a.a.O. (Anm. 6), S. 278.
39) Neidhardt, a.a.O. (Anm. 3), S. 37.
40) Neidhardt, a.a.O. (Anm. 3), S. 37. この連続性のために1922年のライヒ予算法の継続も可能になったという。
41) Buscher, a.a.O. (Anm. 6), S. 278f.
42) Buscher, a.a.O. (Anm. 6), S. 279.
43) Buscher, a.a.O. (Anm. 6), S. 279.

当時の規定は，いわば「対象」に関連付けられた（objektbezogen）起債規定であるといえるが[45]，ここでは，国家に景気の落込み時の反景気循環的作用の可能性を認容する「状況」に関連付けられた（situationsbezogen）起債規定への変遷が意図されていた[46]。この考え方は，1930年代の国民経済学で新しい方向付けをもたらした理論の転換期にみられたものであり，そこに遡ったということになる[47]。

1929年の世界経済危機への対応の際に展開された反景気循環的財政政策は，それまでの見解に対して，国家には全経済的な発展に対する包括的な責任が帰属するという考え方を基礎においた。経済危機およびそれに伴う失業者の増大は過度に減少した経済的需要に起因するため，景気後退期に租税を増やせば状況は悪化するだけ（景気同調効果〔prozyklische Wirkung〕）であるから，国家は，危機の時期には信用を通じて資金調達し，国家独自の支出を需要喚起のために増大させなければならない，というものである[48]。景気政策をコンセプトに，公債発行をその手段とすべく考えが改められることについては，様々な批判も浴びせられるが，この考え方の採用は，1966年からのいわゆるトレーガー鑑定（Tröger-Gutachten）において具体的に明らかにされることになる[49]。

これを受け，改革委員会（Kommission für die Finanzreform）は，新しい基本法109条の草案に反映される反景気循環的財政政策を内容とする諸提案を示した[50]。一方，連邦政府は，トレーガー鑑定に基づき，1966年および67年の景気停滞局面において，信用により調達される投資促進プログラムを通して反景気循環的財政政策を実施し，成果をもたらした[51]。この国家介入の成功も背景にして[52]，1967年から1969年にかけて予算法の大改革が実現し，公債に関する規定も大きく変えられることになる。

---

44) Christoph Gröple, Haushaltsrecht und Reform, 2001, S. 184.
45) Höfling, a.a.O. (Anm. 6), S. 143.
46) BVerfGE 79, S. 332f., Gröple, a.a.O. (Anm. 44), S. 186, Höfling, a.a.O. (Anm. 6), S. 143ff.
47) Buscher, a.a.O. (Anm. 6), S. 279.
48) Buscher, a.a.O. (Anm. 6), S. 279.
49) Buscher, a.a.O. (Anm. 6), S. 279.
50) Buscher, a.a.O. (Anm. 6), S. 280.
51) Buscher, a.a.O. (Anm. 6), S. 280.
52) Buscher, a.a.O. (Anm. 6), S. 280.

2. 1967／1969年財政改革による基本法改正

　この改革は，1967年と1969年の2段階で行われる。まず，第1段階として，1967年6月8日，基本法109条の改正および経済安定成長促進法（Gesetz zur Förderung der Stabilität und des Wachstums der Wirtschaft）（StabG）の制定がなされる。基本法109条は，連邦および州の自立かつ独立した予算運営の原則を掲げる従前通りの第1項に，新たに3つの項が付加された。すなわち，第2項で，連邦および州に，全経済的均衡を考慮することを義務付ける規定が新設され，そして第3項および第4項で，景気に適合した予算運営および全経済的均衡のかく乱の除去のための原則を樹立する立法権限（Grundsatzgesetzgebungskompetenz）が規定された。これは，連邦に対して，州および地方の財政運営を反景気循環的景気政策に同調させることを可能にするものである[53]。他方，法律上，経済安定成長促進法において次のような原則が確立される。すなわち，連邦および州による全経済的均衡の必要の考慮に寄与し，「市場経済の秩序の枠内において，同時に，継続的かつ適正な経済成長を果たしながら，物価水準の安定，高い雇用状況および外部経済上の均衡へと貢献する」，というものである。

　そして，第2段階では，とりわけ財政憲法が包括的に改正される。1969年5月12日の基本法改正がこれに当たる。さらに，1969年8月19日，予算総則法（Gesetz über die Grundsätze des Haushaltsrechts des Bundes und der Länder）（HGrG）が制定され，また，1922年からのライヒ予算法を引き継ぐ新しい連邦予算法（Bundeshaushaltsordnung）（BHO）が制定された。

　ここでの改革は，国家任務の拡大への対応に主眼がおかれ，連邦国家の予算法システムにおける不備の解消を図ろうとするものであった[54]。すなわち，基本法109条2項によって予算に経済政策的な機能が加えられ，これに伴い，公債規定にも変更を必要としたのである。連邦政府は，従来の基本法115条の対象に関連付けられた補填の原則（信用による資金調達は通常外の必要がある場合にのみ，かつ，原則として事業目的の支出のためにのみ許されるという制限）からの転換を図るべく，新しい基本法115条1項2文（信用からの収入は，通常の場合，予算案に投資のために見積もられた支出の総額を超えてはいけないことを原則とし，全経済的均衡のかく乱を除去するためには例外が認められるとする規定）を提案した。

---

53) Buscher, a.a.O.（Anm. 6), S. 280.
54) Buscher, a.a.O.（Anm. 6), S. 281.

その理由として、連邦政府は、予算運営に当たって全経済的均衡の必要の考慮は、従来の「対象に関連付けられた」補填原則が、基本法109条2項に対応する反景気循環的財政政策の実現に当たって相当な困難を来すためと説明した[55]。議会の審議においても、「状況に関連付けられた」公債発行の原則への移行につき、連邦政府の考え方が支持されている[56]。新しい規定においては、「in der Regel」という文言は、経済全体の「Normallage（通常時）」を意味するとされ[57]、このときの公債は投資のために見積もられた支出の上限で制限される。しかし、この制限は、例えば経済全体の均衡を危うくするような一般的経済活動の減退があれば超過されてもよいということになる[58]。基本法109条2項による全経済的均衡の顧慮の義務は、予算総則法2条3文、連邦予算法2条3文にも採用され、新しいしくみのなかで中心をなすことになる。議会と政府には、公債発行によって、国家財政政策の現代的手段が手に入ったといえる[59]。こうして、1967年および1969年の改革は、予算法の大きな転換期になったことが確認されうる。

3. 財政改革後2009年改正に至るまでの公債規定

基本法の財政規定は、1969年から2009年まで、大きな変更はなされていない。そのなかで注目される改正としては、第1次連邦制度改革の過程で、EU法により課せられる財政秩序の維持に関する義務について、2006年6月8日、基本法109条5項が新たに加えられたことが挙げられる。また、再統一の枠組みへの対応の必要および1997年12月22日の予算法発展継続法（Haushaltsrechts-Fortentwicklungsgesetz）の制定に伴う予算法の改正がある[60]。これにより、連邦の外部的コントロールに関する新しい規定がもたらされ、より効率的な公的財政運営のための法状況が作り出された[61]。

なお、再統一のための財源調達の過程においては、連邦レベルで、基本法115条2項によって、特別財産の形式において多くの副次予算（Nebenhaus-

---

55) BVerfGE 79, S. 332f.
56) BVerfGE 79, S. 333.
57) BVerfGE 79, S. 333.
58) BVerfGE 79, S. 333.
59) BVerfGE 79, S. 333.
60) Buscher, a.a.O.（Anm. 6), S. 282.
61) Buscher, a.a.O.（Anm. 6), S. 283.

halte）が形成されている[62]。特に、ドイツ統一基金（Fonds Deutsche Einheit），引継債務償還基金（Erblastentilgungsfond）[63]，連邦鉄道財産（Bundeseisenbahnvermögen）に関して，相当な額の債務が，公的予算から切り離された[64]。また，特別財産に関する予算は，形式的には連邦予算の外で独自に運営されるが，連邦予算法113条により，法律上別に定めがない限り，基本的には連邦予算と同様，連邦予算法の規定が適用される。

しかし，そうであっても，特別財産の形成は，財政憲法上の基本原則の「迂回（Umgehung）」という側面を有し，これによって財政憲法の有効性が骨抜きにされるおそれがある[65]。これに対し，特に，連邦全体の総債務の実体が不透明になるとの批判を受け，連邦は，特別財産の債務処理につき連邦予算上オープンにするため，引継債務償還基金，連邦鉄道財産および石炭使用保障調整基金（Ausgleichsfonds zur Sicherung des Steinkohleneinsatz）の債務を，1999年6月21日の債務共同引受法（Gesetz zur Mitübernahme der Schulden des Erblastentilgungsfonds, des Bundeseisenbahnvermögens sowie des Ausgleichsfonds zur Sicherung des Steinkohleneinsatzes in die Bundesschuld）（SchuldMitüG）を制定して引き受けることとし，「予算回避」を制御する姿勢をみせた[66]。

III　ゴールデン・ルール下の連邦憲法裁判所判決

1.　起債制限規律の不明確さに対する連邦憲法裁判所の疑念

ドイツでは，抽象的規範統制（基本法93条1項2号）の形で，1981年度の予算法律，そして2004年度の予算法律に対して訴えが提起され，基本法旧115条1項2文にいう「投資」や「全経済的均衡のかく乱」の解釈をめぐって，それぞれ1989年と2007年に，連邦憲法裁判所により一定の判断が示された[67]。

62）　特別財産につき，亀井孝文『公会計改革論』（白桃書房，2004年）126頁以下。各特別財産の日本語名も同書による。
63）　ドイツ連邦銀行は自らが上げた利益は銀行の所有者である連邦に支払うが，そのうち35億ユーロを上限として連邦の財源として自由に使われ，1995年以降，それを超える分は，引継債務償還基金の債務償還に充てられている。
64）　Buscher, a.a.O.（Anm. 6）, S. 283.
65）　Buscher, a.a.O.（Anm. 6）, S. 283.
66）　Buscher, a.a.O.（Anm. 6）, S. 283.
67）　前者は，BVerfG, Urteil vom 18. April 1989, BVerfGE 79, S. 311ff., 後者は，BVerfG, Urteil vom 9. Juli 2007, BVerfGE 119, S. 96ff. である。

1981年度予算についての判決は，1967／1969年の改正にかかる基本法の旧規定に初めて関わるものであり，憲法による公債制限規律の不明確さに対する裁判所の疑念は，すでにこの最初の判決において見出されていた。

　判決は，実務においてとられていた「投資」概念の解釈を一応承認したものの[68]，法律によるさらなる具体化が急務であるとした[69]。もっとも，その基準については，例えば教育投資あるいは投資的防衛支出への例外の拡大は考慮されるべきではないとされていたが[70]，「投資」概念そのものが厳格に示されるまでには至らなかった[71]。

　一方，「かく乱」が存するかどうかの判断について，判決は，立法者に評価および判断の余地を認める代わりに，説明責任を課した。これにより，立法手続において，深刻かつ持続するかく乱状況が切迫し，またはすでに存するということ，そしてかく乱の除去に最終的に起債が必要であることが，「主張可能（vertretbar）」かつ「検証可能（nachvollziehbar）」に説明されなければならないこととなり，起債制限および例外の厳格化が標榜される契機となったのであった[72]。もっとも，結論において訴えにかかる予算は違法とはされていない。

2. 連邦憲法裁判所による憲法改正要求 —— 2007年判決

　2004年度連邦予算に対する第2の判決においても，補正予算によって修正されなければならない当初の予算の見積りの予測と評価は，事前の視点からいえば，「主張可能」という結論に至っている。また，補正予算の提出時期が遅かったことにつき，裁判所は，1980年度および2003年度の合計14の補正予算の提出時期を確認したうえで，提出の遅い補正も，遅いことだけで義務違反になるというのではなく，遅い提出が議会の予算権を具体的に侵害し，かつ，

---

68) BVerfGE 79, S. 343, BVerfGE 119, S. 140f., 146.

69) BVerfGE 119, S. 146.

70) Henning Tappe, Die neue "Schuldenbremse" im Grundgesetz -Defizit (in) der Föderalismusreform Ⅱ-, DÖV 2009, S. 881ff., S. 883ff.

71) Elmar Dönnebrink/ Martin Erhardt/ Florian Höppner/ Margaretha Sudhof, Entstehungsgeschichte und Entwicklung des BMF-Konzepts in: Christian Kastrop/ Gisela Meister-Scheufelen/ Margaretha Sudhof (Hrsg.), Die neuen Schuldenregeln im Grundgesetz, 2010, S. 22ff, S. 34.

72) BVerfGE 79, S. 343ff. 主張可能性については，高見勝利「立法府の予測に対する裁判的統制について」芦部信喜先生還暦記念論文集刊行会編『憲法訴訟と人権の理論』（有斐閣，1985年）35頁以下（52頁以下）など参照。

連邦政府が時期の遅れに十分な実質的理由を述べることができない場合にのみ義務違反になる，という考え方を示し，結論としては実務を是認した[73]。

「投資」および「かく乱の除去」という要件の解釈および適用に関しても，この1989年判決の考え方を維持し，予算立法者の判断の余地を尊重する裁判所の自制の姿勢は一方で守った[74]。しかし，これに加え，公債制限規律の根本的改正によって債務の整理努力を将来的に強化すべきであるとの緊急アピールを立法者に向け[75]，例外条項および投資概念における予算立法者の評価の余地を，憲法の旧規定のもとで狭めようとするものとなっている[76]。特に，裁判官ディ・ファビオ（di Fabio）およびメリングホフ（Mellinghoff）の特別意見では，債務増大の理由付けに景気悪化を挙げながら，景気が好転しても起債制限することをしない，立法者の不作為が強調されている[77]。また，裁判官ランダウ（Landau）の特別意見においては，ゴールデン・ルールそのものを修正し，かつ投資概念を純投資に変えることが必要である旨の見解が展開されている[78]。

以上，2つの判決は，増大し続ける公債発行を背景に，「ゴールデン・ルール」へのカールスルーエ（連邦憲法裁判所）の不快感を明確に示したものであった[79]。

Ⅳ　2009年改正による基本法上の公債規定

1.　第2次連邦制度改革

2006年12月15日，連邦議会および連邦参議院は，特に，連邦および州の公債法につき，現代化の必要がある旨決議した[80]。これにより，両院は，連邦

---

[73]　すなわち，補正予算の提出の時期によって，連邦議会の権限が侵害されてもいないし，連邦政府には義務違反となる遅延とまではいえない，というのであるが，後者は，より早期の提出を求めれば，場合によっては有効な情報が欠けてしまうため，さらに次の補正予算を引き出しかねないという理由でも否定された。

[74]　憲法改正については，連邦憲法裁判所に権限はなく，立法者こそが権限を有することが強調されている。BVerfGE 119, S. 141. ただし，この判決を前にすると，立法者の目には，もはや裁判所が今後も「自制」の姿勢を維持するかについては疑わしいものにみえたとされている。Dönnebrink u.a., a.a.O. (Anm. 71), S. 39.

[75]　BVerfGE 119, S. 141f.

[76]　Dönnebrink u.a., a.a.O. (Anm. 71), S. 36.

[77]　BVerfGE 119, S. 155ff.

[78]　BVerfGE 119, S. 174ff.

[79]　Dönnebrink u.a., a.a.O. (Anm. 71), S. 32.

と州の財政関係の現代化のための共通の委員会を設けることとし，2007年3月8日，この委員会が設置された。連邦および州は，現行の信用調達の制限に関する憲法上の規範は，それまでの債務負担の増大を阻止することができなかったという認識で一致しており，この委員会には，連邦と州の財政関係を，成長および雇用政策のためにドイツの内外の変化する状況に適合するよう，現代化するための諸提案の作成の任務が課せられている[81]。

同委員会は，2009年3月5日，改革にかかる提案を決議した[82]。これによれば，財政憲法の領域における基本法および法律の改正の主眼は，改正されたヨーロッパの安定成長協定（Stabilitäts- und Wachstumspaket）の基準に適合させ，連邦および州の予算を長期的に持続可能なものとすべく国際的対応のための諸条件を改善することに向けられていた[83]。この委員会提案に応じ，基本法の改正のための法文の草案，および附属法律の草案が議会に提出され，連邦議会は2009年5月29日，連邦参議院は2009年6月12日，それぞれ提案に賛成し，可決された[84]。

2. 2009年改正基本法の内容

新しい基本法の主な内容は次のとおりである。

(1) 新しい基本法においては，連邦および州の予算について，基本法109条等で，信用からの収入なしに均衡される予算の原則が規定された。この原則は，連邦につき，構造的な赤字（Defizit）が国内総生産（BIP）の0.35％を超えないときに遵守されているものとした。州については，基本法上は，構造的枠内での起債の可能性は規定されていない。しかし，景気の展開の安定化のためには，均衡予算原則からの逸脱の余地も認められている。

(2) 基本原則の例外として，基本法109条3項2文には，自然災害または国の統御を離れ国の財政状態を著しく毀損する異常な緊急状態の場合の規定がおかれている。ただし，このときの起債には，償還規定（Tilgungsregelung）を付

---

80) BT-Drs. 16/3885, BR-Drs. 913/06.
81) Buscher, a.a.O. (Anm. 6), S. 284.
82) Beschlüsse der Kommission von Bundestag und Bundesrat zur Modernisierung der Bund-Länder-Finanzbeziehungen, zit. nach Buscher, a.a.O. (Anm. 6), S. 284.
83) Buscher, a.a.O. (Anm. 6), S. 284.
84) Buscher, a.a.O. (Anm. 6), S. 284.

すことが義務付けられている[85]。

(3) 基本法109a条においては，信用調達に関する規定を遵守するための監督態勢が基本法のなかに挿入されている。

(4) 新しい公債規定は，連邦においては2016年から，州においては2020年から完全に遵守されなければならないこととされている。また，基本法143d条2項および3項により，ベルリン，ブレーメン，ザールラント，ザクセン＝アンハルトおよびシュレスヴィヒ＝ホルシュタインの各州については，2011年から2019年の間，その困難な予算状況を考慮して，連邦が財政再建の支援（Konsolidierungshilfen）を供与することを可能にする規定がおかれている。

(5) 基本法91c条においては，情報技術の領域において，連邦と州の協働の可能性が創設され，基本法91d条においては，公行政における実績比較の際の連邦と州の協働の可能性が規定されている。

おわりに——法問題としての公債制限

債務負担の解消は，基本的には，収入の増加および支出（消費的および投資的支出）の減少によってのみ成し遂げられうるものである[86]。しかも，公債をいつ，どの程度発行するのか，しないのかについては，少なくともその前提条件や機能，含意に関する経済学，財政学上の議論，そして政策上の議論が詳細に行われる必要がある。しかし，通貨システムの根幹を揺るがせるほどの公債累積の現実を前に，公債のあり方に法律学が無縁であってよいはずはない。

ドイツでは200年にわたり憲法において公債制限規定を継受してきた国である。その財政規律のあり方については，わが国とは比較にならないほどの議論の蓄積がある。そこにおいては，そもそも国家権力は，公債の領域においても例外ではなく，基本法20条3項の憲法に適合的な秩序に拘束されていることが前提におかれている[87]。また，法治国においては，財政のあり方について，法を通じてその適正な運営の確保が予定されていることが根底に据えられている。このような議論を前にすると，法律学は，この問題に解答を用意すること

---

85) 基本法109条が連邦および州双方について一般的基準を掲げ，基本法115条がそれを受け連邦について規定をおく形がとられている。
86) Buscher, a.a.O.（Anm. 6），S. 274.
87) Höfling, a.a.O.（Anm. 6），S. 1.

に使命を負っているのではないかと思わずにはいられない。

たしかに,公債の発行に関する事項が法問題であるかどうか自体,争われてきたところであり[88],このことが,この領域の法的検討の困難性を象徴している。しかし,ドイツ国法学者大会におけるシュッペルトの報告に対してフォーゲルが異論を挟んでいるように[89],問題の困難さを理由に諦めるのでは,上記法律学の使命を果たすことにならない[90]。

基本法に規定された財政憲法は,内容的な特定性の点では,たしかに,国と市民との関係における場合と全く同じというわけではないかもしれない。しかし,国家権力や政治アクターの恣意的な行使を無制限に許してよいはずはなく,その点では,他の憲法の規定との差はない[91]。ドイツにおいてもわが国においても,公債をどうするかは,憲法上,法律上の規定の対象である。公債は,法に規定する範囲においてのみ投入されることが法的に義務付けられている。公債制限のあり方が法律学の対象とされなければならないことは自明である[92]。

---

88) 1980年のピュットナー(Günter Püttner)の講演「法問題としての公債」に対するオスターローの「法問題としての公債?」(Lerke Osterloh, Staatsverschuldung als Rechtsproblem?, NJW 1990, S. 145ff.)による論争が知られている。Vgl. Höfling, a.a.O. (Anm. 6), S. 1.

89) 1983年のドイツ国法学者大会において,「予算法の制御能力が堤防を築くことに存するとしたら,公債についてはおそらく『冠水』といわなればならないであろう。」と報告した。Gunner Folke Schuppert, Die Steuerung des Verwaltungshandelns durch Haushaltsrecht und Haushaltskontrolle, VVDStRL 42, 1984, S. 216ff., 247. これに対してフォーゲルは,討論において,明確な,いずれにしてもわれわれが現在すでに手にしている憲法上の拘束を活性化させることの必要性を説いている。VVDStRL 42, S. 271.

90) Höfling, a.a.O. (Anm. 6), S. 1.

91) Höfling, a.a.O. (Anm. 6), S. 2.

92) 同旨,Höfling, a.a.O. (Anm. 6), S. 2, Buscher, a.a.O. (Anm. 6), S. 274.

第2章　基本法上の旧規定「ゴールデン・ルール」

はじめに

1. ドイツの債務状況と債務規律

　第2次大戦後のドイツ再興の時期に当たる1950年代および60年代，GDPに対する債務残高の割合は，20%前後で安定的に推移していた。しかし，1970年代には増加傾向をみせ，1970年と（「ゴールデン・ルール」最終年の）2008年を比較すれば，債務残高は約25倍に増え，GDP比も1970年の18%から（ピーク時の）2010年には80%超に増大している。ちなみに，わが国の2010年度末の公債残高は862兆円（約7兆4310億ユーロ〔2010年の年間平均レートである1ユーロ＝約116円で換算〕）で，GDP比は181%である。

　1949年5月のドイツ連邦共和国基本法における公債に関する規定は，ワイマール憲法87条の規定を引き継いでいる[1]。それは，起債の禁止および対象に関連した例外を定める規定として，文言的には，1920年11月30日のプロイセン自由国家憲法65条に遡るものであり，ドイツの財政憲法の伝統に基づいている[2]。これが，1967年および69年の財政憲法改革において，基本法115条の旧規定（「ゴールデン・ルール」）へと改正され，2009年に改正されるまで，ドイツの公債制限の基準を担うことになる[3]。

　この基本法旧115条1項2文によれば，「起債による収入は，予算案に見積

---

1) ワイマール憲法87条は，「収入は，非常の必要のある場合に限り，かつ，通例は事業の支出の目的のためにのみ，公債の方法で調達することができる。かかる調達およびライヒの負担に帰する保証の引受けは，ライヒ法律の根拠に基づいてのみ，これを行うことができる。」と規定されていた。
2) Elmar Dönnebrink/ Martin Erhardt/ Florian Höppner/ Margaretha Sudhof, Entstehungsgeschichte und Entwicklung des BMF-Konzepts in: Christian Kastrop/ Gisela Meister-Scheufelen/ Margaretha Sudhof (Hrsg.), Die neuen Schuldenregeln im Grundgesetz: Zur Fortentwicklung der bundesstaatlichen Finanzbeziehungen, 2010, S. 22ff., 23.

もられた投資支出の総額を超えてはならず，経済全体の均衡のかく乱を除去するためにのみ例外が許される」とされた[4]。例外条項にいう「全経済的均衡のかく乱」については，経済安定成長促進法（StbG）1条2項が，「全経済的均衡」の構成要素を，物価水準の安定，高い雇用率，対外経済的均衡，ならびに継続的および適切な経済成長（いわゆる「魔法の四陣角」）と具体化していた[5]。したがって，通常の景気状況においては，新規の起債[6]は明確に規定上の起債制限以下に保持されなければならないことになる[7]。しかし，70年以降，憲法改正者の意図とは裏腹に，債務状況は急上昇している。起債なしにやりくりされた連邦予算は，皮肉にも1969年度が最後である[8]。公債政策の推進者にとってまさしく「ゴールデン・ルール」となったのである[9]。

このことは，毎年度の予算における新規起債額を追ってみると，さらに明らかとなる[10]。1985年から2009年までの25の予算年度において，新規起債の総額6234億ユーロは，この同じ期間になされた投資支出の総額6390億ユーロとほぼ同額で，この期間全体としてみれば，起債はほぼ上限いっぱいに利用されていることになる。この期間の実質的成長率は，平均して年約2％であるが，この期間，すべての予算年度において起債がなされている。特に，11の予算年度において起債限度を超えている。とりわけ，2002年度から2006年度，および2009年度においては，この限度は，著しく超過されている。他方，新規

---

3) Dönnebrink, u.a., a.a.O. (Anm. 2), S. 22 によれば，この間，数十年にわたり，半ば感情も伴う論争が行われたというが，ここに立ち入らなくても，「規律拘束的」な予算・国庫政策か「自由裁量的」なそれかは，経済的および政治的確信次第であったことが確認できるという。そして，ここで問題となるのは，経済的・政治的に重要な事項が，そもそも制度または規律によって「非政治化」されてもよいのか，あるいはされるべきなのか，もしそうだとしてそれはどこまでか，という，原則的な考え方であり，その限りで，権力分立，つまり立法府，執行府および司法府の関係の基本にも関わってくるという。
4) 基本法旧109条2項においても「連邦および州は，予算運営に当たり，全経済的均衡の必要性を考慮しなければならない」と規定されていた。
5) これらの概念および法的しくみにつき，手島孝『憲法学の開拓線』（三省堂，1985年）234頁，村上武則『給付行政の理論』（有信堂，2002年）243頁以下参照。
6) 当該年度における起債総額から満期を迎えた債務の償還のための起債額を除いたもの。
7) BVerfG, Urteil vom 18. April 1989, BVerfGE 79, S. 311ff., 334.
8) Dieter Engels/ Dieter Hugo, Verschuldung des Bundes und rechtliche Schuldengrenzen, DÖV 2007, S. 445ff., 445.
9) 「ゴールデン・ルール」について，Dönnebrink, u.a., a.a.O. (Anm. 2), S. 24; Hermann Pünder, Staatsverschuldung, in: Josef Isensee, Paul Kirchhof, Handbuch des Staatsrechts, 2007, S. 1323ff., 1326 参照。
10) Engels/ Hugo, a.a.O. (Anm. 8), S. 446.

起債額が投資支出の50％を下回った年はない。最も低かったのは1989年の53％である。

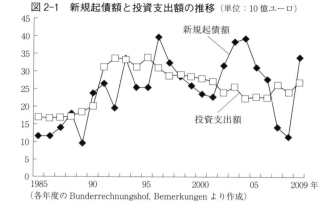

図2-1　新規起債額と投資支出額の推移（単位：10億ユーロ）

（各年度のBunderrechnungshof, Bemerkungenより作成）

2. 本章の課題

わが国の起債制限にかかる規律は財政法4条である[11]。起債または借入金をなすことを原則として禁止し，例外的に公共事業，出資金および貸付金の財源とする場合に限って国会の議決を経た金額の範囲内で認められるにすぎない形をとっている。ドイツと比べ，法律と憲法という，質の点で非常に大きな相違はみられるものの，機能不全に陥っている状況は，ドイツの比ではないように思われる。

前記のように，ドイツにおいても，累積する債務を制御することはうまくいかず，2004年度予算法律につきなされた連邦憲法裁判所での規範統制においては，法律上の起債制限の有効性に関する疑念が示されていた[12]。また，起債

---

11) 同条は、「国の歳出は、公債または借入金以外の歳入を以て、その財源としなければならない。ただし、公共事業費、出資金および貸付金の財源については、国会の議決を経た金額の範囲内で、公債を発行しまたは借入金をなすことができる。②前項但書の規定により公債を発行しまたは借入金をなす場合においては、その償還の計画を国会に提出しなければならない。③第1項に規定する公共事業費の範囲については、毎会計年度、国会の議決を経なければならない。」と規定する。立法過程につき、林健久「健全財政主義——成立・展開・崩壊」『戦後改革8　改革後の日本経済』（東京大学出版会、1975年）197頁以下、同条の意義と問題点につき、杉村章三郎『財政法〔新版〕』（有斐閣、1982年）46頁以下、村瀬吉彦「国債」雄川一郎＝塩野宏＝園部逸夫編『現代行政法大系10　財政』（有斐閣、1984年）109頁以下、坂野光俊「戦後五〇年と公債問題——財政法4条の意義に関連して」日本財政法学会編『戦後五〇年と財政法研究（1）——国家財政』（龍星出版、1997年）27頁以下、安藤実「国債と財政法」静岡大学法経研究27巻4号（1979年）64頁以下、岩波一寛「公債政策と財政法第4条」経済学論纂（中央大学）32巻1・2号（1991年）85頁以下など参照。

12) BVerfG, Urteil vom 9. Juli 2007. 連邦憲法裁判所は、判決のなかで、国家の債務政策の合理的な制御と制限の憲法上の装置としての規律コンセプトが、実際には、有効なものとして実証されなかったと判断し、結論として基本法旧115条改正の必要にまで言及している。BVerfGE 119, S. 96ff., 141f.

制限の議論が連邦と州の財政関係の現代化のための連邦議会および連邦参議院の調査会（いわゆる第2次連邦制度調査会）のテーマに入れられ[13]，専門部会において，「国家債務を効果的に制限する」との意見書が決議されるなどして，2009年8月1日，基本法の改正のための法律（91c条，91d条，104b条，109条，109a条，115条，143d条）が発効するに至っている[14]。起債による財源調達をより厳しく制限しようとする新しい規定の検討は第6章に譲ることとするが，これと並んでわが国にとって貴重なのは，1969年改正の基本法旧115条のもとで蓄積された債務制限の40年にわたる経験とそこで浮き上がった規律のあり方に関する議論である。

債務累増の原因は，ドイツ再統一や鉄道改革との関連での特別財産の構築という特殊事情があるが，それは別として，突き詰めれば，状況いかんにかかわらず起債をやめられなかったことと，過去借り入れられた債務の償還が思うように進まなかったことに尽きるといわれる[15]。本章では，基本法旧115条に債務制限規範としてどこに問題があったのか，その一端を探りたい[16]。

I　公債の意義と問題

1. 公債の意義
(1) 景気調整

公債そのものは，ア・プリオリに，良いとも悪いともいえない。少なくとも，起債を一切禁ずればよいという話ではない[17]。まず，景気の変動により，租税収入は，必ずしも安定しないものとなる。国の支出，なかんずく社会保障関連支出は，租税収入の減少とは反対に，増大する。国が毎年度の財源調達の不足分を避けなければならないとすれば，景気後退期においては増税するか支出を

---

13) 第2次連邦制度改革およびそのなかでの債務制限規律の改革につき，戸部真澄「ドイツ連邦制度改革における財政改革」環境研究149号（2008年）152頁以下参照。
14) 改正内容につき，山口和人「ドイツの第2次連邦制改革（連邦と州の財政関係）(1)——基本法の改正」外国の立法243号（2010年）3頁以下，渡辺富久子「ドイツの第2次連邦制改革（連邦と州の財政関係）(2)——財政赤字削減のための法整備」外国の立法246号（2010年）86頁以下参照。
15) Engels/ Hugo, a.a.O. (Anm. 8), S. 446.
16) 検討の対象は連邦を中心とする。なお，連邦の2009年度資産計算書における「負債」のうち「信用市場における債務」はおよそ3分の2を占めている。

減少させなければならない。しかし，これでは，景気後退をより悪化させることになる[18]。そこで，ともかくも減税をし，あるいは国家支出を増やして，景気を回復させることが必要である。景気後退期においては，減税や国の支出の増大は，景気の不安定を調整する自動安定化装置として作用することが期待される。危機的な経済状況になればなるほど，このような形で国が財政的に介入する必要性は高まる。国の起債はこのときにどうしても必要となる[19]。

(2) **世代間再配分**

また，投資のために公債を発行し，将来の償還および利払いを，当該投資によって期待される収益（Erträge）から調達することは，経済的には意味があるというのも確かであろう。公共投資（例えば高速道路の建設）は公の財産を増やし，将来の生産性も高める[20]。将来世代は，今行われる投資によって便益を得るので，彼らをその償還に関与させることも，経済的に必ずしも不合理なことではない[21]。

「pay as you use」の原則からすれば，公共投資から後に便益を得る者は，債務返済に関するコストに関与させられてしかるべきということになる[22]。連邦憲法裁判所も，予算運営上の将来の収入の先取りは，いずれにせよ，将来に便

---

17) 経済的視点から，公債発行の是非をめぐる議論は「信念の戦い」とも評される。つまり，根本的な考えの相違から，起債を否定的に捉える立場とそうでない立場とに分かれ，前者の立場においては，例えばアダム・スミスが，国家支出，特に戦費の信用調達は絶えず増大する債務負担およびそれに伴う租税負担に必然的に至るということから出発し，また，ヒュームが，長い期間続けば国家を破壊するであろうところの，債務のスパイラルおよび租税のスパイラルという恐怖のシナリオを描くのが代表的である。反対に債務を擁護する立場は，代表的には，ローレンツ・フォン・シュタインが，世代間の負担分配をまさに積極的に解し，債務のない国家は，将来に余りにもなにもなさなさすぎ，または現在に余りに多くを要求するものである，とのテーゼを刻んだことが挙げられる。また，リチャード・マスグレイブは，インフラ（橋，道路，運河）の建設の措置を，将来の世代がそこからいずれにしても便益を得ることができるのにもかかわらず現在の世代の租税で調達することは不適切とみなし，「pay as you use」という原則を定式化した。以上，Henning Tappe, Die neue "Schuldenbremse" im Grundgesetz ─ Defizit (in) der Föderalismusreform II ─, DÖV 2009, S. 881ff., S. 882.
18) Bernd Scholl, Die Neuregelung der Verschuldungsregeln von Bund und Ländern in den Art. 109 und 115 GG, DÖV 2010, S. 160ff., 162.
19) このようにみると，予算均衡も，必ずしも毎予算年度ごとに厳格に均衡が達成されるべきということではなく，中期的な予算循環を1つの目安に対応すればよいという側面のあることが認められる。不景気の際の予算不足は好景気の際の歳入超過によって均衡されればよいことになる。Scholl, a.a.O. (Anm. 18), S. 162.
20) Scholl, a.a.O. (Anm. 18), S. 161.
21) Scholl, a.a.O. (Anm. 18), S. 162, BVerfGE 79, S. 334.
22) Engels/ Hugo, a.a.O. (Anm. 8), S. 448.

益を供与する性格を伴う支出の範囲においてのみ許されるとしている[23]。

それにより，後年度の予算から現年度の予算への財政手段の再配分，あるいは「将来世代の負担への世代間再配分」が果たされることにもなる[24]。投資が有益であり，将来確実に返済できる見通しがあり，かつ，現在他に財源がないときには，投資的目的の赤字財政はむしろ望ましいとまでいわれるのである[25]。

2. 公債の問題点
(1) 将来世代への負担

問題なのは，将来の世代が，償還および利払いの負担を負わされ，彼らはそれを逃れることができないということである。将来の世代が，全く民主的には関与していない投資のために支払いをしなければならない，つまり，彼らには他人の好みが押し付けられるのである[26]。

それどころか，起債により調達された投資財産がそのうちに価値を失い，あるいは全く存在しなくなるかもしれないのに，このために負った債務だけが引き続き存在するケースも考えられる。むしろ，債務が予定どおりに返還されず，借換えによって更新されることも多い。これによって，「世代間の正当な配分」という理想からは遠くかけ離れてしまう現実も起こりうるのである[27]。

さらに，資本市場における貯蓄と投資の均衡は，金利を通じてもたらされるが，国が一定以上の起債を必要とする場合，均衡のためには金利は上昇する。これにより民間投資は減少し，消費の減少をもたらす。反対に，公債を購入する預金者は，他の納税者のコストで，金利上昇による利益を得る。彼らは一般に富裕であり，「下から上への再配分」になってしまうというのである[28]。

(2) 利払いの負担

債務が増大すれば，当然，利払いの負担が重くのしかかる。ドイツの連邦予算においては，1990年度の利払い支出175億ユーロから，1999年は411億ユーロへと倍増している。ゴールデン・ルール終盤の2007年度予算を例にとれ

---

23) BVerfGE 79, S. 334.
24) Tappe, a.a.O. (Anm. 17), S. 881f.
25) 井堀利宏『財政赤字の正しい考え方』（東洋経済新報社，2000年）16頁。
26) Scholl, a.a.O. (Anm. 18), S. 162.
27) Engels/ Hugo, a.a.O. (Anm. 8), S. 448.
28) Scholl, a.a.O. (Anm. 18), S. 161f.

ば，利払いは 393 億ユーロで，支出項目としては社会保障に次いで 2 番目，租税収入の約 18％にもなる。

債務が多額であれば，常に金利変動のリスクと隣り合わせとなる。連邦は，満期を迎える債務の償還の財源を調達するために，毎年，2000 億ユーロ以上の規模において新たな起債を行わなければならず，常にこのリスクにさらされている。特に，低金利で発行された公債が借り換えられなければならないときに，状況次第では，この問題は一気に深刻化しうる[29]。

利払いの増大は，将来重要な分野への投資をも阻む。ドイツにおいて，支出における投資の割合は，90 年代以降，明らかに後退し，2000 年以降は 10％以下の低い水準にとどまっている。また，2007 年度を例にとると，利払い支出は投資支出を約 64％上回っている。このことからも，投資のための債務の利払いが，新たな投資の足かせとなっていることがわかる[30]。長期的な比較においても 1975 年から 2010 年までの利払いの合計は約 8500 億ユーロで，同じ期間の起債総額約 8000 億ユーロを上回っている。本来，予算運営上のやりくりを柔軟にするための起債が，逆に予算を硬直化させてしまっているのである[31]。

3. 公債と法的規律

公債の発行は，一般に，これをしなければ増税または支出削減を強いられる状況において行われる。増税も支出削減も行わず予算均衡を容易にするのであるから，予算・財政政策の手段としては魅力的である[32]。政治家にとっても，予算の不足が生じたとき，増税によるよりも，公債で補填するほうがはるかに好都合である。公債によって中・長期的に生じる負担は，増税と比べれば，有権者の投票行動には直接の影響を及ぼさないと考えられるからである[33]。それどころか，再選を目指す政治家としては，「将来のコスト」について自らを「気前良く」見せるために，公債がもつ「タイムマシン」の特性を利用し尽くそうとし，有権者もまたその誘惑に負け，将来の負担に目をつぶりがちであるといわれるのも否定し難いところであろう[34]。

---

29) Engels/ Hugo, a.a.O. (Anm. 8), S. 447.
30) Engels/ Hugo, a.a.O. (Anm. 8), S. 447f.
31) Engels/ Hugo, a.a.O. (Anm. 8), S. 448.
32) Tappe, a.a.O. (Anm. 17), S. 881f.
33) 「公債の誘惑 (Reiz)」は，ヒュームによる表現である。Scholl, a.a.O. (Anm. 18), S. 160.

このような背景があるにしても，現実に，基本法旧115条は，連邦予算に債務の基礎が作られ続けるのを阻止することができず，利払い支出の増大，支出構造の悪化ならびにそこから生じる行為の余地の狭小化をもたらした[35]。基本法旧115条1項は，起債に制約を課す条文である。しかし，実際には，新たな起債が間断なく重ねられてきた。もし，将来への負担の引き延ばしを回避し，後世代の負担軽減を図ることが望まれるならば，最も重要なのは，いうまでもなく，現世代の自制である[36]。しかし，それが保証されないなら，基本法旧115条がなぜ予算実務において機能しなかったのか，その原因を探り，法的規律の再検討を通じて，債務制御機能の改善を目指す必要がある。

II 「ゴールデン・ルール」の問題点

1. 「投資」概念の広さ

基本法旧115条1項2文においては，「投資」が起債を許される上限となる。この投資概念は連邦憲法裁判所によっても「広い」とされ，内容的に限定を施す必要が指摘されていた[37]。これを受け，立法者は，1990年に連邦予算法13条3項2号を改正し，どのような支出が投資のための支出とされるか具体的に規定することによって，これに応えた[38]。しかし，それは，すでに当時妥当していた「投資支出の経済的用途のための分類別予算（Gruppierungsplan）」を条文化するにとどまったものであり，立法者には，憲法上の起債制限の趣旨に沿って規律を厳格化しようとの意識は希薄であったといわれる[39]。その結果，投資概念は，依然として広いまま，次のような弱点や，あいまいさを残した。

まず，連邦予算法13条3項2号との関係において，基本法旧115条1項2文の起債の上限を設定するのは，一般に「総投資（Bruttoinvestition）」である

---

34) Tappe, a.a.O.（Anm. 17），S. 883.
35) Engels/ Hugo, a.a.O.（Anm. 8），S. 448.
36) Tappe, a.a.O.（Anm. 17），S. 883.
37) BVerfGE 79, S. 354f.
38) 挙げられたのは，建設事業，動産の取得，不動産の取得，持ち分その他資本財の取得，企業に対する債権および持ち分権の取得，有価証券ならびに企業の増資のための有価証券の取得，貸付金（Darlehen），保証（Gewährleistungen）に基づく請求，以上の目的に要する支出の財源調達のための補助（Zuweisungen und Zuschüsse）である。
39) Engels/ Hugo, a.a.O.（Anm. 8），S. 448.

と解されていた。しかし，基本法が「投資」を基準に設定したのは国の財産価値の増大に着目してのことであるから，正しくはそれを表す「純資産（Nettoinvestition）」を基準とすべきであるという主張がなされていた[40]。それによれば，例えば，高速道路の維持修繕費用など，価値を維持するための経費や補填投資（Ersatzinvestitution）は「投資」から除かれるべきことになる。しかし，実際には，道路の修繕も「建設事業（Baumaßnahme）」（連邦予算法13条3項2号a）とみなされ，道路の減価償却や価値の減耗分も「投資」の際には考慮されなかった[41]。

また，動産，不動産の取得も，社会的には売却側の「負の投資（Desinvestition）」と相殺されるなどの性質をもっていたが，全額「投資」として計算された（連邦予算法13条3項2号b，c）。これに対して資産の売却は[42]，予算の収入に組み込まれる場合でも，その金額を「投資」支出に充てるという考え方はとられなかった[43]。この資産が購入時「投資」であったとすれば，売却して収益が得られれば，その分「投資」から差し引く，あるいは売却は，資産そのものおよびそこから得られる将来の収入の可能性を永続的に放棄する行為であるから，「投資」の観点からはマイナスであり，「負の投資」として「投資」額から差し引くべき，という批判もなされていた[44]。しかし，実際にはこのように取り扱われることはなかった。

---

40) Scholl, a.a.O. (Anm. 18), S. 163.
41) この点，収入と支出（「キャッシュ・フロー」）にのみ目を向けるカメラル式会計システムのもとでは，投資における価値の消費は意味をもって把握されえず，したがってその点の考慮が，起債の限界付けや償還義務の検討に活かされにくかったことも指摘されてきた。「投資」は，将来の資本の蓄積や生産への積極的効果が予測される支出であり，償還期にそれを売却して「純粋な」収入に至りうるとすれば，予算案の時点で減価償却分や売却価格を把握し，「投資」や起債判断に活かすことも考えられたが，実務では行われていなかった。以上，Tappe, a.a.O. (Anm. 17), S. 884.
42) 以前の予算年度において中心を占めたのは，連邦の持ち分の売却であった。2006年度までに，予算の調達に算入された持株売却からの収入は，約800億ユーロに達した。2007年度連邦予算においては，民間化による収益（Privatisierungserlöse）が92億ユーロ見積もられた。これらは対応する債務の返済に充てられることなく使用されている。Engels/ Hugo, a.a.O. (Anm. 8), S. 450. この事態は，後の世代に債務のみならず，それに対応する財産を委ねることを目的とする基本法115条に矛盾することが指摘される。Bemerkungen 2006, Nr. 2.3.5.
43) 譲渡収益については唯一，バイエルン州の憲法において，不動産である財産の譲渡収益はこの財産の代わりに新しく取得されるもののために使用されなければならない旨規定されている（81条2文）。
44) Engels/ Hugo, a.a.O. (Anm. 8), S. 448, Tappe, a.a.O. (Anm. 17), S. 884, Scholl, a.a.O. (Anm. 18), S. 163.

2. 例外規定の不明確さ

基本法旧115条1項2文で起債が例外的に認められる場合の「全経済的均衡のかく乱」概念も不明確であることが問題とされた。現に，「かく乱」状況は，1991年以降，多くの年度において「生じ」，これはドイツにおいても「例外が通例」[45]といわれるほどの頻度で，しかも，どの年度も必ずしも説得的な根拠付けはなされていないと評されている[46]。このような「全経済的均衡のかく乱」概念の不明確さ，あるいは事実の評価や予測の困難さから，「かく乱」状況が存するかどうかについては，予算立法者には，不可避的に評価および判断の余地が伴わざるをえないのかもしれない[47]。判断の余地が伴えば，裁判上の審査でさえ，その基準は，「正当さ（Richrigkeit）」ではなく，単に評価の「主張可能性（Vertretbarkeit）」にとどまることになり，立法者に広範な裁量を認める結果となって[48]，起債の上限は容易に超過されていったのである[49]。

この点で，連邦憲法裁判所は，例外規定を使用する場合には，立法者に特別な理由付けおよび説明の負担が課せられるとした[50]。しかし，現実には多くの年度で十分な説明なく例外起債がなされており，この基準が起債の有効な障壁になっていないことは明確にうかがえる[51]。

さらに，例外起債については，新規起債の上限を示す制限は規定上存在しなかった。実務においても，具体的な超過額の多さについて，予算法律上の理由中に，通例，それに当たる説明はみられず，超過の多寡がブレーキの役割を演じるわけでもないことも指摘された[52]。結果，新規起債額の不適切な増大に至ったのである。

なお，基本法旧115条2項は，第1項の起債制限およびその例外とは別に「連邦の特別財産については，連邦法律により，第1項の例外を許すことができる」と規定し，特別財産の設立を通して債務を連邦予算の外で引き受け，それによって債務制限の規律を回避する可能性を認めていた[53]。これは，90年代

---

45) Scholl, a.a.O. (Anm. 18), S. 163.
46) Tappe, a.a.O. (Anm. 17), S. 884f.
47) BVerfGE 79, S. 343.
48) Scholl, a.a.O. (Anm. 18), S. 163.
49) Tappe, a.a.O. (Anm. 17), S. 884f.
50) BVerfGE 79, S. 343ff.
51) Engels/ Hugo, a.a.O. (Anm. 8), S. 449.
52) Engels/ Hugo, a.a.O. (Anm. 8), S. 449.

の初め以降，積極的に利用された。例えば，引継債務返還基金，ドイツ統一基金，および連邦鉄道財産の特別財産には，連邦予算の外で，約2550億ユーロの追加的債務が引き受けられ，連邦債務に組み入れられた[54]。この方法で，基本法115条1項による「古典的な」起債と並んで，予算外でかなりの追加的な債務の引受けが行われているが，負債という点では，「古典的な」新規起債と変わるところはなかったのである[55]。

3. 累積債務全体への視点の不足

基本法旧115条1項2文は，債務全体の制御という点からも問題を有していた。まず，起債制限というとき，それは当該予算年度における遵守が求められているにすぎなかった。しかし，各年度の新規純債務は，債務全体を上昇させるので，起債の制限をするのであれば，「債務全体の状況」を視野に入れる必要があったのである[56]。唯一，ヨーロッパ法の規律によってGDPの60％というラインが示されてはいるが[57]，しかし，基本法自体は何も語っておらず，このことが，累積していく債務を阻止できなかった本質的な原因の1つに挙げられる[58]。

「起債」概念についての問題も存在する。すなわち，「投資支出の総額を超えることができない」のは，「起債からの収入」である。「将来の会計年度において支出に至りうる，保証（Bürgschaften），担保（Garantie）その他の保証（Gewährleistungen）」は，基本法115条1項1文の語義から明らかに「起債」には入らないが，これらも将来債務を負う効果を及ぼしうるという点では「起債」と同じだったのである[59]。また，類似するものとして，収入は可能にするが起債「から」生じるわけではないもの，例えば資産の売却は，この点でも問題とされたのである[60]。

起債の返済についての義務付けが憲法上規定されていないことも大きな問題

---

53) Scholl, a.a.O. (Anm. 18), S. 164.
54) Engels/ Hugo, a.a.O. (Anm. 8), S. 450.
55) Engels/ Hugo, a.a.O. (Anm. 8), S. 450.
56) Tappe, a.a.O. (Anm. 17), S. 883, Scholl, a.a.O. (Anm. 18), S. 163.
57) 欧州共同体設立条約104条2項b，リスボン条約126条1項・2項による。
58) Scholl, a.a.O. (Anm. 18), S. 163.
59) これらには，もちろん別途，議会の授権が必要である。
60) Tappe, a.a.O. (Anm. 17), S. 884.

とされた。とりわけ、例外的に「全経済的均衡のかく乱の除去」のために上限を超えた起債について、その返済のための具体的かつ拘束的な規律が欠けていた点が問題であった。つまり、全経済的均衡のかく乱の除去のためになされた起債であれば、景気の良い時期に返還すべきであり、基本法は立法者にそれを義務付けていなかったのである[61]。本来からすれば、起債を景気循環のワンサイクル（循環の最初と終わりは明確には判断されえないにしても）ごとに調整することが必要であるので、債務の拡張を許しながら好景気時におけるこの債務の返済を要求しないことは、それこそ「不均衡（asymmetrisch）」とされたのである[62]。

また、あらゆる起債には、それぞれの発生理由とは無関係に、単なる債務の付け替えと全く異なるところのない、いわゆる借換債の発行という形をとって、償還することが可能という側面があった。現存の債務を、償還の必要な起債によって単に差し替えるだけの結果、債務には、ある種の「永遠の保証」が存在することとなり、利払いは、その都度の金利水準との関係で、それぞれの追加的な起債でもって、さらに増大しうる可能性を秘めていたのである[63]。

4. 予算執行における残余起債授権の利用

起債制限の超過は、残余起債授権の利用について予算実務で利用されていた、いわゆる「FiFo方式」[64]によって、予算執行における段階で容易になされていた。この、「冷蔵庫原則」[65]ともいわれた方法によって、連邦財務省は、予算執行において、なお有効な前の年度の起債授権を利用し、それによって、現予算年度のために議会から付与された起債授権を大切に保存したのである。この会計実務によって、予算法律自体が起債の上限を遵守している場合でも、予算執行の段階において破られたのである[66]。

---

61) Scholl, a.a.O. (Anm. 18), S. 163.
62) Tappe, a.a.O. (Anm. 17), S. 883f.
63) Engels/ Hugo, a.a.O. (Anm. 8), S. 449.
64) 「First in First out」方式である。特に連邦会計検査院が繰り返し批判し（例えば、Bemerkungen 2007, BT-Drs. 16/7100 Nr. 1.4.1)、前年度の起債授権を利用する前にまず当該年度の起債授権を利用しなければならないこととされた（LiFo方式）。利用されなかった残余起債授権は、通常の場合で1年後に利用できなくなるとされた（連邦予算法18条3項）。
65) Engels/ Hugo, a.a.O. (Anm. 8), S. 449.
66) Tappe, a.a.O. (Anm. 17), S. 885.

過去の年度においては，この方法で，残余起債授権が数百億ユーロ積み上げられていた。さらに，2002年度から2004年度までの予算年度においては，全経済的均衡のかく乱が解消されたにもかかわらず，年度をまたいだ使い残しの「貯金」は115億ユーロにも上った。1996年および2005年度の予算年度においては，補正予算を提示しないまま財源を比較的「大騒ぎせず（geräuschlos）」確保するために，この起債授権の「貯金」が使われるということも行われた[67]。両年度とも，当該年度の単位でみれば起債の上限を明らかに超えたために，本来であれば，基本法115条1項2文の例外規定が適用になり，補正予算によるべきケースであった[68]。ちなみに，2007年度に，残余起債授権が記録的な201億ユーロに増大したことで，連邦財務省は，ようやくその一部，100億ユーロを放棄している[69]。

5. サンクションの欠如

基本法旧115条は，サンクションのメカニズムを欠いていた。たとえ立法者によって経済全体の均衡の「かく乱」に起因しない起債授権がなされ，連邦予算に憲法違反の状態が生じたとしても，これに対するサンクションは用意されておらず，債務の返還すら行われるわけではなかった[70]。仮に連邦憲法裁判所による憲法違反の確認がなされても，この確認は，かなり遅れてのことであり，有権者による間接的な「制裁」も期待できず，有効なサンクションとはなりえなかったのである[71]。

おわりに

いわゆる「ゴールデン・ルール」については，概ね，以上のような問題点が指摘されていた。債務残高増大をもたらした原因を基本法旧115条に絞って探ったうえで，エンゲルスによれば，次の2点が確認されるという[72]。1つは，

---

67) Engels/ Hugo, a.a.O. (Anm. 8), S. 449f.
68) Engels/ Hugo, a.a.O. (Anm. 8), S. 449f.
69) Engels/ Hugo, a.a.O. (Anm. 8), S. 449f.
70) Scholl, a.a.O. (Anm. 18), S. 164.
71) Scholl, a.a.O. (Anm. 18), S. 164.
72) Engels/ Hugo, a.a.O. (Anm. 8), S. 450f.

過剰な債務は阻止されるべきことが基本法上の規範であることを実務の支配的な理解にするためには，改革が必要であるということ，2つ目は，少なくとも将来，過剰な債務が排除されなければならないとすれば，可能な限り基本法改正が考慮に入れられなければならないということである[73]。法の観点からいえば，まずは，現行法の解釈，つまり，現行法上可能な方策を探求して，効果のある起債制限を予算の策定および実施の過程に及ぼすこと，そしてそれを尽くしたうえで，必要があれば法の改正を目指すこと，である。

　例えば，連邦憲法裁判所は，投資支出の総額を超える新規起債の条件は，基本法109条および経済安定成長法1条の意味における全経済的均衡が「重大かつ持続的に」かく乱され，またはそのようなかく乱が「直接に差し迫っている」ことが必要であるとし，他方では，例外条項の判断に関して立法者に裁量を承認し，その審査は主張可能性にとどまるとしながら，しかし，立法者は，例外条項の条件充足につき説明の負担を負うとしたところである。このように，法律学には，まず何より，現行法制のもとで，効果のある起債制限の解釈可能性を追求する作業が求められよう。

　そのうえで，ドイツは，債務制限のための新しい規律を基本法改正という方法で選択した。新しい規定は，信用調達によらないことの明示，「投資」概念の放棄，起債の上限としてGDP0.35％の明示，例外の厳格化および例外時の償還計画の義務化等を内容とするものである。この新しい枠組みの詳細な検討も，わが国において早急に取り組まなければならない重要な課題である。

　要は，現在および将来の国民にとって，公債のもたらす効用を最大にし，弊害を最小にすることである。法律学には，憲法の諸価値に即してこの作業を行う視点があり，また，この点での作業を極めることこそ法律学に課された使命でもあるといえよう。

---

73) Engels/ Hugo, a.a.O. (Anm. 8), S. 450.

第 3 章　連邦憲法裁判所 1989 年判決
――「ゴールデン・ルール」の転換点

はじめに

　2009 年基本法改正による憲法上の起債制限規定の変更は，旧規定の文言の不明確性が現実に起債を制限することができなかったことに起因する[1]。この点は 2007 年の連邦憲法裁判所判決[2]においても指摘され，改革につき強い要請がなされていた。ドイツとわが国では司法制度に相違はあるが，財政規律の実効的機能を果たすためには，規律のあり方そのものが重要であるというドイツの認識は，わが国にもあてはまるように思われる。

　憲法上の起債制限規定に基づく裁判所によるコントロールは，ドイツにおい

---

1) 基本法旧 115 条 1 項 2 文によれば，「起債による収入は，予算案に見積もられた投資支出の総額を超えてはならず，経済全体の均衡のかく乱を除去するためにのみ例外が許される」とされ，この例外条項にいう「全経済的均衡のかく乱」については，経済安定成長促進法（StbG）1 条 2 項が，「全経済的均衡」の構成要素を，物価水準の安定，高い雇用率，対外経済的均衡，ならびに継続的および適切な経済成長（いわゆる「魔法の四陣角」）と具体化していた。これが，2009 年に改正され，まず基本法 109 条 3 項 1 文において，新規の起債なく予算と均衡させることが原則として立てられ，新しい例外条項は，続く第 2 文以下で規定されることとなった。その第 2 文によれば，連邦および州は，「通常の状態から逸脱した景気の推移の影響を，好況および不況いずれの場合においても等しく考慮に入れるための規定ならびに自然災害または国の統御を離れ国の財政状態を著しく毀損する異常な緊急事態の場合のための例外規定を設けることができる」とされる。これは，不況期の予算不足が好況期の予算剰余によって補われることを通じて，均衡予算の原則と不況期における予算不足が両立しうるとの理解に基づくものである。また，同規定により，連邦および州法が，自然災害および異常な緊急事態の対処のための新規起債の可能性を意図する場合は，第 3 文によって，その償還規定が必要となる。これによって，起債が，国の債務を継続的に増大させず，危機が終われば元に戻るというしくみが目指される。ただし，司法的コントロールの観点からいえば，新規定も，「通常の状態を逸脱した」をはじめ，不特定概念が依然として使用されており，裁判所になお具体化の必要が残されているといえる。Yorck Frese, Staatsverschuldung in Deutschland nach der Föderalismusreform II - eine Zwischenbilanz, DVBl 2012, S. 153ff., 155 も参照。
2) BVerfG, Urt. v. 9.7.2007, BVerfGE 119, S. 96ff.

ても，例はそれほど多くない。最初の判決は，1967年度のザールラント州補正予算法律に対する同州憲法裁判所1969年判決であり，憲法上の起債要件充足の有無に関する判断が示されている。同州憲法111条1項旧規定は，「起債は，『通常外の必要（bei außerordentlichem Bedarf）』または『事業目的の支出のために（für Ausgaben zu werbenden Zwecken）』のみなされることを許される」というものであり，この訴訟において判断されたのは，「通常外の必要」概念の解釈に関する補正予算の合憲性の問題である。ほか，ハンブルク州憲法裁判所1984年判決と併せ，州憲法裁判所は，司法的コントロールにつき抑制的な傾向を強く示している。

この問題に関する初めての連邦憲法裁判所判決は，1981年度連邦予算に対する1989年のものである。前章でもみたように，憲法上の起債制限規律に基づく司法的コントロールの可能性を検討するためには，連邦憲法裁判所2007年判決が大きな役割を果たすことは疑いないが，まず本章では，従来の非常に抑制的な法的コントロールの流れを転換する起点となり，2007年判決のいわば「地ならし」の状況を作った，連邦憲法裁判所1989年判決を中心に，それまでの裁判例および学説[3]ならびに1989年判決を契機とした学説状況の変化を概観する。

I　1980年代までの州憲法裁判所判決

1.　1967年ザールラント州補正予算法律に対するザールラント州憲法裁判所1969年判決

(1)　事件の概要

憲法上の起債制限の裁判所によるコントロールに関する裁判例は，1981年度連邦予算についての連邦憲法裁判所1989年判決[4]がリーディング・ケースとなるが，1980年代終わりまでの時期には，国家債務の実体上の限界の問題を取り扱う憲法裁判所の訴訟例は少なく，州レベルのわずか2例にとどまるよう

---

3)　この時期までの「法学」的視点からの文献は極めて限られており，当該部分は Hilde Neidthardt, Staatsverschuldung und Verfassung, 2010 および Wolfram Höfling, Staatsschuldenrecht – Rechtsgrundlagen und Rechtsmassstaebe für die Staatsschuldenpolitik in der Bundesrepublik Deutschland, 1993 に依拠するところが大きい。

4)　BVerfGE, Urteil vom 18.4.1989, BVerfGE 79, S. 311.

である[5]。

　その最初の例は，ザールラント州憲法裁判所の信用引受け（Kreditaufnahme）増大の要件に関する 1969 年 7 月 16 日の判決である[6]。この事件における申立者はザールラント州議会の野党 SPD 会派の議員であり，抽象的規範統制の方法において，1967 年度補正予算法律の違憲の確認を求めている。同補正予算においては，州政府に 4000 万マルクの信用引受けが授権されていた。ザールラント州憲法裁判所の審査基準は，同州憲法 111 条 1 項旧規定であり，それは，「信用引受けは，『通常外の必要の場合』または『事業目的の支出のために』のみなされることを許される」という文言であった。この事件においては「事業目的」[7]については争われなかったので，訴訟において判断を求められたのは，「通常外の必要」概念の解釈に関する補正予算の合憲性であった[8]。

　そこで問われたのは，財政状況の悪化によってもたらされる行政経費補填の必要がザールラント州憲法 111 条 1 項旧規定の「通常外の必要」に当たるかどうか，そして，そもそもどのような場合に，「通常外の必要」をもたらす「通常外の財政状況の悪化（außerordentliche schlechte Finanzlage）」といえるか，ということであった[9]。

(2)　「通常外の財政状況の悪化」に伴う「通常外の必要」

　まず，この「通常外の必要」という概念は，1919 年以来ドイツの憲法のなかで引き継がれてきたものであったが，憲法裁判所の先駆的判決は存在せず，当時妥当したライヒ予算法またはザールラント予算法の法律上の規律にも，解釈の手懸かりとなる文言は含まれていない[10]。憲法裁判所は，解釈を模索する必要があったが，結局，ザールラント州憲法 111 条 1 項につき，厳格に解釈する姿勢はとらなかった[11]。反対に，「通常の必要」と「通常外の必要」との明

---

5)　Neidthardt, a.a.O. (Anm. 3), S. 40.
6)　SaarlVerfGH, Entscheidung v. 16.7.1969. この判決は，ドイツにおいてもほとんど注目されてこなかったという。Werner Pazig, Nochmals: Zur Problematik der Kreditfinanzierung staatlicher Haushalte, DÖV 1989, S. 1022. なお，この判決内容は，Neidthardt, a.a.O. (Anm. 3), S. 40ff. によっている。
7)　将来，利益をもたらす支出を意味する。今日における「投資のための支出」に相当する。
8)　ザールラント州憲法は，2 つの要件が並列している点が特徴を有し，語義からして重畳的な充足がありえないとすれば，「通常外の不足」は，「事業目的」（「投資」に類似する）とは別に正当化の理由を必要とした。
9)　Neidthardt, a.a.O. (Anm. 3), S. 41.
10)　Neidthardt, a.a.O. (Anm. 3), S. 41.

確な分離はそもそも可能ではないこと，また，少なくとも通常時においても例外的には信用引受けも当然ありうることから，州憲法111条1項にはそのような通常時の例外が文言上は予定されていないとして，「通常外の必要」概念は，排他的に対象の限定された概念として理解されてはならないとしたのである[12]。

(3) 「通常外の財政状況の悪化」の要件

それにより，問題は，起債を許される状況に関する要件，すなわち「通常外の財政状況の悪化」の存在の有無，そしてそのときの「通常外の必要」が問題とされた。判決当時に存在した学説では，これらが存するかどうかの確認は，法的には決定されえないという見解が一般的であったようである[13]。しかし，憲法裁判所は，そのような起債のあらゆる制限をも妨げる解釈はとらず，もっぱら，これらが抽象的一般的概念規定であることが適切でない旨を指摘している。したがって，「通常外の必要」は，規律の趣旨に基づき，個々のケースの特殊性を考慮しながら判断されることになるというのである[14]。もっとも，この規定の適用に際しては，必ずしも緊急事態や破局状況までは必要ない。なぜなら，そのように限定する手懸かりは規定の文言に見出せず，また，経済危機は国家財政を自然災害以上に大きな困難をもたらしうるから，というのである[15]。それゆえ，景気循環の危機も，認識可能な景気後退の兆候が現れていれば，「通常外の必要」を生じさせうることとなる。その際，事態の予測不可能性というメルクマールも，同様に規定の文言上これを必要とする手懸かりは欠けており，必ずしも必然的なものではないことになる[16]。結局，州憲法裁判所は，ザールラント州の1967年度の補正予算法律については，「通常外の財政状況の悪化」が存在したという結論に至っている。

---

11) Neidthardt, a.a.O. (Anm. 3), S. 41.
12) Neidthardt, a.a.O. (Anm. 3), S. 41f.
13) Friedrich Karl Vialon, Haushaltsrecht, 2. Aufl., 1959, Art. 115 GG, Anm. 7.
14) Neidthardt, a.a.O. (Anm. 3), S. 44.
15) Neidthardt, a.a.O. (Anm. 3), S. 45.
16) Neidthardt, a.a.O. (Anm. 3), S. 45. 裁判所の見解によれば，「特別の必要」が否定されるのは，公債制限を意図的に回避する場合などかなり限定されたものになる。

2. 1983 年ハンブルク州予算附属法に対するハンブルク州憲法裁判所 1984 年判決

(1) 事件の概要

起債制限問題を扱う 2 番目の判決は，1983 年のハンブルク州予算附属法 (Haushaltsbegleitgesetz) の憲法適合性に関する 1984 年 5 月 30 日のハンブルク州憲法裁判所判決である[17]。この予算附属法は，従来行われていた起債総額計算 (Buruttokreditveranschlagung) から純起債額計算 (Nettokreditveranschlagung) への移行を規定するものであった[18]。それにより，既存債務の借換えのためになされる起債は，もはや憲法上の起債制限内に収まる必要はなくなったのである。さて，1982 および 1983 の予算年度に存在した予算の欠損額（約 8 億 5000 万マルク。1 ユーロ＝約 1.95583 マルク）は，従前ならば，いわゆる金庫補強借入れ (Kassenverstärkungskredit) として，短期借入れによって補填されていたのであるが[19]，この規定により，短期金庫補強借入れの借換えが不要になり，欠損は，新たに起こされうる長期の補填債 (Deckungskredit) によって一気にカバーされることとなった[20]。こうして，予算附属法の規定によって，州予算法 (LHO) 18 条 1 項に規定された起債の上限，つまり投資のための支出総額の例外的超過が来たされることとなったのである。

(2) 請求の理由

野党 CDU 会派の議員は，規範統制の方法により上記規定の無効の確認を請求した。請求の理由は，①純起債額計算は「信用の方法において財源の調達が許されるのは，通常外の必要の際，および通常時における事業目的の支出に対してのみである。」というハンブルク州憲法 72 条 1 項の起債制限に違反する，なぜなら，将来に効果をもつ投資のみに起債を限る趣旨が，借入れの償還期間の変更という方法によって脱法的に損なわれるからである，② 1969 年に連邦レベルで行われた純起債額計算への転換から，ハンブルクにおける法状況に対

---

17) HambVerfG, Urteil vom 30.5.1984, HambJVBl. 1984, S. 169ff., DÖV 1985, S. 456.
18) 起債総額計算であれば引き受けられる信用はすべて考慮されるが，純起債額計算であれば，借換えのための起債は計算されないことになる。州予算法にも「信用市場の信用からの収入およびこれと関連する返済支出」はすべての収入および支出の完全な計上の原則（総計予算主義）の例外とする規定が置かれた（15 条 1 項 2 文）。
19) Hermann Pünder, Staatsverschuldung, in: Josef Isensee/ Paul Kirchhof (Hrsg.), Handbuch des Staatsrechts der Bundesrepublik Deutschland. Bd. V, 3. Aufl., 2007, §123 Rn. 23.
20) Neidthardt, a.a.O. (Anm. 3), S. 45f.

する影響は全く引き出しえない，特に州政府によって述べられた，ハンブルク州憲法72条1項の，基本法115条1項，109条2項旧規定の視点に基づく共通的解釈も可能でない，なぜなら，ハンブルクにおける連邦レベルの法状況への整合化の試みは1971年に失敗したのだから，というのである[21]。なお，「債務の長期化」の問題についても，補填のための公債を一度に発行することも，ハンブルク州憲法72条1項の要件を充足する限りでのみ許され，また，予算運営上不足が生じているのであるから，それは消費的支出という結果になり，事業目的（werbende Zwecke）への支出とはならない，との主張がなされている[22]。

(3) 判決

結論として，ハンブルク州憲法裁判所は，申立人のこれらの主張を容れず，問題となる1984年の予算附属法の条項はハンブルク州憲法に適合すると判断している。理由は，そもそも補填債の借換えは，ハンブルク州憲法72条1項にいう「財源の調達（Bechaffung vom Geldmitteln）」の構成要件には当たらない，というものであった。理由としては，沿革的な考慮を施し，ハンブルク州憲法72条1項の基になった従前の憲法規定が，債務の水準（Schuldenniveau）に関して規律を設けていたのであって，必ずしも債務の構造（Schuldenstruktur）を問題とするものではなかったという点に求められ，このことは，ハンブルク州においてもドイツの全領域においても，従来の公債制限規律では問題にされてこなかった金庫補強借入れの引受実務がこれを確認するといい，そこではハンブルクにおける従前の借換えの実務が証拠採用されている[23]。

II 連邦憲法裁判所1989年判決

1. 規範統制の申立ての許容性

基本法109条2項および115条1項2文旧規定の解釈そして，いかなる要件のもと，またいかなる額において連邦が起債することを許されるのかの問題が扱われる初めての連邦憲法裁判所判決は，1989年のこととなる。事件は，

---

21) HambJVBl. 1984, S. 171f.
22) HambJVBl. 1984, S. 172.
23) HambJVBl. 1984, S. 175f.

1982年9月，CDU／CSUの連邦議会会派の議員が，最初はP.キルヒホフ（Paul Kirchhof），彼の連邦憲法裁判所裁判官任命後はイーゼンゼー（Isensee）を代理人として，1981年連邦予算法律2条1項の起債授権[24]の違憲性を確認する申立てをなしたものである。この8年後に出される連邦憲法裁判所判決が，国家債務法のリーディング・ケースとなるのである。

連邦憲法裁判所は，CDU／CSU会派議員の規範統制の申立て自体は適法なものとしている。まず，申立ての対象（Antragsgegenstand）については，1981年度予算法律2条2項を，基本法93条1項2号，連邦憲法裁判所法93条1項2文の意味における「法律（Recht）」とみなし[25]，予算法律の規範統制の申立て対象としての適格性を承認する。また，予算法律の効力が時間的に制限されている点が問題となるが，裁判所は，当該規範の効力の実際に及ぶ長さに着目し，たとえ予算年度が経過した後であっても，1982年9月の申立ての時点では有効であった，1981年度予算法律で与えられた起債授権の法的効果[26]が問題となることを理由に，申立てを適法なものとした[27]。さらに，申立ての後に行われた連邦議会の解散も，その後に迎える1981年度予算法律の効力の終了も，申立ての許容性の妨げとはならないとした。その理由は，予算法律はもともと妥当期間が短く，それに比べれば憲法裁判所における訴訟期間は長いのであって，もし法的効力の終了とともに訴訟自体が許されないとするならば，およそ予算法律は憲法上のコントロールから取り出されてしまう，という点に求められた[28]。もし，裁判所によるコントロールがこのような理由によって及ばないものとされれば，憲法に違反する予算立法は際限なく繰り返されることになり，憲法上の起債制限は有名無実化してしまうであろう。裁判所のこのような判断の背景には，憲法上の，特に実体的な債務制限規律への予算法律の拘束を意味あるものにするという意図があったものと分析され[29]，この点での連邦憲法裁

---

24) 財務大臣に対して，1981年度予算の支出補填のため337億7500万マルク（172億6888万ユーロ〔1ユーロ＝1.95583マルク〕）の信用引受けを授権していた。
25) BVerfGE 79, S. 311ff., 326.
26) 当該年度に利用されなかった借入れ授権は次の年度以降に繰り越すことができるしくみがとられていた。このいわゆる「FiFo（First in First out）方式」については，債務累積の一因として，後に「LiFo（Later in First out）方式」に改められることになる。この変更により，前年度の起債授権を利用する前にまず当該年度の起債授権を利用しなければならず，利用されなかった分は，通常の場合で1年後に利用できなくなる（連邦予算法18条3項）。
27) BVerfGE 79, S. 311ff., 327.
28) BVerfGE 79, S. 311ff., 328.

判所の判断は高く評価されよう。

2. 判決理由
(1) 判決の要旨
判決の要旨は次のとおりである。

① 基本法109条2項の拘束は，基本法115条1項2文による信用引受けにも及ぶ。同文後段については，これによってかく乱の状況においても全経済的均衡の諸条件が満たされることが必要となる。

② 基本法115条1項2文前段の投資概念は，連邦予算法13条3項2号による第7および第8分類である「建設措置」および「投資および投資措置のためのその他の支出」を投資とみなす従来の実務におけるよりも広くは理解されえない。

③ 基本法115条1項2文後段の要求は，——常に不安定な——全経済的均衡が重大かつ持続的にかく乱され，またはそのおそれが直接にある場合に初めて正当化される。

④ 基本法115条1項2文後段により増やされた信用引受けは，範囲と使われ方に応じて，全経済的均衡のかく乱を除去するために決定され，かつ適切なものとされなければならない。このために，かく乱の原因が一緒に考慮されなければならない。その他の制限的な諸条件，とりわけ消費的支出のための信用調達が比例原則に拘束されるかについて，基本法115条1項2文からも憲法の他の規定からもそれは生じない。

⑤ 全経済的均衡のかく乱が存するかどうか，もしくは直接にそのおそれがあるかどうかの判断，または，増加される信用引受けがかく乱の除去のために適切であるかどうかの評価に際して，予算立法者には，評価および判断の余地が認められる。他方，予算立法者は，基本法115条1項2文後段の権限を要求する場合には，立法手続のなかで，この規定の要件を満たすことについて説明の負担（Darlegungslast）が課せられる。

(2) 「全経済的均衡」と起債制限
まず，連邦憲法裁判所は，要旨の第1において，信用引受けの問題に対する基本法109条2項旧規定の意義を強調し，109条2項において指示された全経

---
29) Neidthardt, a.a.O. (Anm. 3), S. 51.

済的均衡の利益は，115条1項2文における信用引受けの際にも考慮されなければならない，としている[30]。全経済的均衡の概念自体は，判決の時点まで学説において特に特定の理解は提示されていたわけではなく，連邦憲法裁判所によっても明確にされているわけではない。そのため，経済安定成長促進法（StWG）1条2文における法律上の定義に立ち戻って判断されるという形がとられている[31]。また，ゴールデン・ルールの規律コンセプトには批判的ではあるが，連邦憲法裁判所によって基本法改正が提示されるわけではなく，むしろ，これは，憲法を改正する立法者の任務であるとされている[32]。

(3) 投資概念と起債制限

次に，許容される信用引受けの額について決定を左右するのは投資概念であるところ，連邦憲法裁判所は，これを自ら定義するのではなく，要旨第2において単に，基本法115条1項2文旧規定の投資概念はいずれにせよ従来の国家実務におけるものより広くは理解されえない，と述べるだけである[33]。国家実務は，連邦予算法13条3項2文による分類にかかる「建設措置」および「投資措置のためのその他の支出」を投資とみなしている。経済学者によっては，教育のための支出あるいは投資的防衛支出を投資概念に取り込むことが適切であるともしばしば述べられていたようであるが[34]，裁判所の見解によれば，投資概念のそのような拡大は，沿革からも規範の意義および目的からも根拠付けられず，債務負担を制限するという規範の趣旨には正面から矛盾することになるとして，その考え方は否定されている[35]。しかし，投資概念の拡大について，裁判所はそれ以上の言及を自制し，むしろ，「詳細は連邦法律によって規律される」という基本法115条1項3文旧規定を持ち出し，立法委任の問題として取り扱っている[36]。このようにして，裁判所は，その裁判権（Jurisdiktion）の限界を示すのであるが，特に，投資概念が，場合によっては従来の国家実務における取扱いよりも狭く把握されうるかどうかの問題に答えていない点は不十分である[37]。

30) BVerfGE 79, S. 311ff., 311.
31) BVerfGE 79, S. 311ff., 338f.
32) BVerfGE 79, S. 311ff., 336.
33) BVerfGE 79, S. 311ff., 311.
34) Neidthardt, a.a.O. (Anm. 3), S. 52.
35) BVerfGE 79, S. 311ff., 311.
36) BVerfGE 79, S. 311ff., 352.

(4) 起債制限超過の正当化根拠

それに対して、判決で重要であったのは、基本法115条1項1文後段旧規定により起債制限の超過を正当化する状況があるのかどうかの問題であった。要旨第3から第5において、連邦憲法裁判所は、まず、当該規定の適用は、全経済的均衡の深刻かつ持続的なかく乱か、または少なくともそのようなかく乱のおそれがなければならず、さらに、存在するまたはそのおそれのあるかく乱が信用引受け増額の主因でなければならないばかりでなく、かく乱の除去が、信用引受け増額の目標でもなければならないとした。そして、「全経済的均衡のかく乱の除去のために」という文言から、連邦憲法裁判所は、次のような必要条件を導き出す。すなわち、信用引受けの増額は、全経済的均衡のかく乱を除去する規模と効用に応じて決定され、適切なものにならなければならない、というものである[38]。考え方自体は至極合理的である。

しかし、そのうえで、連邦憲法裁判所は、立法者に対して、全経済的均衡のかく乱が存在するかまたはそのおそれがあるかどうかの判断において、そして信用引受け増額がかく乱の除去に適切かどうかの評価に関して、評価の余地および判断の余地を認めた[39]。この評価および判断の余地は、連邦憲法裁判所の見解によれば、「全経済的均衡のかく乱」という概念の不特定性、ならびにかく乱の除去のための信用引受け増額の妥当性に関する事実面での不確実性から生じるというのである[40]。

もっとも、連邦憲法裁判所は、この広い評価および判断の余地といわば相殺的に、立法手続のなかで適切な形式において、いかなる理由からいかなる方法において、基本法115条1項2文後段旧規定の権限を行使するのかを明らかにしなければならないという、立法者の説明義務を展開している[41]。この点が、まさに本判決の特徴として、また規律の効果を実質的に導き出したものとして一定の評価をなしえよう。ただし、どのような形式で説明をなすかは立法者に

---

37) この点については、裁判所は、どちらにしても、すでに生じている投資制限の超過という事態に変わりがあるわけではなく、超過額がより多くなるかどうかだけであるからとしているが（BVerfGE 79, S. 311ff., 338）、このように言ってしまうと、投資概念を通じてのコントロールは実際には機能しなくなる。
38) BVerfGE 79, S. 311ff., 311.
39) BVerfGE 79, S. 311ff., 311.
40) BVerfGE 79, S. 311ff., 343.
41) BVerfGE 79, S. 311ff., 311, 344.

委ねられている[42]。

Ⅲ　連邦憲法裁判所への訴訟提起までの判例・学説の状況

1. 3つの裁判例の意義

　債務制限に対する，以上3つの判決からは，裁判所のこの問題に対するそれまでの考え方の基本傾向を指摘しうる。

　まず，判決の経済学に対するスタンスである。裁判所にとっても，憲法規範の解釈上，経済学の知識が財政憲法の領域全体においておよび国家債務法において重要であることをうかがわせ，適宜参照されてはいる。しかし，判決は，経済学上の個々の具体的な見解に全面的に依拠したり，判決の基礎に据えることは避けているとみられる[43]。経済学上の観点はたしかに考慮されるが，しかし，全面的に委ねられることもない，かといって不十分に簡略化もされもしない[44]，という裁判所の微妙な態度が，この問題の特殊性に照らして非常に興味深いところである。

　次に，判決の広範な影響についてである。州憲法裁判所は，州の歳入および歳出への影響を，連邦憲法裁判所は，予算法律を実施する個別法への影響を考慮しており，これらは，裁判所が，規範の解釈を超え，「政治的」考慮という意味において，裁判所の判決の間接的効果を視野に入れていることを示しているといわれる[45]。とりわけ予算法律の違憲性が問題となる事件においては，これに単純に違憲の判決を下せば，その影響の広がりと重大さは想像するに余りあり，憲法裁判所に寄せる国民の期待とは裏腹に，判決の及ぼす甚大な影響を裁判所自身が意識していることは理解できないではない。

　そのような背景のもと，3つの判決は，結論として，裁判所の判断としては非常に抑制的な内容にとどまっている。裁判所は，憲法裁判権（Verfassungsgerichtsbarkait）と立法者の役割分担を強調することによって，自己の決定権限を自ら弱め，立法者に評価および判断の余地を広範に承認することに加え，債務制限規範の具体化そのものまで立法者の役割に委ねてしまっている。債務制限

---

42)　BVerfGE 79, S. 311ff., 345.
43)　Neidthardt, a.a.O. (Anm. 3), S. 54.
44)　Neidthardt, a.a.O. (Anm. 3), S. 54f.
45)　Neidthardt, a.a.O. (Anm. 3), S. 55.

についての経済学上の見解の評価においても，裁判所の実質的決定権限という点においても，裁判官の自制によって，裁判所による実体的な債務制限のコントロールの手懸かりは弱められたものになっているのである[46]。

もっとも，規範統制の申立て自体はどれも許容されており，これが続く州レベルでの憲法裁判所への規範統制の申立ての増加[47]の契機となったことも疑いなく，連邦憲法裁判所の2007年判決にもつながるとみることができる。そして，何よりこれら判決を分析の対象として，学説上の議論が展開をみせ始めることは見逃せない。

2. 学説の状況
(1) 基本法成立前

例えば，1818年のバイエルン王国憲法第7章§12は，国家債務の増加は，国民代表の同意と並んで，国家の特定かつ緊急の通常外の必要に制限される旨規定した。このように，19世紀前半においても，初期立憲主義のもと債務引受けを憲法上制限する規律は存在した。しかし，この時期の国法学においては，個々に要件が説明されようとしたにすぎなかったという[48]。

19世紀の後半においても，連邦ないし帝国レベルにおいて，1867年7月26日の北ドイツ連邦憲法73条，および1871年の帝国憲法73条が国家の債務引受けを通常外の必要（außerordentliches Bedürfnis）という要件によって実体的に制限しているものの，この時期の国法学においては，ブルンチュリ（Bluntschli）が，経済学者ワーグナー（Wagner）の見解[49]によって影響を与えられ，債務引受けの実体的な要件の解明に取り組んでいる点が唯一注目される程度のようである[50]。ワーグナーの経済学上の観念は最終的にワイマール憲法87条1項に受容され，「財源は，通常外の必要の際および通常時は事業目的の支出のためにのみ信用の方法で調達されてもよい」と規定されることになるが，この当時，国法上の関心は，国家債務の法律留保の形式，およびそれと結び付け

---

46) Neidthardt, a.a.O. (Anm. 3), S. 55.
47) NdsStGH, Urteil v. 10.7.1997; NWVerfGH, Urteil v. 2.9.2003; BerlVerfGH, Urt. v. 31.10.2003; HessStGH, Urteil v. 12.12.2005; NWVerfGH, Urt. v. 24.4.2007 など。
48) Höfling, a.a.O. (Anm. 3), S. 117.
49) ワーグナーは，通常外の必要に加えて信用調達された支出の収益性（Rentabilität）も要求した。Höfling, a.a.O. (Anm. 3), S. 111ff.
50) Neidthardt, a.a.O. (Anm. 3), S. 58.

られた予算法律の法的性格の問題にあったといい[51]，なおこの時代まで，債務制限規律の具体化については，唯一，会計検査院長のゼーミッシュ（Saemisch）が信用引受けの実体的制限の解釈上の視点を若干示している[52]以外，ドイツ国法学上めぼしい成果は挙げられていないと評される[53]。

(2) 基本法成立後

1949年に基本法が成立し，債務制限は115条で「財源は，通常外の必要の際および通常時は事業目的の支出のためにのみ，ならびに連邦法律に基づいてのみ，信用の方法で調達されてもよい」と規定される。しかし，これによっても起債制限は，依然「法的に影の存在」であると評されていた[54]。予算法研究で著名なヴィアロン（Vialon）も，以下のようにして，「通常外の必要」概念には最小限の規律効果しかないことを認めている。すなわち，この概念規定では，財政上，深刻な事態においては，「必要（Bedarf）」の取扱いにつき常に「通常外」として正当化されてしまうがゆえ，問題のある，非現実的なもの，とみなされているのである[55]。このように，起債制限規範につき，実際上の法的効力まで認められないとする理解は，基本法成立の後にあっても，むしろ一般的な見解であったようである。

(3) 1969年基本法改正

1969年，基本法が改正され，115条の起債制限規定は「起債による収入は，予算案に見積もられた投資支出の総額を超えてはならず，経済全体の均衡のかく乱を除去するためにのみ例外が許される」（1項2文）という内容に改正される。この，連邦レベルおよび個別に同調した州での債務制限規律の最初の根本的な改革によっても，それまでの考え方自体には変更は加えられていない。このときの基本法改正は，基本法109条および115条を再構成しただけでなく，連邦と州との財政分担の新しい基礎をも構築した連邦レベルの大改革であった

---

51) この時期の議論状況については，vgl. Werner Heun, Staatshaushalt und Staatsleitung, 1989, S. 79ff.

52) Friedrich Ernst Moritz Saemisch, Das Staatsschuldenwesen, in: Gerhard Anschütz/ Richard Thoma（Hrsg.）, Das Staatsschuldenwesen, 1932, S. 435ff.

53) Neidthardt, a.a.O.（Anm. 3）, S. 58.

54) Neidthardt, a.a.O.（Anm. 3）, S. 59. それを象徴するものとして，1964年の学位論文（Dissertation），シェーファー「連邦およびラントの国家債務法」（Eckart Schäfer, Staatsschuldenrecht in Bund und Ländern, 1964.）が挙げられ，そこにおいては，当時の基本法115条の実体的部分につき，形式的部分に比べて重要性が欠けていると表示されているとされる。

55) Vialon, a.a.O.（Anm. 13）, Art. 115 GG, Anm. 7.

が，起債制限に関する学説上の見解は，依然として，予算の法的性格に関する規範論的な作業の枠を出るものではなかったという[56]。

それゆえ，法学上の議論は，まずは連邦および州の予算法を概ね一般的なコンメンタールの形式において扱い，その際，それに加えて基本法115条1項2文の旧規定における債務制限および州レベルの対応する規律を扱うわずかの専門家に限定されていたのである[57]。この点，まさに財政改革時の1969年，名高い憲法学者デューリッヒ（Dürig）は，基本法の入門書において，「もしあなたが必要がないなら，そこに入り込んではいけない。それはわずかな専門家のみ必要とし，理解しているにすぎない」と記述している[58]。フォーゲル（K. Vogel）およびヴァルトホフ（Waldhoff）が，財政憲法全体を「専門家の法（Expertenrecht）」として表示しているのも同様であり[59]，主要な法学者たちの評価が，この問題の困難さを象徴している。

(4) 1970年代の国家債務の累増と連邦憲法裁判所への訴訟提起

終戦後まもなく起こる好景気を背景に，実は1960年代中盤までは，予算均衡に配慮された編成もあいまって，信用引受けの額は問題となるほどのものではなかった。しかし，1960年代中盤以降，戦後最初の不況と大連立の志向，さらに，財政改革によりもたらされた政策転換が純信用引受けの増大を引き起こし，1965年から1980年にかけて債務の著しい増大に至ったのであった[60]。予算の赤字割合の悪化は[61]，この時期の国家債務の著しい増大を証明している。社民自由連立政権の最終局面およびそれに続く1980年代において，ようやくドイツでも，緊縮予算への努力を導き始める財政政策の方針転換に至った[62]。特に当時の野党CDU／CSU会派は，この財政政策の変遷，そして際限なく増大する新規債務の負担への憂慮から，1981年度連邦予算法律に対する訴訟を提起したという背景がある。そして，この，1970年代の国家債務の累増や，

---

56) Neidthardt, a.a.O. (Anm. 3), S. 60. 代表例として挙げられるのが，Reinhard Mußgnug, Der Haushaltsplan als Gesetz, 1976 である。
57) Neidthardt, a.a.O. (Anm. 3), S. 60.
58) Günter Dürig, Grundgesetz, 1969, S. 14 (Einführung).
59) Klaus Vogel/ Christian Waldhoff, Vorb. z. Art. 104a-115 GG, Rn. 524 in: Rudolf Dolzer/ Klaus Vogel/ Karin Graßhof (Hrsg.), Bonner Kommentar.
60) Neidthardt, a.a.O. (Anm. 3), S. 48.
61) 赤字の割合は，1960年代までは各予算年度における国内総生産に対して2％を超えることは稀であったが，1975年には6％を超えている。
62) Neidthardt, a.a.O. (Anm. 3), S. 49.

1981年度連邦予算に対する連邦憲法裁判所での規範統制訴訟の審理開始が，国家債務の法問題に対する法律学の関心を高めることともなった[63]。

Ⅳ　連邦憲法裁判所への訴訟提起後における学説の関心の上昇

1.　債務制限の規範性——オッセンビュールとオスターローの疑念

　連邦憲法裁判所に訴訟が提起されたこの時期，債務制限を扱う法律学の学説は，通例，基本法109条2項および115条1項2文の規範の解釈を問題としてはいたが，その際，そこで使用されている法概念の不特定性，特に，「全経済的均衡のかく乱」の構成要件メルクマールの不特定性がネックとなり，債務制限の問題がはたして伝統的法律学の方法で適切に解決されうるのか，疑念がもたれていた[64]。

　オッセンビュールは，債務制限の規範としての拘束性に問題を投げかけ，総じて財政憲法は，規範的な効力はわずかしかもたないというテーゼを主張した[65]。その際，彼は，規範の概念を，妥当力（Geltungskraft）の意味において使用する。すなわち，彼の見解によれば，財政憲法全体は，法的拘束力を伴わない単なる勧告（Empfehlungen）であり，拘束的に妥当する規律を含まない。これを彼は，憲法の規範的規準の不十分性によって，また，連邦憲法裁判所によるコントロールの機能的・法的限界によって根拠付ける。この論拠は，連邦国家の財政調整に関する規範に関して展開していたものであるが，「全経済的均衡のかく乱」の構成要件メルクマールを通じて起債制限規律にも転用されうるというのである。

　同様の考え方は，オスターローによっても示される。彼女は，連邦憲法裁判所の1989年判決に対して「法問題としての国家債務？」という論考で見解を述べ[66]，債務制限規律の法的妥当力への疑念をいち早く表明している。彼女は，同判決を，経済政策的および財政政策的争点に対する裁判官の自制という美徳

63）　Neidthardt, a.a.O. (Anm. 3), S. 61.
64）　Neidthardt, a.a.O. (Anm. 3), S. 61f.
65）　Fritz Ossenbühl, Zur Justitiabilität der Finanyverfassung, in: Bodo Börner/ Hermann Jahrreiß/ Klaus Stern (Hrsg.), Einigkeit und Recht und Freiheit. Festschrift für Karl Carstens zum 70. Geburtstag, 1984, S. 743ff.
66）　Lerke Osterloh, Staatsverschuldung als Rechtsproblem?, NJW 1990, S. 145ff.

の道を踏み外したものとして，また，投資概念を「法化」することをシステムに反する試みとして批判する[67]。この批判の基礎におかれた彼女の理解によれば，債務制限規律は，基本法115条1項2文の債務制限が3文と結び付けられることによって機能し，立法者への委任に包括されたものとなる。その際，立法者に課される自己拘束も，将来の認識を可能にする程度の輪郭的なもので足りるとされ，オスターローは，債務制限の実体的に拘束的な妥当要求を否定したうえで，これを立法者の具体化の問題とするのである[68]。

2. 債務制限に対する法的妥当の要求

このような，財政憲法や債務制限に規範の拘束性を承認し難いとする見解に対しては，もちろん異論も見出しうる。上記のように，連邦憲法裁判所の1989年判決自体は，予算法および財政憲法に対し，主張可能とされる限りではあるが，一定の法的拘束力を認めていた。連邦憲法裁判所は他の判決においても，財政憲法の諸規定は「法的地位，手続規定および行為の枠を確定させ，拘束力を要求する」としている[69]。

学説においても，例えばフォン・アルニムは，規範の経済学的基礎の意義を強調し，それなくしては基本法上の規範の適切な解釈は困難だとして，法学に国家債務についての財政学上の理論の参照を促し，学際的な歩み寄りの方法の強化を主張している[70]。規範の背後に立つ財政学上の観念が債務制限規律の解釈の枠において考慮されることは法解釈のあり方として意義ある指摘である。特定領域からの概念を使用し，それゆえの不特定性であるならば，それ自身の力を借りることは，基本法の枠内で異質な作業とはならないであろう。債務制限に関する多くの論考において，国家の債務負担問題に対する財政学の様々な見解に言及されてもいる。

また，信用引受けを他の財源調達の最後に求める補完性原理（Subsidiaritätsprinzip）の適用を検討するクレップファー（Kloepfer）とロッシ（Rossi）[71]，さら

---

67) Osterloh, a.a.O. (Anm. 66), S. 151.
68) Neidthardt, a.a.O. (Anm. 3), S. 63.
69) BVerfGE 72, S. 330ff., 389.
70) Hans Herbert von Arnim, Grundprobleme der Staatcverschuldung, BayVBl 1981, S. 514.
71) Michael Kloepfer/ Matthias Rossi, Die Verschuldung der Bundesländer im Verfassungs- und Gemeinschaftsrecht, VerwArch 94, 2003, S. 319ff., 323f.

に，同じく信用引受けの負担を最小限にするための比例原則（Verhältnismäßigkeitsprinzip）の適用可能性を検討するビルク（Birk）[72]の視点も極めて興味深い。比例原則の指摘は，連邦憲法裁判所1989年判決のなかにもみられたところである（要旨4）。

とはいえ，債務制限規律には，実際上の法効果が期待できるかというと，疑いの余地なく問題となりうる。その都度の予算立法の効果，あるいは裁判上のコントロールの可能性を考えれば，それももっともである。しかし，それにもかかわらず，憲法上の起債制限規律の趣旨に立ち返り，債務制限規律の法的内容を適切に把握し，それに基づくコントロールを実現しようとすれば，規律の妥当要求と実際の非効果性との間の矛盾を克服するための試みは不可欠である。債務制限規律に関する基本法改正という大きな改革を期に，その試みの萌芽も見出しうる。この点で，その「地ならし」をした連邦憲法裁判所1989判決の意義は非常に大きいものと思われる。

おわりに

以上，債務制限規律の問題を初めて取り扱った連邦憲法裁判所1989年判決を中心に，それまでの判例・学説の状況およびその後の学説の状況を概観した。1989年判決の後も州レベルにおいていくつかの裁判例がみられるが，たしかにいずれも密度の高い判決が出されているわけではない[73]。しかし，2009年の基本法改正の契機となる，後の連邦憲法裁判所2007年判決が決して唐突に出されたわけではなく，それに向けた積み重ねがあったとみることができよう。

2007年判決も，投資概念およびかく乱状況の前提の解釈および適用に際して1989年の判決の基準を維持し，結論において，予算立法者の判断の余地を尊重した。しかし，この裁判所の自制を，1989年判決は債務の限定および例

---

72) Dieter Birk, Die finanzverfassungsrechtlichen Vorgaben und Begrenzungen der Staatsverschuldung, DVBl. 1984, S. 745ff., 748.
73) Marcel Wiedmann, Finanzkontrolle und Staatsschuldenpolitik, 2012, S. 153ff. 代表的に，VerfGH Berlin, Urt. v. 31.10.2003 は，州の信用引受けに対する法的な制約について，当時のベルリンには，予算の特別な緊急事態において起債上限の超過が許される「憲法を超えた」すなわち「記述されない」例外的状況が存在する，としている。予算の特別な緊急事態にある州は，全経済的均衡のかく乱を除去するための景気即応的な予算行動や景気誘導的活動の能力を失っているというのである。NVwZ 2004, S. 210ff., 210, 212.

外の前提の厳格化によって，2007年判決は債務規律の根本的改正によって，予算緊縮の努力を将来的に強化すべきであるとのアピールと結び付けた。特にディ・ファビオ裁判官とメリングホフ裁判官の特別意見は，立法者の過去の不作為責任を「繰り返される期間権侵害（wiederkehrende Dauerrechtsverletzung）」として強く非難するものであったし，ランダウ裁判官のそれは，端的にゴールデン・ルールの修正を迫るものであった。

　2007年判決は1989年判決の「マイナー・チェンジ」にすぎないと評価することも可能かもしれない。しかし，1989年判決の存在が，立法者に，2007年判決を額面以上に迫力あるものにした可能性は高い。立法者には，裁判所が，この「自制」を将来も継続してくれるかどうかについては，非常に疑わしいものとみえたのである[74]。それゆえ，1989年連邦憲法裁判所判決，およびそれを受けた学説の展開が，2007年判決を生み出し，進行中の第2次連邦制度改革への影響[75]を通じて2009年の基本法改正へと至る流れを形成することに寄与したとの評価が可能であるように思われる。

---

74) Elmer Dönnebrink/ Martin Erhardt/ Florian Höppner/ Margaretha Sudhof, Entstehungsgeschichite und Entwicklung des BMF-Konzepts, in: Crristian Kastrop/ Gisela Meister-Scheufelen/ Margaretha Sudhof (Hrsg.), Die neuen Schuldenregeln im Grundgesetz, 2010, S. 36.
75) Maxi Koemm, Eine Bremse für die Staatsverschuldung?, 2011, S. 62.

第4章　連邦憲法裁判所 2007 年判決
―― 「ゴールデン・ルール」の終焉

はじめに

　基本法旧 115 条 1 項 2 文について 1989 年に連邦憲法裁判所の初めての判決が出されたのに続き，ドイツでは 2007 年 7 月にも，連邦の予算（2004 年度連邦予算法律）の合憲性をめぐり，連邦憲法裁判所の判決が出された。背景には，2001 年から 2003 年の予算年度において起債の増額が，さほど審議もされずに行われたことがあり，2004 年度予算法律については，すでに立法段階から争いの徴候が現れていたという[1]。

　当時の政権与党は，SPD，Bündnis 90 ／緑の党であった。この連立政権が，2004 年度当初予算法律につき，全体予算 2512 億 200 万ユーロ，うち信用借入れ 308 億 4000 万ユーロ（投資支出は 248 億ユーロ）を提案したところ，野党から，起債の上限を超過していること等に関する批判を受けるなどして，結局，予算規模 2573 億ユーロ，信用借入れ 293 億ユーロ（投資支出 246 億ユーロ）で議決されたのが 2004 年度連邦予算法律である。

　一方，これと並行し，当初予定された「Harz IV」改革[2]を翌年度 2005 年 1 月 1 日に延期させることが決定され，当初予算が計画どおり実現されないこと

---

1) Hilde Neidthardt, Staatsverschuldung und Verfassung, 2010, S. 172.
2) 2002 年，労働市場改革に関する提言の策定のため招集された「Hartz 委員会」（Hartz-Kommission）による提言に基づき，後に「労働市場における現代的なサービス提供のための第 1 ～ 第 4 の法律（Gesetze zur Reform des Arbeitsmarktes mit den Kurzbezeichnungen Hartz I, Hartz II, Hartz III und Hartz IV」）と呼ばれる法律が成立する。Hartz IV は，従来の失業手当（Arbeitslosenhilfe）と福祉手当（Sozialhilfe）を統合し，失業給付 II（Arbeitslosengeld II）と呼ばれる手当に一本化するものである。これにより，従来失業手当を受け取っていた者は，給付額は減額となるため，2004 年 7 月 1 日施行が遅れれば，2004 年度における財政の負担はその分軽減されないことになる。

が明らかとなった。政府はこれを受け，全体予算 2556 億ユーロ，借入授権 437 億ユーロとする 2004 年度補正予算法律を提案した。提案理由は，税収不足，銀行収入の大幅減，Harz IV 改革の延期，そして，労働市場のなお十分でない状況，であった。これに対し，予算委員会は，借入授権を 435 億ユーロに減額する勧告を決議し，連邦議会は，これを受けた形で 2004 年度補正予算を可決した。この 435 億ユーロの借入授権（補正予算法律により改正された 2004 年度予算法律 2 条 1 項）等に対し，野党である CDU／CSU および FDP 会派の議員が，基本法，特に 115 条 1 項 2 文違反を主張して，規範統制を申し立てたのが本件である。

連邦憲法裁判所は，まず，1989 年の判決を参照しながら，当時示された判断基準から離れる理由はないことを述べ，憲法改正立法者による新規律の必要性の問題，基本法旧 115 条 1 項 2 文の投資，そして「全経済的均衡のかく乱の除去のため」という要件メルクマールについて具体的に判断を進め，結論として，申立てを認めなかった。

基本法上の財政規律に関する司法判断は極めて稀であり，2007 年 7 月の判決は，当時進行中であった第 2 次連邦制度改革のさなかに出されていることからみても，時系列でみると，2007 年判決がアピールした基本法改正に呼応した動きになっている。

本章では，事実の概要および法廷意見の要旨（Ⅰ），および 3 人の裁判官により付された 2 つの異なる意見（Abweichende Meinung，以下「特別意見（Sondervotum）」という）の要旨を振り返る（Ⅱ）。たしかに，事例そのものは，申立ては認容されておらず，何らかの財政規律が政府の財政活動を規制する効果を発したものとはなっていないが，しかし，これに付された 2 つの特別意見は，司法の場で起債制限規定をめぐる解釈のあり方に相違がありうることを示していることから，法廷意見との間でどのような議論がなされたのか整理し，この問題における法的論点を素描することを試みたい（Ⅲ）。

Ⅰ 事実の概要と法廷意見の要旨

1. 事実の概要

本件は，2004 年 12 月 21 日に制定された 2004 会計年度連邦予算案の補正の

第 4 章　連邦憲法裁判所 2007 年判決　53

確定に関する法律（2004 年度補正予算法律）（BGBl I S. 3662）1 条および 2 条の規定における 2004 年 2 月 18 日の連邦予算法律（BGBl I S. 230）1 条および 2 条 1 項が，基本法 110 条 1 項 1 文および 2 項（2004 年度予算法律新 1 条）ならびに基本法 115 条 1 項 2 文，20 条 1 項および 2 項，38 条および 39 条 1 項（2004 年度予算法律新 2 条 1 項）と適合せず，したがって無効かどうか，が問題となった事案である。このうち本章は，起債の憲法適合性，すなわち，2004 年度予算法律新 2 条 1 項が，連邦財政大臣に，2004 年度連邦予算の全体計画に対する補正において変更されず記載された投資支出総額 246 億 3906 万 3000 ユーロを超える，435 億ユーロの信用借入れについて授権したことが，基本法，特に 115 条 1 項 2 文に適合するかどうかの判断に焦点を当てるものである。

　2004 年 10 月 15 日，連邦政府は 2004 年度補正予算法律案を提出した。そのなかには，予算総額の 2556 億ユーロへの減額（当初は 2573 億ユーロ），信用借入授権の 437 億ユーロへの増額（当初は 293 億ユーロ）および 130 億ユーロのグローバルな減税の計上が含まれていた（BT-Drs. 15/4020; BR-Drs. 740/04）。連邦財務省の 2004 年 11 月に出された月例報告は，2004 年度補正予算の政府草案について，連邦銀行の収益から計上される歳入の減少，Hartz Ⅳ 改革の 2005 年 1 月 1 日への延期による計上の変更，そして労働市場のなお不十分な状況に加え，111 億ユーロの税収不足が見込まれうる旨，指摘した（2004 年 11 月の連邦財務省月例報告「2004 年第 3 四半期への連邦予算の展開」35 頁）[3]。

　これに対し，同年 11 月 5 日，連邦参議院は次のような意見を表明した（BT-Drs. 15/4137, S. 1）。

　「連邦の租税収入をはじめとする歳入減も歳出面での負担増も，この動向については，連邦政府には十分予測が可能であったはずであり，連邦政府は，これへの対応に後手を踏んでしまっている。補正の提出の遅れによって，予算は，もはや計画およびコントロールの手段としての機能を著しく失い，単に執行の手段に格下げされてしまったかのようである」[4]。

　これを受け，連邦政府は，次のように回答した（BT-Drs. 15/4137, S. 1）。

　「2004 年度補正予算は，財政上の動向を慎重に判断した後，10 月に初めて提示された。労働市場や租税収入の状況は景気に大きく依存し，1 年未満のスパ

3）　BVerfGE 119, S. 96ff., 101f.
4）　BVerfGE 119, S. 96ff., 102.

ンでは，ときに大きな揺れも免れない。したがって，早くから補正予算に関する決定を行うことは，経済的に正しくも，合目的的でもない。しかし，いずれにしても，連邦政府は，早くから2004年度補正予算の必要性を指摘していた。例えばアイヒェル大臣は，すでに5月27日の連邦議会での演説において，追加的な財政需要の規模に言及している」[5]。

さらに，連邦参議院が，新規債務負担の額につき新たに批判に加えたのに対し，連邦政府は，なるほど，2004年度の信用借入れは2004年度連邦予算に計上された投資総額を超過するが，しかし，基本法115条に規定された「全経済的均衡のかく乱の除去」のため，これが必要である，と反論した[6]。

2004年11月，連邦議会の予算委員会は，信用授権の増額（437億ユーロのところ435億ユーロ）を提案し（BT-Drs. 15/4138: Bericht, BT-Drs. 15/4139, S. 4），同月23日，連邦議会は，提案された信用授権を含む連邦政府の法律草案を承認した（BR-Drs. 921/04）[7]。

この補正予算法律によって改正された2004年度予算法律2条1項が，申立人（Angela Merkel〔連邦議会議員〕，Michael Glos〔連邦議会議員〕，Wolfgang Gerhardt〔連邦議会議員〕，そのほか290人の連邦議会議員。全権代理人は，Reinhald Mußgnug〔ハイデルベルク大学教授〕）によって審査に付された。審査に付された規範は，次のような文言である（かっこ内のイタリックは，2004年度予算法律の当初の規定）[8]。

（信用授権）

第2条① 　連邦財政大臣は，2004会計年度の支出の補填のために，435億ユーロ（*当初は293億ユーロ*）までの信用借入れを授権される。

以上に対し，第2法廷（裁判官は，Hassemer, Broß, Osterloh, Di Fabio, Mellinghoff, Lübbe-Wolff, Gerhardt, Landauである）は，申立てを棄却した。ただし，この判決には，ディ・ファビオ（Di Fabio）裁判官およびメリングホフ（Mellinghof）裁判官による特別意見（以下「ディ・ファビオ＝メリングホフ特別意見」という），ならびにランダウ（Landau）裁判官による特別意見（以下「ランダウ特別意見」という）が付されている。

---

5) BVerfGE 119, S. 96ff., 102f.
6) BVerfGE 119, S. 96ff., 103.
7) BVerfGE 119, S. 96ff., 103.
8) BVerfGE 119, S. 96ff., 103f.

2. 判旨──法廷意見の要旨
(1) 基本法115条適合性の判断基準

　基本法115条1項2文「信用からの収入は，予算において見積もられている投資支出の総額を超えてはならないものとし，全経済的均衡のかく乱を防止するためにのみ例外が許される」の規定内容，およびこの憲法規範の構成要件メルクマールについて，当法廷は，1989年4月18日判決（BVerfGE 79, 311）において，基本的な態度を明らかにした。その判決は，次のような原則を展開し〔a）〕，それから離れることは現在でも理由はない〔b）〕[9]。

　a）　基本法115条1項2文は，基本法の議会制民主主義，法治国家および社会国家の秩序との全体的な関連において，特に基本法109条2項との密接な実体的関連において理解されなければならない。この実体的関連は1967年および1969年の財政および予算改革の目標によって特徴付けられている。それによれば，この規定は，国家の予算運営について，一般的に，かつ特に債務政策について，全体経済に対する国家の財政および予算政策の経済的意義に対応するように変革されるべきものであった[10]。

　信用借入れの規律制限の例外は，基本法115条1項2文の後段が認めており，それゆえ，かく乱の状況，特に景気悪化の状況において，基本法110条1項2文の均衡命令とともに，基本法109条2項と適合する全経済的均衡が考慮されうる。したがって，かく乱状況は，極端な緊急事態において初めて現れるわけではない。全経済的均衡のかく乱の始まり，またはその間近な切迫は，一面で，信用借入れの規律制限の超過を許される構成要件的前提であり，他面で，この超過は，このかく乱の除去の目的のためにのみ許される[11]。

　基本法115条1項2文の中心的な構成要件のメルクマールを具体化するに当たって，当法廷は，1989年，裁判所として広範に自制した[12]。予算立法者には，全経済的均衡のかく乱が存するかどうか，または直接にそのおそれがあるかどうかの判断に際して，そして信用借入れの増額がその除去のために適切かどうかの評価に際して，評価および判断の余地が帰属するのである。この評価および判断の余地には，立法手続における説明責任（Darlegungslast）が伴い，連邦

9）　BVerfGE 119, S. 96ff., 137.
10）　BVerfGE 119, S. 96ff., 137f.
11）　BVerfGE 119, S. 96ff., 138f.
12）　BVerfGE 119, S. 96ff., 139.

憲法裁判所には、立法手続において説明された立法者の判断および評価が「検証可能（nachvollziehbar）」であり、「主張可能（vertretbar）」であるかどうかの審理が義務付けられる[13]。

　b）　当法廷は、基本法115条1項2文の解釈および適用に際して、以上の基準から原則的に離別する理由を見出さない。基本法115条1項2文および109条2項の規律コンセプトの基本的な修正は、今日でも、憲法を改正する立法者に留保されている〔aa〕。通常の状況において決定を行うに関し、基本法115条1項3文の規律の委任は、その具体化を、まずは立法者の責任とし、連邦憲法裁判所の責任とはしていない。また、具体化にあたって、どのような憲法上の考慮がなされるべきかについては、判決を行ううえでの前提（Entscheidungserheblichkeit）とはならないから、判断はしない〔bb〕。全経済的均衡のかく乱という構成要件についても、議会の立法者の評価および判断の余地がなお尊重されなければならない〔cc〕[14]。

　aa）　憲法上の現行規定を修正する必要性は、ほとんど疑われえない[15]。必要なのは、幾年かの予算年度のスパンのなかで均衡を確保していくというメカニズムである。これを構築し、その際妥当な方法で、均衡に必要な負担を次なる立法機関に負わせる誘惑を制御する規律の選択と制度化は、現行憲法が解決に向けて十分な指示を行えるわけではない複雑な課題である。その課題は、憲法を改正する立法者に留保され、またその任務が課せられる[16]。

　bb）　「予算に計上された投資支出の総額」という、通常の状況時に基準となる信用借入れの制限に関して、従前のリーディングケースにおける法状況は、立法者が、基本法115条1項3文の規律任務を、連邦予算法13条3項2号を規定し正式に果たしたことで変わったが、それは単に、行政命令において規定された内容を基本的に引き移したものにとどまっており、憲法上の規律任務を形式的に充足したにすぎないものと評価されなければならない[17]。しかし、この問題は判決の前提とならないため、これ以上言及しない[18]。

---

13)　BVerfGE 119, S. 96ff., 140f.
14)　BVerfGE 119, S. 96ff., 141.
15)　BVerfGE 119, S. 96ff., 141.
16)　BVerfGE 119, S. 96ff., 143.
17)　BVerfGE 119, S. 96ff., 143.
18)　BVerfGE 119, S. 96ff., 145.

cc) したがって，「全経済的均衡のかく乱の除去」という構成要件について，立法者の判断および評価が，立法者に義務付けられた立法手続における説明という点に関して，検証可能であり，かつ主張可能かどうかを，連邦憲法裁判所は，訴訟のなかで審査し，決定しなければならない[19]。

(2) 基本法115条適合性の判断

以上の基準に基づけば，2004年度連邦予算法律2条1項の新規定は，基本法115条1項2文と，なお一致可能である。すなわち，2004年度当初予算および補正予算の立法手続において説明された理由について判断すると，全経済の均衡が深刻かつ持続的にかく乱されているという診断，増額された信用借入れによってこのかく乱を阻止するという意図，そして，増額される信用借入れによってこの目標がどの程度達成されうるかの予測は，検証可能，かつ主張可能であり，しかも，これは，法律に根拠をもつ財政政策および経済政策の助言および意思形成の機関の言明ならびに経済学および財政学の見解を背景にしたものでもあった[20]。

連邦予算法律の当初の規定2条1項に対する政府の理由および予算委員会の報告によれば，信用借入れが予算に見積もられた投資の総額の超過（政府草案では約60億ユーロ，予算委員会における審議の最終的結果は47億ユーロ）を根拠付ける連邦予算法律旧2条1項についての，理由付けの中心には，雇用状況の改善および適切な経済成長という目標が未達成，という見方がある。雇用状況の改善という目標の失敗について，議会で行われた説明（BT-Drs. 15/1500, S. 13など）は，検証可能であり，どの面からも主張可能でないとはいえない[21]。

立法者は，この場合，国，経済および社会の安定に対する責任の遂行において，失業者数が多いことに着目し，信用調達で賄われる減税によって積極的に需要を刺激することによる短期的および長期的な効果について，特に経済的理論の基準を指向する専門有識者委員会（Sachverständigenrat）とは異なって判定することも許されている[22]。

補正予算の提案理由も，当初予算について提示された理由と軌を一にする。それは，活発な外需による若干の景気回復にもかかわらず，内需，投資活動お

---

19) BVerfGE 119, S. 96ff., 145f.
20) BVerfGE 119, S. 96ff., 147f.
21) BVerfGE 119, S. 96ff., 148f.
22) BVerfGE 119, S. 96ff., 151.

よび労働市場が、期待されていたほどの水準には達していないであろう状況において、政府は、追加的な節約措置を通じて、全経済的な均衡のかく乱を強めることに加担してはならないというものである。それゆえ、政府草案における437億ユーロ、ないし予算委員会の決議勧告に基づく最終的な435億ユーロへの信用借入れの授権の増額は、当初見積もられた歳入の多額の欠損（特に、連邦銀行の収益や税収の不足）ならびに支出の増加（特に労働市場における）があるなかで、当初の需要政策のコンセプトを保持するための必要な帰結であり、これは、予算立法者の検証可能かつ主張可能な決定として性格付けられる[23]。

II 特別意見の要旨

1. ディ・ファビオ裁判官およびメリングホフ裁判官の特別意見

(1) ① 法廷意見は、連邦の債務制限に対する基本法の関係規定につき、結論に効果を及ぼすことができないものと解している。これは、規範の文言にも目的にもそぐわないし、基本法の体系にも対応しない[24]。

② 法廷意見は、2004年に全経済的均衡のかく乱があったかどうかの問題について、当法廷が1989年4月18日の判決で基準にしたコントロール密度よりも、これをなお強く自制している[25]。それでは、1989年4月18日の当法廷（BVerfGE 79, 311）の重要な解釈の手懸かりが排除されてしまう。この裁判で明確に割り当てられた立法者任務の顕著な軽視が、何もサンクションを伴わず、結論において許され、憲法改正のあまり具体的でないアピールによって置き換えられてしまう[26]。

③ 連邦の立法者には、憲法上、当法廷によって設定された期間遵守のもと、ここで最終的に、投資概念を一般的な基準によって具体化し、累積債務の解体のためのコンセプトおよび連邦予算における予測可能な負担能力に対する配慮のためのコンセプトを提示することが課されなければならなかったはずである。法廷意見は、景気上有利な局面では累積債務を減らすべく立法者の義務を具体化すること、ならびに、──いずれにしても将来のために──制限規定および例外

---

23) BVerfGE 119, S. 96ff., 153.
24) BVerfGE 119, S. 96ff., 155.
25) BVerfGE 119, S. 96ff., 155.
26) BVerfGE 119, S. 96ff., 156.

規定のそれぞれの目的に即したコントロール密度に戻すべく告知することを怠った[27]。

(2) ① 連邦憲法裁判所は，1989年4月18日の判決において，憲法機関間での相互の敬意に基づく信頼のもとで，かつ議会の予算権の高い位置価値を顧慮して，しかし，堅実な予算運営の原則のもとでの債務制限の憲法上の目的が現実に達せられるよう，投資概念自体を具体化することが立法者に委ねられる，と述べている（BVerfGE 79, 352ff.）。しかし，この信頼は，裏切られた。連邦の立法者は，裁判所によって「緊急」として表示された具体化任務を単に形式的にのみ果たしたにすぎず，連邦憲法裁判所が今や自ら投資概念を解釈することにつき期限が到来しているといえる[28]。

② また，信用による資金調達なしに予算を均衡させるという命令の本来の例外は，基本法115条1項2号後段が意図している。その文言ならびにその意義および目的に従えば，この規定は，狭く解釈された例外状況についてのみ妥当するという点で疑いはない[29]。規範統制のなかで連邦憲法裁判所の審査もそのことに対応しなければならず，そして，いずれにせよ，全経済的な状況の具体的な判断に際して，またかく乱の除去のための信用引受けの妥当性のコントロールに際して，立法者には一定の余地が認められてもよい。しかし，少なくともそれは，証明されうる情報の基礎，検証可能な評価・考慮，ならびに従来の国家実務を考慮したうえでの裁判所による批判的な検証をも必要とする[30]。

(3) ① 基本法115条1項2文前段の投資にかかる制限が超過されるのは確かであるのに，投資概念がどのように理解されなければならないかについては，法廷意見によっては，言及されないままである。このことは，信用がそもそもかく乱を除去しえたのかどうか，ほとんど審査されていないことを示すだけではない。妥当する制限を，憲法上，それが連邦の債務の合理的な制限の意味と目的に，将来的に対応することができるように解釈するという準備も欠けている[31]。それでは，基本法115条1項2文後段による信用がかく乱を除去できるということが検証可能かどうか，確実に審査することは，初めから不可能であ

---

27) BVerfGE 119, S. 96ff., 156.
28) BVerfGE 119, S. 96ff., 160.
29) BVerfGE 119, S. 96ff., 160f.
30) BVerfGE 119, S. 96ff., 161.
31) BVerfGE 119, S. 96ff., 166f.

る[32]。

② 法廷意見は，—その自らの基準に反して—予算立法者が経済学の知識に基づき，短期的および長期的結果を実際にも考慮したのかどうか，審査していない。債務政策のデメリットは，予算委員会の報告において，反対会派の意見として，それ以上の議論がなされることなく伝えられるだけである。専門有識者委員の批判的な評価も考慮に入れられていない。資料のなかには，考慮の要素も，賛否の叙述も見出しえず，法廷意見は，—自らの要求に反して—単なる結果の追認（Ergebniskontrolle）に終わっている[33]。

③ 補正予算の審査においては，このことは，より明らかである。法廷意見は，ここで，補正予算において増額された信用引受けが，かく乱の除去のために決定されたかどうか，そして妥当であるかどうか，全く検証されていない[34]。補正予算によってコントロールされずにさらなる信用が引き受けられうるなら，予算法律は予算年度の初めの当初の規定において，厳格に審査することは全く不必要になる[35]。

(4) ① もし，2004年度予算法律の制定の際および同補正予算制定の際の全経済的均衡のかく乱，ないしは，かく乱状況の除去のための信用の妥当性が否定されるならば，連邦は，2004年度において，171億ユーロの不足を，支出の減少か収入の増大により均衡させなければならなかったのであり，対象となる予算法律は憲法違反と評価される結果となる[36]。

② 連邦にとって，明確な，連邦予算に表示された連邦債務の増大する累積額は，2006年度末で，すでにおよそ9170億ユーロであり，現行の2007年度についてみると，利子の支払いは393億ユーロを必要とする。すなわち，全租税収入の18％が，今日，利払いのために充てられなければならないのである。期限の到来した信用の現在の返済は，再び，信用引受けを通じて行われており，これには，将来の低金利の局面の後に，利子の上昇でより大きな負担が課せられるというリスクを負っている。連邦は，連邦債務が絶え間なく増大を始めた後数十年経っても，まだ，累積した債務を，純粋な返済，つまり新規債務の額

---

32) BVerfGE 119, S. 96ff., 167.
33) BVerfGE 119, S. 96ff., 167f.
34) BVerfGE 119, S. 96ff., 168.
35) BVerfGE 119, S. 96ff., 169.
36) BVerfGE 119, S. 96ff., 170.

を上回る返済によって切り崩すことを始めていない。それゆえ，予算立法者は，繰り返される期間権侵害（Dauerrechtsverlezung）によって，次のような憲法命令，すなわち，景気の有利な状況のもとでは，基本法115条を援用して引き受けられる信用を景気回復の局面における節約または収入の改善によって返済する，という命令を軽視していることになるのである[37]。

③　このような債務政策は，いずれ，景気のブレーキになるのみならず，調整・配慮・促進の措置を通じて社会国家原則を実現していく実際上の可能性をも減少させる。将来の世代の負担には，とうの昔に足を踏み入れられている。なぜなら，全経済的均衡の保持という目的に照らし，1970年頃以降の信用引受けのもとで，現在，すでに苦しんでいるからである[38]。

2.　ランダウ裁判官の特別意見

(1)　法廷意見は，国の過度な債務にかかる政策を，基本法109条2項および115条1項2文を厳格に適用して制限を行うための，あらゆる努力を回避させるものである。この点において，ニーダーザクセン州の憲法裁判所（Staatsgerichtshof）（NVwZ 1998, S. 1288ff.）およびベルリン州の憲法裁判所（Verfassungsgerichtshof）（NVwZ 2004, S. 210ff.）は，より厳格な基準を用い，基本法115条1項2文（および対応する州憲法の規定）に定められた制限規定の超過がもたらされる場合に，予算立法者に，より拡大された説明責任を負わせるということを通じて優れたものとなっている[39]。

(2)　通常の状況において基準となる信用借入れの制限，すなわち「予算案に見積もられた投資のための支出の総額」について，当時，予算立法者によって通常の信用制限の算定の基礎におかれた連邦予算法13条3項2号における投資の定義は，基本法115条1項2文の投資概念に照らして妥当でないということが確認されなければならない。連邦予算法13条3項2号の規定は，その投資概念の広さにおいて，憲法上の基準を超え，立法者が基本法115条1項3文によって課された任務の許容限度を超えている。この規定が通常の信用制限の算定の基礎におかれてよいのは，過渡期のみである[40]。私は，立法者は，当法

---

37) BVerfGE 119, S. 96ff., 171f.
38) BVerfGE 119, S. 96ff., 173f.
39) BVerfGE 119, S. 96ff., 174.
40) BVerfGE 119, S. 96ff., 174f.

廷が 1989 年 4 月 18 日判決において（S. 352ff.）警告した，基本法 115 条 1 項 3 文からの規律任務の充足を，連邦予算法 13 条 3 項 2 号によって単に形式的にのみ果たしたにすぎない，という点については，法廷意見と一致する[41]。

(3) 世代間の均衡の原則は，基本法 115 条 1 項 2 文の債務制限の基礎におかれている（参照，Isensee, in: Wendt u.a. [Hrsg.], Festschrift für Karl Heinrich Friauf, 1996, S. 705 [706f.]）。基本法 115 条 1 項は，その限りで，財政憲法の領域において民主主義原則を具体化するものである（参照，BVerfGE 79, 311 [343]）。したがって，看過できないのは，将来の世代の政治的な形成の自由が常にそれだけ制限されるということである[42]。予算立法者は，予算案における見積りによりさえすれば，その支出を根本的に基本法 115 条 1 項 2 文の意味における投資にすることができる，と理解されてはならない[43]。

(4) 基本法 115 条 1 項 2 文において，総投資を考えることは，システム的な考察方法にも矛盾する。なぜなら，基本法 115 条 1 項 2 文においては，投資のための支出に対置する「信用からの収入」について，純信用借入れしか考えられないからである。つまり，信用概念と投資概念との間の実質的な対称性の命令は，算定の基礎および制限の基礎を統一的に「純（netto）」で算定することを命じている[44]。立法者は，将来のために，憲法上の基準に十分な法律上の規律を作らなければならない。そうでなければ，将来において，通常時の信用制限の算定は，ここで述べられた投資概念の解釈の考慮のもと，基本法 115 条 1 項 2 文に基づいて（憲法裁判所によって）直接に行われなければならなくなる[45]。

III 議論の整理と論点の素描

1. 法廷意見と特別意見の結論の相違
(1) 基本法 115 条 1 項 2 文前段「投資」概念

法廷意見と特別意見は，基本法 115 条 1 項 2 文前段に規定される「投資」概念，および基本法 115 条 1 項 2 文後段に規定される「かく乱の除去のため」の

---

41) BVerfGE 119, S. 96ff., 175.
42) BVerfGE 119, S. 96ff., 176f.
43) BVerfGE 119, S. 96ff., 178.
44) BVerfGE 119, S. 96ff., 178.
45) BVerfGE 119, S. 96ff., 180.

理解をめぐって相違する。

　まず，基本法 115 条 1 項 2 文前段「投資」概念[46]につき，ランダウ特別意見は，当時の連邦予算法 13 条 3 項 2 号は違憲であり[47]，立法者によって改正されなければならないとし，これが行われない場合には，将来は通常時の起債制限の額は連邦憲法裁判所自身によって算定されなければならなくなると警鐘を鳴らす[48]。ランダウ特別意見が，具体的に問題にするのは，収益をもたらす財産の増加またはプラスの成長効果に結び付く支出のみが「投資」として理解されることを許され，それを減じる譲渡などがあれば「投資」から差し引かれる必要があるという点である[49]。

　ディ・ファビオ＝メリングホフ特別意見も，投資概念に厳格な解釈を要求する点で共通する[50]。その際，根拠にしているのは，基本法 110 条 1 項 2 文に基づく均衡予算原則である[51]。つまり，彼らによれば，信用調達を許容する投資は，予算均衡命令にとって特別な形態であることから，「投資」のもとに理解されうるのは，現に将来に有効な，連邦の価値を増大させる措置だけであり，反対に，価値の損耗や財産の譲渡などは，マイナスの投資として考慮しなければならないというのである[52]。

　これに対して，法廷意見は，たしかに，1989 年判決により立法者に課された形成任務が単に形式的にしか満たされていないことは認め[53]，また，学説か

---

46) 「投資」は通常時の起債額の上限となるが，何が「投資」に当たるかは法律で具体化され，これが連邦予算法 13 条 3 項である。ここには，いわゆる「総投資」に算入されるものが規定されていたが，予算法上の投資概念として「総投資」が規定されること自体に反対はしない Hermann Pünder, Staatsverschuldung, in: Josef Isensee/ Paul Kirchhof (Hrsg.), Handbuch des Staatsrechts der Bundesrepublik Deutschland, Band V, 3. Aufl., 2007, §123 Rn. 115 に対して，Wolfram Höfling, Staatsschuldenrecht, 1993, S. 191ff. は「純投資」であるべきとするなど，学説上も，必ずしも見解が一致しているわけではない。

47) その際，厳格な基準が設定された判決として，ニーダーザクセン州（NVwZ 1998, S. 1288ff.）およびベルリン州（NVwZ 2004, S. 210ff.）の憲法裁判所判決が引用されている。

48) BVerfGE 119, S. 96ff., 180.

49) BVerGE 119, S. 96ff., 177ff.

50) BVerGE 119, S. 96ff., 160.

51) BVerGE 119, S. 96ff., 158f.

52) BVerGE 119, S. 96ff., 160.

53) BVerfGE 119, S. 96ff., 143. この点，ランダウ特別意見も多数意見に賛成すると述べている（BVerfGE 119, S. 96ff., 175.）。1989 年判決において，「建設投資」や「投資措置のためのその他の支出」を投資とみなす「投資概念の拡大」の考え方は規範の趣旨に矛盾するとして否定され，基本法旧 115 条 1 項 3 号の立法への委任の問題としていた。BVerfGE 79, S. 311ff., 311, 352.

らの批判[54]を明記のうえこれに同調しつつも[55]，結論としては，判決に必要な判断事項には当たらないとして，この点の判断を避けている[56]。

ランダウ特別意見によれば，まさにこのことが，起債制限超過分がいくらかということを決め，したがって残りの起債額が「かく乱の除去」のための措置として妥当かどうかの判断に必要となるとして[57]，1989 年の判決以降，法律上の規範が，要求されたレベルの規範として制定されているのかどうか，そして，その規範が将来においても，許容される債務制限の算定の基礎におかれてもよいかどうか，判決において確認する必要があるというのである[58]。

この点については，投資要件における超過額が，全経済的均衡のかく乱の除去のための信用引受け額の妥当性と相関関係に立つものであることからすると，少なくとも，この立法任務が果たされたかどうかについて，法廷意見は判断する必要があったと思われる[59]。

(2) 基本法115条1項2文後段「かく乱の除去のため」

基本法115条1項2文後段「かく乱の除去のため」については，法廷意見と特別意見の間には，判断基準について，また，それに基づく具体的判断について，ともに見解の相違がある。

まず，法廷意見は，1989年判決により展開された，全経済的均衡の深刻かつ持続的なかく乱が存在またはそのおそれが必然的にあるかどうか，また，その除去のために増やされた信用引受けが妥当かどうかの判断に際しての評価および判断の余地の基準[60]を，そのまま引き継いでいる[61]。

これに対し，ディ・ファビオ＝メリングホフ特別意見は，なるほど，全経済的均衡の具体的判断およびかく乱の回避のための信用引受けの妥当性の点で，

---

54) Höfling, a.a.O. (Anm. 46), S. 202ff. など。
55) BVerGE 119, S. 96ff., S. 144.
56) BVerGE 119, S. 96ff., S. 145.
57) BVerGE 119, S. 96ff., 175.
58) Pünder, a.a.O. (Anm. 46), Rn. 34 もこれに賛成する。
59) この点に学説上の賛否はある。Maunz は，訴訟における判断の対象となるのは，立法者に期間が設定され，その期間の遵守がなされなかったときであるとして反対するが，Apostolas Gerontas, Die Apellentscheidungen, Sondervotumsappelle und die bloße Unvereinbarkeitserklärung als Ausdruck funktioneller Grenzen der Verfassungsgerichtsbarkeit, DVBl. 1982, S. 486ff., 486 は反対する。
60) BVerfGE 79, S. 311ff., 343f.
61) BVerfGE 119, S. 96ff., 146.

立法者にある種の余地が容認されうるにしても，あくまで例外規定としてその適用は厳格にされる必要があるとして，文書で証明されるような情報の基礎に基づくこと，また，検証可能な評価および衡量により決定されなければならないこと，さらに，この決定は，裁判所によって，従来の国家実務を考慮したうえで，批判的に検証されなければならないことを要求し，法廷意見が用いたものよりも厳格な基準であるべきとする[62]。その際，ディ・ファビオ＝メリングホフ特別意見の出発点は，「投資」概念についての解釈と同様，基本法上の均衡予算原則の実質化にある[63]。

次に，本訴訟で問題となった2004年度予算に対する具体的適用についても，法廷意見と特別意見は対照をなす。法廷意見は，1989年以降，特に再統一のコストによって債務状況が甚大に悪化した点に着目し[64]，連邦政府の理由付けならびに予算委員会における予算に対する合同会派の言明を引合いに出しながら，結果として1989年判決の基準を充たすことを認めている[65]。そこでは，当初の予算立法者に対して，引き続き高い失業率および不足する経済成長をファクターとして十分なものとし，2004年度に開始される税制改革によって，少なくとも景気上のプラス効果が期待されたことが根拠となっている[66]。

このような適用に対して，ディ・ファビオ＝メリングホフ特別意見は，当初の予算立法者に関しては，法廷意見では，単に結果が追認されているにすぎないとし[67]，また，2004年度補正予算における追加された信用授権についても，そもそも2004年度の全経済的均衡のかく乱を是正するために必要かどうかの観点から審査されておらず，したがって，批判的な検証といいうるような事後審査は行われていないと批判している[68]。

この点，1989年判決における連邦憲法裁判所は「説明の負担」を前提に判断基準を示している。そうすると，法廷意見の適用の仕方では，「説明」の点であまりに緩やかであるとの印象はぬぐえまい。1989年の判断基準を基礎に

---

62) BVerfGE 119, S. 96ff., 161.
63) BVerfGE 119, S. 96ff., 158f. ただし，学説上，基本法110条1項2文から起債制限を直接に導き出す論者はほとんどいないようである。
64) BVerfGE 119, S. 96ff., 146.
65) BVerfGE 119, S. 96ff., 147ff.
66) BVerfGE 119, S. 96ff., 148f.
67) BVerfGE 119, S. 96ff., 168.
68) BVerfGE 119, S. 96ff., 168.

おいた以上，説明の「負担」の程度にふさわしい，立法者の決定過程の内容的な審査を実質的に行う必要はあったのではないか。

2. 結論を支える理由の相違
(1) 憲法裁判所の「特別の責任」と立法者の「背信」

ディ・ファビオ＝メリングホフ特別意見の結論を支える理由についてみると，法廷意見との特徴的な相違は，立法に関する裁判所の役割の理解にみられる。すなわち，ディ・ファビオ＝メリングホフ特別意見は，彼らの結論を，立法者における「裏切られた信頼」という言葉，および連邦憲法裁判所の「特別の責任」の論拠で支え，特に，投資概念を自ら満たすという連邦憲法裁判所の義務を，立法者が彼におかれた信頼に応えられなかったという事実で根拠付けている[69]。

この，立法者に設定された信頼は，上記のとおり，投資概念に関する1989年の連邦憲法裁判所判決に端を発している。すなわち，連邦憲法裁判所は，この概念の具体化を，憲法機関同士の相互の信頼に基づき，議会の予算権に配慮して，連邦の立法者に委ねることとしていた[70]。しかし，立法者は，この信頼の具体化の命令を，単に形式的にしか果たすことをせず，つまり信頼を「裏切り」，したがって，その期限を過ぎた今，投資概念は，連邦憲法裁判所の独自の解釈によらなければならないというのである[71]。この点はランダウ特別意見も同旨である[72]。その際，憲法裁判所が自ら具体化しうるかどうか，同時に，行動しない立法者のために補充的に代役を務めることが憲法上許されるかどうかは，ディ・ファビオ＝メリングホフ特別意見においてもランダウ特別意見においても，立法者のその後の行動次第というわけである。

これに類似する議論は，学説上，憲法裁判所の「憲法上の補完ないし緊急権(Ersatz- oder Notfallkompetenz der Verfassungsgerichte)」として行われていることが指摘され[73]，一部の論者には，他の憲法機関がその任務に対応しえない状況において，一定の要件のもと，憲法裁判所によるこの権限行使が認められると

---

69) BVerfGE 119, S. 96ff., 160.
70) BVerfGE 79, S. 311ff., 352.
71) BVerfGE 119, S. 96ff., 160.
72) BVerfGE 119, S. 96ff., 175.
73) Neidhardt, a.a.O. (Anm. 2), S. 189.

いう見解もみられる[74]。ただし，政府債務については，他の機関に手詰まりの状況があるというのではなく，将来世代のための，議会の現下の活動の制約が問題となっており，緊急権の議論と土俵が異なる面もあること[75]，また，本件のような立法任務が問題となる場合，通例，憲法上指示された期間に，そして期限不履行の具体的な結果の予告がなされたときに，例外的にのみ，憲法裁判権を通じての立法任務の形成が許されるとするのが本筋[76]，ということからすると，1989年以降，政府債務の決定において，そのような期間設定は行われておらず，立法者の「背信」を確定する前提が必ずしも十分に揃っていなかった面もある。

なお，政府債務の領域における連邦憲法裁判所の「特別の責任」について，ディ・ファビオ＝メリングホフ特別意見は，「非立憲主義化（De-Konstitutionalisierung）」に向かうおそれの指摘で根拠付けている[77]。すなわち，彼らによれば，債務状況いかんによって連邦の政治的活動がますます縛りをかけられ，予算立法者は憲法上の制限の超過を急ぎ立てられているという事実を示したうえで，政府債務の憲法上の秩序を徐々に変形させる効果が確認されるとし，その効果が，連邦憲法裁判所の特別の責任を引き起こすというのである[78]。しかし，これに対しては，このような包括的な批判および連邦憲法裁判所の特別な責任といった根拠では，裁判所に，債務制限の問題の解決のために政治的形成を容認することになり，基本法の権力分立の図式において連邦憲法裁判所の機能を越権するとの批判[79]も考えられるところである。

(2) 憲法裁判所の「自制」と「アピール」

特別意見の，立法者の「背信」と憲法裁判所の「特別の責任」という論拠に対して，法廷意見は，立法に関する憲法裁判所の役割につき，あくまでも「自制」を基調に，立法者への「要請」という形にとどめている。

もっとも，法廷意見も，「民主的法治国家の一般的な憲法原則の，国家任務

---

74) 例えば，Peter Lerche, Das Bundesverfassungsgericht als Notgesetzgeber, insbesondere im Blick auf das Recht des Schwangerschaftsabbruchs, in: Meinharrd Heinze/ Jochem Schmitt (Hrsg.), Festschrift für Wolfgang Gitter zum 65. Geburtstag, 1995, S. 509ff., 514.
75) Neidhardt, a.a.O. (Anm. 2), S. 189f.
76) Neidhardt, a.a.O. (Anm. 2), S. 195f.
77) BVerfGE 119, S. 96ff., 173.
78) BVerfGE 119, S. 96ff., 173f.
79) Neidhardt, a.a.O. (Anm. 2), S. 196f.

の信用調達という特別の領域に対する具体化としての機能において、基本法115条の規定を、もはや適切なものとして評価しないこと」、そして、「民主的法治国家および社会国家の現在および将来の給付能力への浸食に対する保護の有効な手段のための改善された基礎を創設すること」の必要性は、それ自体認めている[80]。そして、現在の憲法上の規定を改正する必要性についてはほとんど疑われえないことを明確に示している[81]。

　しかし、法廷意見は、その要求を、判決主文ではなく判決理由のなかで行っており、判決主文を支える理由ともみなされない。また、基本法旧115条1項2文および基本法109条2項の改正は、憲法改正立法者の任務であって裁判所の任務ではないとし、現行規定は「適切でない」とするにとどめている。法廷意見は、あくまで形成の任務は憲法改正者の任務であって、その立法者の任務を憲法裁判所の判決によって置き換えることは、けっして憲法の目標に相応する解決ではないと考えているのである[82]。もっとも、このような立法者への要請が、すぐに実現に至ることはそれほど容易ではないと思われるが、少なくとも第2次連邦制度調査会における議論は、この判決により深められたとの指摘がある[83]。

3. 背景にある法原則の理解との関係
(1) 起債制限の論拠としての民主主義原則および世代間正義について

　法廷意見と特別意見の比較において、起債制限規定の解釈に影響を与えうる憲法上の基本原則、すなわち、民主主義原則、および社会国家原則（基本法93条3項）ないしそのコロラリーとしての世代間正義（Generationengerechtigkeit）が双方に見え隠れするため、ここで整理を試みたい。

　① 民主主義原則　基本法旧115条1項2文と民主主義原則の関係について、連邦憲法裁判所は、すでに1989年判決において触れていた[84]。すなわち、連邦憲法裁判所によれば、民主主義は、「期限付き支配（Herrschaft auf Zeit）」のみならず、将来世代への配慮を含意するが、しかし同時に、自分の任期を超

---

80) BVerfGE 119, S. 96ff., 142.
81) BVerfGE 119, S. 96ff., 141f.
82) BVerfGE 119, S. 143.
83) Maxi Koemm, Eine Bremse für die Staatsverschuldung?, 2011, S. 92.
84) BVerfGE 79, S. 313ff., 343.

えて作用することも，民主主義的立法者の任務に属するとし，立法者は，社会の利益の持続的な満足のために準備しなければならず，それゆえ将来の立法者の決定をも，内容的に，あらかじめ構築しなければならないと理解していたところであった[85]。

連邦憲法裁判所の判決に先立ち，学説においては，ピュットナーやフォン・アルニムなどが，立法者の広範で際限のない信用引受けが，基本法79条3項，20条1項に基づく民主主義原則に抵触する可能性を指摘していた[86]。ピュットナーの見解によれば，民主主義原則から，立法者を名宛て人とする命令，すなわち，当該立法者が決定しうるのは在任中の最終的な歳入に関してのみであり，将来の立法者の歳入には手をつけてはならないという命令が出てくる[87]というのであった。

しかし，学説上，彼の見解に従えば，教育など将来に裁量の余地を残す法律は，潜在的に民主主義原則に抵触することになってしまうし，将来に効果をもつ立法の回避は，まさに立法者に社会の基礎の持続的な保障を行う任務を託す社会国家原則とは整合が取れない，などの指摘がなされ[88]，たしかにこの点は看過できないであろう。法廷意見も，結局，民主主義原則については，ここから立法者に特に厳格な基準が導かれるとは考えていない。

② **世代間正義** 次に，「世代をまたいだ負担の配分（intertemporäre Lastenverteilung）」[89]なる標語のもと，社会国家原則が，起債制限の解釈に持ち出されることがあり[90]，そして，さらに，この社会国家原則との結び付きにおいて示される世代間正義の考えが，ディ・ファビオ＝メリングホフ特別意見のなかにも見出しうる。この点，憲法の文言のなかに「世代間正義」という概念は見出されない。唯一，1994年に挿入された基本法20a条が「世代（Generation）」の文言を規定し，「正義（Gerechtigkeit）」も，基本法においては，1条2項，56条など，言及はわずかである。むしろ，基本法20a条と並んで，将来世代の保

---

85) BVerfGE 79, S. 313ff., 343.
86) Günter Püttner, Staatsverschuldung als Rechtsproblem, 1980; Hans Herbert von Arnim, Grundprobleme der Staatsverschuldung, BayVBl. 1981, S. 514ff., 518ff.
87) Püttner, a.a.O. (Anm. 86), S. 11.
88) 例えば，Paul Henseler, Verfassungsrechtlichee Aspekte zukunftsbelastender Parlamentsentscheidungen, AöR 108, 1983, S. 489ff., 492ff.
89) 例えば，Rudolf Wendt/ Michael Elicker, Staatsverschuldung und intertemporäre Lastengerechtigkeit, DVBl. 2001, S. 497ff.

護と関わりをもっているのは,まさに基本法115条ということになり,したがって,同条が,世代間正義の具体化ともみなされうる[91]。

学説においては,特に,ハベルカテが,現在生きている者と将来世代との「相互性の秩序(Gegenseitigkeitsverhältnis)」を憲法秩序のなかで構成することを試みたことが注目されうる。すなわち,彼の見解によれば,将来生まれる者の利益は,彼らがあたかもすでに今日,主体たる性質をもっているかのように考慮されうるという[92]。このハベルカテの議論はわが国でも紹介・分析され[93],社会契約論を基盤とする「市民間の相互関係の秩序としての憲法」から「基本権の享有主体としての次世代」,そして「世代間の配分」という形で,憲法原理としての「世代間の公平」を導き,これによって現状を分析するという視点はわが国についても多くの示唆を与えるとされるところであり[94],注目される。

しかし,ナイトハルトによれば,そのような観念は,基本権の保護領域を時間的にも人的にも見通しのきかない将来における不特定の人々(incertas personas)にまで拡大してしまい,基本権の妥当範囲の認識としては適切ではないと指摘する[95]。法廷意見においても,「世代間正義」について,民主主義原則と同様,憲法裁判所の解釈に影響を及ぼすものとしては取り扱われておらず,この議論が承認される状況にはないようである。

なお,将来世代の保護を,基本権の客観法的機能から導き出す見解[96]や,法

---

90) この点,学説には,社会国家原理から直接,政府が借金をすることのさらなる制限を導き出すことを試みる見解がある。この見解は,政府が借金が引き起こす,社会的弱者の利益に反する,人の間の配分の効果でもって根拠付けられる。参照,Paul Kirchhof, Grenzen der Staatsverschuldung in einen demokratischen Rechtsstaat, in: Hans Herbert von Arnim/ Konrad Littmann (Hrsg.), Finanzpolitik im Umbruch: Zur Konsolidierung öffentlicher Haushalte, 1984, S. 271ff. すなわち,「最終的には,政府の信用は,常に,弱者から強者への再配分を引き起こす。与信者およびそれゆえ利息の受領者は,十分な資金を有する者である。これに対して,政府債務の調達者は,納税者一般,とりわけ間接税の負担者でもある。それゆえ,長期的には,政府の信用は,社会国家に敵対的な配分効果をもたらす」。

91) Stefan Mückl, "Auch in Verantwortung für die künftigen Generationen". "Generationengerechtigkeit" und Verfassungsrecht, in: Otto Depenheuer/ Marks Heintzen/ Mathias Jestaedt/ Peter Axer (Hrsg.), Staat im Wort. Festschrift für Josef Isensee, 2007, S. 183ff., 189.

92) Görg Haverkate, Verfassungslehre. Verfassung als Gegenseitigkeitsordnung, 1992.

93) 畑尻剛「財政に対する憲法原理としての『世代間の公平』」北野弘久先生古稀記念論文集刊行会編『納税者権利論の展開』(勁草書房,2001年)125頁以下。

94) 畑尻・前掲論文(注93)136頁。

95) Neidhardt, a.a.O. (Anm. 2), S. 194.

96) 例えば,Josef Isensee, Das Grundrecht als Abwehrrecht und als staatliche Schutzpflicht, in: ders./ Paul Kirchhof (Hrsg.), Handbuch des Staatsrecht, Band V, 1999, §111 Rn. 95.

治国家原則が根拠となるという見解もあるが[97]，一般論としては支持されうるにしても[98]，そこから政府債務の領域における具体的な基準を，特に世代を超えて把握される正義のために導き出すことには，困難が伴うことも否めない。

(2) **起債制限を制限する論拠としての議会の予算権および権力分立原則について**

起債制限規定の解釈に際して，民主主義原則や世代間正義の要請が厳格に解釈する根拠となりうるかが争われるのに対して，憲法裁判所の「自制」の論拠としては，議会の予算権および権力分立原則が考えられる。さらにこの論拠からは，起債に関して予算立法者に広い裁量を認め，起債制限の遵守は厳格にコントロールされるべきではないという結論にも至りうる。

① **議会の予算権**　まず，債務制限に対して憲法裁判所が影響を及ぼすことを遮断する論拠として，しばしば，議会の予算権が持ち出される。議会の予算権は基本法110条1項2文において保障されており，予算の議決権はもとより議会にある。しかし，わが国でも同様なように，例えば予算案の策定過程1つとってみても，むしろ執行府がイニシアティブをもつなど，議会の予算権といっても，実務において相対化されているのは自明である。また，基本法旧115条1項1文は，もともと予算権に制限を加えるものとして規定されているものであり，ここに再び予算権自体が制限を緩和する解釈のために用いられることは適切ではないように思われる。ドイツにおいても，この予算権なるものから，憲法裁判所によるコントロールの拘束的な制限ないし債務制限の抑止的解釈のための根拠が生じるわけではないとみる見方が有力なようである[99]。

② **権力分立原則**　次に，権力分立の原則から，憲法裁判権の制限を導くという試み，また，他の権力，なかんずく立法権に，その機能の独自性にふさわしい行為の余地を承認する議論も，学説において主張されることが多い。その代表的論者であるオスターローは，すでに1989年判決に対して[100]，特に規範の不明確性および憲法上の基準の欠缺を根拠に，裁判所の自制を肯定し，判

---

97) 例えば，Helmuth Schulze-Fielitz, in: Horst Dreier, Grundgesetz-Kommentar, Bd. II, 2. Aufl., 2006, Art. 20 Rn. 50f.

98) 例えば，Ursura Köbl, "Generationengerechtigkeit"‒Überforderung von Politik und Recht?, in: Gerhard Köbler/ Meinhard Heinze/ Worfgang Hromadka (Hrsg.), Europas universale rechtsordnungspolitische Aufgabe im Recht des dritten Jahrtausends. Festschrift für Söllner zum 70. Geburtstag, 2000, S. 523ff., 539.

99) Neidhardt, a.a.O. (Anm. 2), S. 201.

決において立法者に委ねられた立法任務にかかる拘束も，将来の認識を可能にする程度の輪郭的なもので足りるとしていた[101]。また，ドレーゲも，起債制限の憲法裁判所による影響をミニマムに縮減することを試み[102]，憲法裁判所は，立法者に広い判断の余地を認め，基本法旧115条1項2文による制限も極めて限られたものであるべきとの主張を行っていた。

しかし，規範が不明確であることは115条に限られるわけではなく，憲法という性格に照らせば，むしろ通例であろう。そうであれば，規範が不明確ということだけで厳格なコントロールを妨げることにはならず，さらに進んで，当該憲法規範が，裁判所によるコントロールを広範に排除することにつき実体的な手懸りをもたなければならない[103]。それを権力分立原則といった基本原則には求めることは，やはり適切ではないように思われる。

4. 小括

以上，基本法115条1項2文に基づく厳格なコントロールを可能にする「民主主義」や「世代間正義」の論拠も，反対に緩やかなコントロールを帰結する「議会の予算権」や「権力分立原則」の論拠も，それ自体から直接に結論を導くことは困難であるという議論状況にある。

いわば「介入的」なディ・ファビオ＝メリングホフ特別意見は，「遮断的」な法廷意見のあまりに強い「自制」を非難するが，「遮断的」立場からは，特別意見の見解は国家の経済・財政政策の広範すぎる法化（Verrechtlichung）とみなしており，両者は克服し難く対立する[104]。このような背景のもと，この問題がもともと裁判対象性（Justiziabilität）の高くない領域のものであることにかんがみると，法廷意見は，論争に割って入るのではなく，結論において予算立法者の判断の余地を尊重しつつ，憲法を改正する立法者へのアピールで，将来

---

100) Lerke Osterloh, Staatsverschuldung als Rechtsproblem?, NJW 1990, S. 145ff. オスターローは，この論稿において，債務制限規律の法的妥当力への疑念をいち早く表明している。なお，オスターローは，本判決の法廷意見に裁判官として加わっている。
101) Neidhardt, a.a.O.（Anm. 2），S. 202 は，オスターローの議論は，根本において権力分立原則の理解に帰されうると評する。
102) Michael Droege, "Notruf nach Karlsruhe". Die Begrenzung der Staatsverschuldung und das Heraufziehen des Jurisdiktionsstaates im Haushaltsverfassungsrecht, VerwArch 98, 2007, S. 101ff.
103) Neidhardt, a.a.O.（Anm. 2），S. 203.
104) Neidhardt, a.a.O.（Anm. 2），S. 203.

の改革の方向を示すという，現実的な選択をしたとみることもできる。

おわりに

連邦憲法裁判所は，1981年度連邦予算に対する判決および2004年度予算に関する判決において，たしかに最終的には立法者に委ねざるをえない事項であると判断したにせよ，いずれも，増大する公債へのカールスルーエ（連邦憲法裁判所）の「不快感」を示したのは間違いない[105]。もっとも，この「不快感」が，基本法改正に携わった立法者に，どの程度の影響を及ぼしたかについては正確にはわからない。

基本法改正の立法過程においては，特に政治的な要因にポイントをおく分析が多い。例えば，クレプチヒは，第2次連邦制度改革成立史に2つの興味深い点があるとし，審議対象が公債制御に早い段階で絞られた点，そして，2007年のリーマン・ショックに端を発する国際的な金融危機および経済危機による環境のドラスティックな変化を挙げる[106]。前者については，他の連邦主義的財政システムにかかわる，とりわけ任務分配，課税自主権ならびに財政均衡のテーマは，たいへん重要であったにもかかわらず，財政憲法の根幹に関わるこれらの合意が不可能にみえたがゆえに，初めから除外され，結果として，委員会内部での議論が，非常に早く，基本法の公債制限規定の改革に集中したとする[107]。また，後者については，現実に危機に直面し，好景気の局面において予算の緊縮を行うという方法をもってのみ，経済危機時に，政府の期待された財政上の行動の余地が与えられるという意識を立法者ももったとする[108]。

いずれも政治的要因であるものの，基本法成立から1995年の時点において連邦および州において公債制限規定について3つの判決しか存在しないのに対して，1996年から2008年の11年間には，連邦憲法裁判所2007年判決のほか9つの州憲法裁判所の判決[109]が現れているという背景がある。たしかに2007

---

105) Elmar Dönnebrink/ Martin Erhardt/ Florian Höppner/ Margaretha Sudhof, Entstehungsgeschichte und Entwicklung des BMF-Konzepts, in: Christian Kastrop/ Gisela Meister-Scheufelen/ Margaretha Sudhof (Hrsg.), Die neuen Schuldenregeln im Grundgesetz: Zur Fortentwicklung der bundesstaatlichen Finanzbeziehungen, 2010, S. 22, 31.
106) Marion Eva Klepzig, Die "Schuldenbremse" im Grundgesetz – Ein Erfolgsmodell?, 2015, 89ff.
107) Klepzig, a.a.O. (Anm. 106), S. 89ff.
108) Klepzig, a.a.O. (Anm. 106), S. 91f.

年判決においては，ランダウ特別意見における2つの州裁判所の判決のみしか言及がなされておらず，法廷意見は違憲判断を自制したというのが結論である。しかし，立法者の目からは，一連の州憲法裁判所判決を背景に示された連邦憲法裁判所の「不快感」と立法者へのアピールに直面し，裁判所の自制が将来も継続して維持されるか否かについては，疑わしいものと考えても不思議はない状況にあったと思われる[110]。そうであれば，メンツェルが指摘するように，連邦憲法裁判所判決は，第2次連邦制度改革の成立に「間接的効力（mittelbare Geltungskraft）」[111]を及ぼしたとみることができ，法廷意見が厳しい特別意見を従えつつ現実的な選択をした（あるいは現実的な選択をする法廷意見にあえて異論を投じた特別意見の）目論見は見事に達せられたことになる。

---

109) ①1996予算年度における公的投資の問題にかかる1996年11月20日ラインラント＝プファルツ州憲法裁判所判決，②1995／1996予算年度における信用借入れの限度についての1997年7月10日ニーダーザクセン州憲法裁判所判決，③公法上の法人による信用借入れにかかる2003年3月21日ベルリン州憲法裁判所決定，④信用借入れと準備金の問題等に関する2003年9月2日ノルトライン＝ヴェストファーレン州憲法裁判所判決，⑤全経済的均衡のかく乱の理由にかかる信用借入の上限超過要件についての2003年10月31日ベルリン州憲法裁判所判決，⑥信用借入上限超過要件についての2005年7月7日メクレンブルク＝フォアポメルン州憲法裁判所判決，⑦信用借入上限の許容される超過の形式的および実質的要件についての同日の同裁判所判決，⑧ヘッセン州の信用借入上限の解釈についての2005年12月12日のヘッセン州憲法裁判所判決，そして，⑨政権交代後の信用借入上限維持不可能を理由とする上限超過の許容性についての2007年4月24日ノルトライン＝ヴェストファーレン州憲法裁判所判決，である。

110) Dönnebrink u.a., a.a.O. (Anm. 105), S. 36.

111) Jörg Menzel, Landesverassungsrecht, 2002, S. 554ff. zit. nach Neidhaldt, a.a.O. (Anm. 2), S. 82.

第5章 「起債ブレーキ」導入の背景と成立過程

〔Ⅰ〕 第2次連邦制度調査会における専門有識者ヒアリング

はじめに

1. 第2次連邦制度調査会の設置とその任務

2006年9月1日の第1次連邦制度改革の発効後[1]，すぐの同年12月15日，連邦議会および連邦参議院は，「連邦と州の財政関係の現代化のための共通の調査会」(以下「第2次連邦制度調査会」または「調査会」という) を設置することを決議した[2]。調査会は，翌年の2007年3月8日に設立され，最終的には，この調査会の提案が，第2次連邦制度改革として2009年の基本法改正に至ることになる[3]。本章は，この改革において中心的なテーマとなった起債制限に焦点を当て，調査会における検討過程を明らかにすることを目指す[4]。

---

1) 2006年9月1日，「連邦国家秩序の現代化のための連邦議会および連邦参議院の調査会」(第1次連邦制度調査会) によって取り組まれた連邦制度改革にかかる憲法改正規定が発効した。ここでの財政に関する改革は，「立法権限の改革等による州の自己決定権の拡大とそれに伴う州の自己責任の増大，および，そのための州の財政面での自律化 (または自立化) の促進」という方向で検討が進められたが，公債制限には手をつけられないでいた。この改革について，戸部真澄「ドイツ連邦制度改革における財政改革」環境研究149号 (2008年) 152頁以下参照。

2) 連邦議会における提案はCDU/CSUとFDPの連合会派 (与党)，ならびにSPD，FDPそれぞれの会派によるものである。Die Linke会派およびBündnis 90とDie Grüneの会派は変更案を提案したが否決され，決議にDie Linke会派は反対，Bündnis 90とDie Grüneの会派は棄権した (BT-Plenarprot. 16/74, S. 7410 D)。連邦参議院も全州の提案に基づき同内容の決議を行った (BR-Plenarport. 829, S. 400 C)。なお，調査会の目標は，設立決議によれば「連邦と州の財政関係の現代化のためにドイツ内外で変遷する，特に成長政策および雇用政策の構造的条件に適合させるための提案を行う任務を負い，その提案は，地方公共団体の自己責任，および任務に適した財政力を強化するものでなければならない」というものであった。

3) 改革の内容については，山口和人「ドイツの第二次連邦制度改革 (連邦と州の財政関係) (1)——基本法の改正」外国の立法243号 (2010年) 3頁以下，渡辺富久子「ドイツの第二次連邦制度改革 (連邦と州の財政関係) (2)——財政赤字削減のための法整備」外国の立法246号 (2010年) 86頁以下参照。

調査会は，連邦議会および連邦参議院からそれぞれ 16 名派遣される議員によって構成され[5]，常時 4 名の州議会代表者が，投票権はもたないが，発言権および提案権をもって参加した[6]。座長には，連邦議会のシュトルック（Peter Struck）および連邦参議院のエッティンガー（Günter H. Oettinger）が選出された[7]。

調査会においては，すでに 2007 年 3 月から 5 月のスタートの時点で，テーマが行政と財政に分離され，財政のテーマは，5 つのテーマ群に分けられた[8]。その第 1 は，「起債の禁止（Verschuldungsverbot）または制限（Verschuldungsbegrenzung）」，第 2 は，（禁止が否定される場合の）「起債制限」，第 3 は，「残存債務（Altschulden）の問題」，第 4 は，「早期警戒システム（Frühwarnsystem）」，そして第 5 は，「州の財政均衡／州の歳入の自立／州の再編」であった。

このうち調査会では，第 1 および第 2 のテーマに重点がおかれ[9]，以後，中心的課題となっていく[10]。第 1 回会議におけるシュトルックの発言，すなわち「われわれは，特に厳しい予算状況をいかにして阻止することができるか。わ

---

4) 改革成立の過程については，Elmar Dönnebrink/ Martin Erhardt/ Florian Höppner/ Margaretha Sudhof, Entstehungsgeschichte und Entwicklung des BMF-Konzepts in: Christian Kastrop/ Gisela Meister-Scheufelen, Margaretha Sudhof (Hrsg.), Die neuen Schuldenregeln im Grundgesetz, 2010, S. 22ff, Werner Ebert/ Christian Kastrop/ Gisela Meister-Scheufelen/ Margaretha Sudhof, Der Politische Prozess, ebebda, S. 62 に詳しいが，最終的には政治的判断によるところの大きいこの改革過程において，専門有識者の考えを改革の記録に基づきながら詳細に分析しているのが Maxi Koemm, Eine Bremse für die Staatsverschuldung?, 2011, S. 53ff. である。本章も，起債制限に関する専門有識者の諸提案の分類・整理において，改革の記録およびこの Koemm の分析に依拠している。なお，この改革の記録は，Bundestag/ Bundesrat (Hrsg.), Die gemeinsame Kommission von Bundestag und Bundesrat zur Modernisierung der Bund-Länder-Finanzbeziehungen - Die Beratungen und ihre Ergebnisse, 2010 を参照した。また，これに関する Protkolle（以下「Komm-Prot.」と表示する）および Drucksachen（以下「KommDrs.」と表示する）は，この書物に付録された CD-Rom によった。

5) 名簿は Komm-Prot. 1 IIIff. に掲載。なお，第 1 次連邦制度調査会と異なっている点として，連邦議会から選出された議員のうちの 4 名が同時に連邦政府にも属していることが指摘される。Koemm, a.a.O. (Anm. 4), S. 50.

6) ここでは連邦レベルにおける起債制限を中心に取り扱うが，調査会では州の起債制限も含めて議論されている。それにもかかわらず，このような形での州サイドの参加については，調査会内でも批判が寄せられている（B. Ramelow, Komm-Prot. 1, S. 15 Cf.）。

7) Komm-Prot. 1, S. 3 Bff. また，座長代理には，E. Burgbacher と Jens Böhrnsen が選任された（Komm-Prot. 1, S. 6 C）。

8) G. H. Oettinger, Komm-Prot. 2, S. 28 A 参照。この分離については，Joahim J. Hesse, Kleinster gemeinsamer Nenner? Die Föderalismusreform II vor der Entscheidung, Zeitschrift für Staats- und Europawissenschaften (ZSE), 2008, S. 193ff. (194) による批判がある。

9) B. Zypries, Komm-Prot. 1, S. 21 Cf. 参照。

れわれは，公債の制限をどのように定義することができるか。われわれは，場合によれば，この基準の逸脱をどのように扱うか。全体が，いかにして，議会制民主主義の原則，なかんずく議会の予算権と一致させられうるか」[11]が，この問題の輪郭を描いているといわれる[12]。なお，調査会構成員のために，あらかじめ 226 の質問一覧（Fragenkatalog）が用意されたが[13]，質問事項自体，簡潔にまとめられたものではなく，分類も精緻ではない[14]。

2. 専門有識者へのヒアリング

2007 年 6 月，第 4 回会議において，専門有識者[15]，そして「経済専門有識者委員会（Sachverständigenrat zur Begutachtung der gesamtwirtschaftlichen Entwicklung）（以下「有識者委員会」という）[16]の代表者[17]に対するヒアリングが行われ，多くの専門有識者が意見を述べることとなった。

質問一覧の第 1 問目「財政憲法の領域における最大の問題はどこにあるか」という質問について，専門有識者の多くは，改革に着手すべき財政憲法の「中心的問題」として公債を挙げた[18]。ただし，累積債務の原因がどこにあるかに

---

10) H. Ringstorff (Komm-Prot. 1, S. 2 D), P. Struck (Komm-Prot. 1, S. 4 B), Chr. Wulff (Komm-Prot. 1, S. 10 Cf.) など参照。
11) Komm-Prot. 1, S. 4 B.
12) Koemm, a.a.O. (Anm. 4), S. 52.
13) 226 の質問項目は，KommDrs. 011 に 28 頁にわたって記載されている。
14) Koemm, a.a.O. (Anm. 4), S. 60. 会議のなかでも L. P. Feld (KommDrs. 024, S. 2) や B. -I. Hoff (KommDrs. 032, S. 1) らによって批判されている。
15) 連邦議会および連邦参議院は，それぞれ 9 名ずつの専門有識者を選任することができた。なお，連邦参議院は選任権を地方の代表者に委ねている（Komm-Prot. 2, S. 29ff.）。専門有識者のリストは，KommDrs. 008 に掲載されているが，最終的には，財政学および経済学の分野から 8 名（Clemens Fuest, Bernd Huber, Kai A. Konrad, Helmut Seitz, Charles Beat Blankart, Lars P. Feld），法学の分野から 4 名（Hans Meyer, Ulrich Häde, Stefan Korioth, Joachim Wieland），政治学の分野から 2 名（Wolfgang Renzsch, Martin Junkernheinrich）のほか，EU 関係（Jürgen Kröger, Benjamin-Immanuel Hoff），スイス関係（Christian Müller），そして，連邦制度関係（Hans-Peter Schneider）の合計 18 名となった。
16) 法律（Gesetz über die Bildung eines Sachverständigenrates zur Begutachtung der gesamtwirtschaftlichen Entwicklung vom 14. August 1963）に基づき設立され，経済学のエキスパート 5 名により構成される。この 5 名は，連邦政府の提案に基づき連邦大統領によって任命され，任期は 5 年である。「ドイツの経済状況を定期的に評価し，経済専門組織や国民の判断に資すること」（同法 1 条）を任務とする。
17) Wolfgang Wiegart および Bert Rürup。
18) U. Häde (KommDrs. 021, S. 1), L. P. Feld (Komm-Prot. 4, S. 52 D), K. A. Konrad (Komm-Prot. 4, S. 105 B) など参照。

ついては見解が分かれていた。まず，多数の見方は，それまでの憲法上の規定，特に「全経済的均衡のかく乱の除去」という不確定概念に原因を見出すものであり[19]，それに伴い，専門有識者たちの多くが，起債制限の新しい規定を作ることに賛成の意見を述べた[20]。それに対する見方は，新しい起債に対して政治的な抵抗が非常に弱いこと[21]，そして長く続く停滞した経済状況に累積債務の原因を求めるものであった[22]。

ヒアリングは，2004年連邦予算にかかる2007年7月9日連邦憲法裁判所判決[23]の公表の前の月に行われた。したがって，同判決における法廷意見および特別意見は，ヒアリングにおける各専門有識者の「意見」や議論のなかでは考慮されていない。また，多くの専門有識者は経済学，財政学の専門有識者であることからも，調査会の進行は，まずは政治的，経済的視点から新しい公債規定を構想し，次の段階で法的な議論が行われるという段取りとなった[24]。

第2次連邦制度調査会における財政のテーマ，とりわけ起債制限にかかる改革への専門的な取組みは，主としてここで行われたとみることができる。1969年の財政改革において改正された基本法の規定が，専門的にどのような検討を経て2009年の基本法改正に至ったのかは，わが国において公債に関する財政規律のあり方を考える際には非常に重大な関心が寄せられる事項である。ここでは，まず，この専門有識者ヒアリングにおける多数の改革案のうち，主として連邦レベルにおける専門有識者たちの議論に焦点を当て，その概観を試みる。

---

19) M. Junkernheinrich (KommDrs.034, S. 23), K. A. Konrad (KommDrs. 020, S. 17), H. Meyer (KommDrs. 014, S. 10), H. Seitz (KommDrs. 023, S. 61) など参照。また，Fragenkatalogの第26問「ドイツにおける公的債務の増大の原因は何か」，第27問「基本法115条とは異なる公債規定であれば，この展開を抑止することができていたか」等（さらに第76問，第77問），関連する質問もあり，これらに対しての，M. Junkernheinrich (KommDrs. 034, S. 23), K. A. Konrad (KommDrs. 020, S.17), H. -P. Schneider (KommDrs. 031, S. 15), U. Häde (KommDrs. 021, S. 2), B. Huber (KommDrs. 018, S. 3), J. Kröger (Komm-Prot. 4, S. 62 A), L. P. Feld (KommDrs. 024, S. 39), H. Meyer (KommDrs. 014, S. 10), W. Renzsch (KommDrs. 16, S. 5) などの回答参照。そのほか，有識者委員会における多数は，「投資」概念の不明確性および非裁判基準性の指摘も行っている (KommDrs. 033, S. 3)。
20) Koemm, a.a.O. (Anm. 4), S. 65.
21) H. Seitz, (KommDrs. 023, S. 96), H. Meyer, (KommDrs. 014, S. 8), C.B. Blankart, (KommDrs. 022, S. 45) など参照。
22) J. Wieland, KommDrs. 030, S. 6 参照。
23) BVerfGE 119, S. 96ff.
24) Koemm, a.a.O. (Anm. 4), S. 60.

I　調査会のスタートから専門有識者ヒアリング前までの状況

1.　調査会スタート時の状況

　スタート時において，起債禁止はFDP[25]やCDU／CSUの一部[26]によって強く主張されたが，やはり起債は制限付きで引き続き必要とみる立場が優勢であった[27]。ただし，どのような起債制限とするかについてはすでに見解が広く分かれていた。特に，「スイスの起債ブレーキ」の継受[28]ないし，均衡予算[29]を原則とする提案に，マーストリヒト基準の分配（Aufteilung）[30]または投資概念の修正（Moddifizierung）[31]の提案が対立した。一部では，いずれにしても景気回復時における債務削減が必要であることが強調され[32]，また，特定の条件のもと，高額の起債にサンクションを用意することが求められるなどした[33]。予算の緊急事態回避のための早期警戒システムについては，広く一致して求められたが[34]，その具体的なあり方については示されないままであった。

　調査会では，スタート時からこのように様々な意見が存在したものの，拠って立つ基準といえるものについては確固としたものが存在しているとはいえない状況であった[35]。また，特にこの時点では，改革目標の設定が政治的に行われた感が強いようであった[36]。この要因は，政治家にとって，この審議入りの局面がとりわけ政党政治的な目標設定の機会であった，という点に求められう

---

25)　KommDrs. 039.
26)　KommDrs. 003, S. 7.
27)　なかでも連邦財務大臣シュタインブリュックは公債禁止を明確に否定している。Komm-Prot. 2, S. 30 参照。
28)　例えば，P. Struck, Komm-Prot. 1, S. 4 C 参照。スイスの起債ブレーキについては，David Waldmeister/ Beatrice Mäder, Handbuch der Schuldenbremsen der Schweiz, 2015 など参照。
29)　CDU／CSU 会派作業チームの改革指針として，KommDrs. 003, S. 3 参照。
30)　この時点では連邦政府サイドはこのように考えていたようである。Koemm, a.a.O. (Anm. 4), S. 55 (Anm. 104).
31)　B. Ramelow, Komm-Prot. 1, S. 14 D 参照。
32)　Chr. Wulff, Komm-Prot. 1, S. 10 D 参照。
33)　Die Grüne の作業チーム，KommDrs. 037, S. 2 参照。
34)　P. Steinbrück, Komm-Prot. 2, S. 30 B など参照。
35)　Koemm, a.a.O. (Anm. 4), S. 54.
36)　Koemm, a.a.O. (Anm. 4), S. 59. ただし一部には，新しい公債法を EU 法と一致させる必要があるなどの法的議論もなくはなかった。CDU／CSU の作業チーム，Komm-Prot. 2, S. 30 C など参照。

る[37]。

2. 有識者委員会の鑑定意見

有識者委員会によって2007年3月に公表された鑑定意見（Expertise）[38]は，以下の3つのモジュールからなる[39]。

まず，モジュール1は「ゴールデン・ルール」である[40]。これは従来に引き続き，「長期的に」，対象に関連付けられた起債制限（ただし修正された投資制限）である[41]。有識者委員会の想定によれば，GDP 3.5％成長の想定のもとで，長期的に，債務割合はGDP 35％に減少するという[42]。

モジュール2は「債務の規制（Schuldenschranke）」であり[43]，従来の例外規定を修正したうえで，以下の支出ルールと調整勘定（Ausgleichskonto）から構成される。これによって，自動安定化装置の作用は遮断することなく，「短期的な」起債制限が設定されるとの提案であり，「ゴールデン・ルール」とも結び付けられうるものである。

最初の構成要素である「支出ルール」は，まず，支出を収入に連動させ，景気による調整を通して自動安定化装置の作用を促し[44]。そのうえで，景気の停滞時期に信用引受けが許されるものである。そして，例外状況[45]にあるときには，このルールからの逸脱が許されることになる。次の調整勘定は，実際の財政収支額が許容範囲から逸脱する場合に記録されるバーチャルな勘定[46]である。遅くとも，政治的に決定される上限に達したときには，債務が整理されなければならないとするものである[47]。ただし，ここには，景気に起因する赤字や，

---

37) Koemm, a.a.O.(Anm. 4), S. 59.
38) KommDrs. 002 neu. また，有識者委員会からヒアリングに向けてのコメントにつきKommDrs. 033参照。
39) 鑑定意見には，この提案に反対する有識者委員会内の少数意見も掲載されている。理由は柔軟性がこれにより失われるというものであり，結論としては景気政策の必要に至る。P. Bofinger, KommDrs. 002 neu, S. 157ff., 167参照。
40) KommDrs. 033, S. 4ff.
41) KommDrs. 002 neu, S. 3ff., 74ff.
42) KommDrs. 002 neu, S. 4f.
43) KommDrs. 033, S. 6ff.
44) KommDrs. 002 neu, S. 5 参照。
45) 有識者委員会は，自然災害やドイツ統一の例を挙げる。KommDrs. 002 neu, S. 6.
46) KommDrs. 002 neu, S. 6.
47) KommDrs. 002 neu, S. 7 参照。

（モジュール1と結び付けられた場合）投資に向けられた信用引受け，さらに例外規定に基づく起債は記録されない[48]。

モジュール3は，サンクションである[49]。そして，このサンクションは，モジュール1およびモジュール2に対する違反と結び付けられる[50]。その際，調整勘定に関しては，最初の違反と「繰り返しの違反」は区別されなければならず[51]，また，一般的には，上限が高ければ高いほど厳しいサンクションが必要となるという[52]。

なお，この有識者委員会の提案は，ヒアリングにおける専門有識者たちの「意見」作成前に彼らに提示され，ヒアリングにおける多様な議論の基礎におかれている[53]。そのうえで行われた専門有識者たちの起債制限に関する諸提案は，次の3つのグループに整理・分類されうる。

II 起債制限3案

1. 第1グループ：上限の固定

第1のグループは，起債制限の上限を，投資額またはGDPに固定的に結び付けて提案するものである。このうち，少なくない専門有識者が，基本的に現状を維持し（もちろん細部における修正や厳格化の指摘等は伴う），投資による制限に賛成の意見を述べている[54]。

幾人かの専門有識者からは，これに対する反対意見も出され，理由として，とりわけ規律遵守のインセンティブの問題や概念上の区分の問題が挙げられた[55]。また，投資額による制限の案が根拠にする「世代間の負担分配の原則（Prinzip der intergenerativen Lastenverteilung）」についても，社会保障システムによる負担増の状況を前にすれば，もはやここでそれを持ち出すことはできないなどと批判された[56]。そのほか，事物適合的，かつ解釈に関する見解の相違を

---

48) KommDrs. 033, S. 8 参照。
49) KommDrs. 033, S. 9ff.
50) KommDrs. 033, S. 10 参照。
51) KommDrs. 033, S. 10 参照。
52) KommDrs. 033, S. 8 参照。
53) Koemm, a.a.O. (Anm. 4), S. 72.
54) St. Korioth, KommDrs. 017, S. 7, Th. Lenk, KommDrs. 024. S. 10ff など参照。
55) J. Kröger, KommDrs. 029, S. 24ff., H. Seitz, KommDrs. 023, S. 17f など参照。

克服するような投資概念を得られる見込みはないとの見解が示された[57]。

これを受け、何人かの専門有識者は、EUにおけるマーストリヒト基準を指向し、GDPに向けられた制限を提案した[58]。しかし、これに対しては、一部に明確に拒否がなされた[59]。それは、とりわけ、EU法の目標設定は国のそれとは異なるからであり、また、ヨーロッパの安定成長協定が実際には空転している点に根拠が求められた[60]。

2. 第2グループ：中期的均衡

次に、多くの専門有識者たちが、構造的な起債枠に対して基本的に懐疑的な見方を示し、均衡（close-to-balance）原則に基づく中期的均衡を保持する予算の提案に支持をした[61]。有識者委員会提案のモジュール1もこのグループに含まれうるが[62]、この提案によれば、景気上、停滞の時期に信用が引き受けられ、上昇期に償還がなされるという新しい公債規定を可能にし、これによって中期的に均衡した予算が生じることになる点で、モジュール1とは異なるものである[63]。

積極的な景気政策は、ドイツでは否定されるのが支配的見解であるが[64]、しかし、この提案によっても、とりわけ自動安定化装置の作用を発揮させることは保持される。また、均衡された予算の命令のための、国民による検証可能性（Nachvollziehbarkeit）が容易である点も指摘されている[65]。また、スイスの起債ブレーキが景気循環を通じて予算の均衡を目指すものであることから、ここでは特にスイスの経験も、論拠として持ち出されている[66]。

---

56) L. P. Feld, KommDrs. 024, S. 24 参照。
57) Cl. Fuest, Komm-Prot. 4, S. 70 A, U. Häde, KommDrs. 021, S. 8 など参照。
58) H. Meyer, KommDrs. 014, S. 13., B. Huber, KommDrs. 018, S. 4 など参照。
59) Cl. B. Blankart, KommDrs. 022, S. 22 参照。
60) H. -P. Schneider, KommDrs. 031, S. 15 参照。
61) L. P. Feld, KommDrs. 024, S. 24, 27 など参照。
62) Sachverständigenrat, KommDrs. 002 neu, S. 93ff 参照。Koemm, a.a.O. (Anm. 4), S. 78.
63) Koemm, a.a.O. (Anm. 4), S. 78.
64) Koemm, a.a.O. (Anm. 4), S. 78.
65) Cl.Fuest, KommDrs. 019, S. 9 参照。
66) Koemm, a.a.O. (Anm. 4), S. 79.

第5章 「起債ブレーキ」導入の背景と成立過程　83

3. 第3グループ：2つの要素

さらに他の専門有識者たちは，「構造上の」起債と「景気上の」起債の区別を提案し，その許容度は，それぞれ異なった要件が設けられる[67]。有識者委員会提案のうちモジュール1とモジュール2が結びつけられると，このような「2つの構成要素モデル」としても理解されうる[68]。専門有識者には，この提案に同調する者も少なくなかった[69]。

それに類する提案として，専門有識者ミュラー（Chr. Müller）がスイスの視点から行ったものがある[70]。ただし，そこでは，依然として投資が「妥当な種類と方法において」考慮され，結局，ドイツにおいても，投資が「重要な地位」を占めることになる[71]。

III　サンクション・早期警戒システム

1. サンクション

たびたび登場する「スイスの起債ブレーキ」には，サンクションのしくみは含まれておらず，また，有識者委員会提案にかかる調整勘定にもサンクションのシステムは規定されていない[72]。サンクションに関する専門有識者たちの意見としては，反対よりも賛成の意見のほうが多いと目される[73]。特に，威嚇効果をもって望ましい行動の牽引に寄与する点に注目されている[74]。そのためには，効果の遅延は回避される必要があり，したがって短期に決定する手段が作り出されなければならないといわれ[75]，また，サンクションは「それ自体で」債務の償還に「つながる（beitragen）」ものでなければならないことが求められている[76]。

---

67)　Koemm, a.a.O. (Anm. 4), S. 79.
68)　Koemm, a.a.O. (Anm. 4), S. 80 参照。
69)　例えば，B. Huber, KommDrs. 018, S. 5f. など参照。
70)　Chr. Müller, KommDrs. 028, S. 36.
71)　Koemm, a.a.O. (Anm. 4), S. 80 参照。
72)　Koemm, a.a.O. (Anm. 4), S. 82 参照。
73)　Sachverständigenrat, KommDrs. 033, S. 11, ders., KommDrs.. 002 neu, S. 110ff., Cl. Fuest, KommDrs. 019, S. 11 など参照。
74)　Sachverständigenrat, KommDrs. 002 neu, S. 111f., U. Häde, KommDrs. 021, S. 12f. など参照。
75)　Sachverständigenrat, KommDrs. 002 neu, S. 111f. 参照。
76)　U. Häde, KommDrs. 021, S. 12f. 参照。

サンクションの政治的な取扱いを回避するため、サンクションを「自動的に」作用させることに賛成の意見を述べる専門有識者がいる一方で[77]、自動的なサンクションには反対する専門有識者もいた。例えば、ヘーベ（U. Häbe）の見解によれば、そもそもサンクションは連邦法上予定されたサービスの水準の低下に至らざるをえず、特に社会国家原則によって保障された最低限の水準を侵すことになるとした[78]。彼によれば、なるほど自動的なしくみは戦術的なふるまいを排除する長所をもつであろうが、しかしそれでも、政治的に責任ある決定が優先されるべきであり、ルールの逸脱の際に選挙で信を問うことで濫用の危険は縮減されうるという[79]。

2. 早期警戒システム

ほとんどの専門有識者は、予防的な予算緊急システム（結論において早期警戒システム）の問題にも言及した。有識者委員会の鑑定意見においては、早期警戒システムの構想はみられなかったが、有識者委員会の構成員は、調整勘定の規定を予防的要素とみていたようである[80]。調査会構成員のもとでと同様、他の専門有識者たちのもとでも、予防的要素は、広く原則的に許容され、目的適合的である点でも広く一致をみた[81]。このようななか、ザイツ（H. Seitz）によって厳格な早期警戒システムの設置が強く主張され[82]、他方、ここでもまた、早期警戒の自動化（Automatismus）[83]および（起債制限を超えたときのサンクションとは区別されうる）サンクション[84]を求める意見も出された。

もし自動的なしくみが拒否される場合には、どの機関がそれを決する権限を

---

77) L. P. Feld, KommDrs. 024, S. 27, H. Seitz, KommDrs. 023, S. 31f. など参照。
78) U. Häde, Komm-Prot. 4, S. 83 A, ders., KommDrs. 021, S. 13.
79) U. Häde, KommDrs. 021, S. 18.
80) Sachverständigenrat, KommDrs. 033, S. 3, 8 参照。
81) 例えば、H.-P. Schneider, KommDrs. 031., S. 7f, Ch. B. Blankart, KommDrs. 022, S. 15 など参照。
82) H. Seitz, KommDrs. 023, S. 28. そこで、Seitz は、「予算の緊急状況予防システム」の一般的基準を作成している。それによれば、第1に、ルールはあらかじめ確認されていなければならない、第2に、簡単な指標に基づくものでなければならない、第3に、サンクションはあらかじめ規定されていなければならず、また、それはまず政治に、そしてその次に市民に帰せられる、第4に、サンクションは自動的に下されるものでなければならない、そして第5に、システムのコントロールはすべて政治とは関わりなく行われなければならない、というものである。
83) 例えば、Ch. B. Blankart, KommDrs. 022, S. 17 参照。
84) 例えば、L. P. Feld, KommDrs. 024, S. 19 参照。

もつべきかが重要な問題となる[85]。これに関しては2つの選択肢が考えられた。1つは連邦および州の代表者から構成される「政治的」な組織であり、もう1つは、有識者委員会のような「専門的」な組織である。また、一部にはその混合形態についても考えられた[86]。

「専門的」な組織に対しては、特に、その構成員の民主的正当性が欠けていることが問題とされた[87]。多くの場合、解答を出すべき問題は、専門的にもしばしば明確には正しいとも誤りとも言い切れないであろう政治的問題であることが予想されたためである[88]。他方、「政治的」な組織としては、地方も代表され、独立に審議されうる財政計画委員会(Finanzplanungsrat)なる提案が圧倒的であった[89]。これに対しては、決定機関が「政治」に近付けば近付くほど、有効なサンクションへの期待は小さくなる、という批判が出された[90]。

IV その他

1. 改革の理念について

改革ないし改革提案にあてがわれるべき基準は、質問一覧(第2問)において問われ[91]、これが調査会およびその先にある立法機関の判断においても議論を導くはずのものであった[92]。しかし、調査会のスタート時以降、公債法の改革の指導理念(Leitbild)として確固としたものが示されたわけではなく[93]、結局、多くの専門有識者は、前述の世代間正義に拠りどころを求めるにとどまった[94]。

この関連で質問一覧(第2問)でも問われたのは、1969年の改革の際に目指

---

85) Koemm, a.a.O. (Anm. 4), S. 86.
86) Koemm, a.a.O. (Anm. 4), S. 86.
87) 例えば、K. A Konrad, KommDrs. 020, S. 11, St. Korioth, KommDrs. 017, S. 3 など参照。
88) Koemm, a.a.O. (Anm. 4), S. 86.
89) 例えば、J. Wieland, KommDrs. 030, S. 5 など参照。
90) Cl. Fuest, KommDrs. 019, S. 11 参照。
91) KommDrs. 011.
92) Koemm, a.a.O. (Anm. 4), S. 67.
93) Koemm, a.a.O. (Anm. 4), S. 54.
94) U. Häde, KommDrs.021, S. 8, K. A. Konrad, KommDrs. 020, S. 17f., H. Meyer, KommDrs. 014, S. 9f., 19, B. Huber, KommDrs. 018, S. 2, Cl. Fuest, KommDrs. 019, S. 7f., H. Seitz, KommDrs. 023, S. 1 など参照。

された目標およびこれに基づくマクロ経済的なコンセプトが，なおこの時点でも妥当するかどうかであった。特に後者については専門有識者の圧倒的多数が否定したが[95]，ただ，自動安定化装置の作用には多くの者が賛成した[96]。すなわち，景気の停滞期にはGDPは下降し，それによって租税収入も下降する。それに対し国家の支出はむしろ増大するか，いずれにせよ減少はしない。それによって，「自動的に」財源不足に至り，その不足は信用によって補填される。同じように，景気上昇期の局面においては相応の剰余が生じる。このように，自動安定化装置を作用させることで，景気上の（財源調達の差額）が受け取られうることは広く承認されていたのである[97]。

2. 州の起債制限について

公債規定が必ずしも連邦と州に統一的に妥当するものでなければならないわけではない[98]という点においては，専門有識者の見解は一致していた[99]。

州固有の起債制限案として持ち出された提案に，「債務者自己責任」または「支払不能手続」がある。これを持ち出す論者の提案は，専門有識者による上記起債制限の3案それぞれについて，それが連邦にかかる提案としたうえで，これに州のこの手続を加えたモデルとなる[100]。その際，GDPと並んで，公債制限の水平的分配のため，人口[101]や財政力[102]を指標に考慮に持ち出す専門有識者もいた[103]。

州における残存債務ないし現存する緊急状況への対処は，1つの重要な論点

---

95) L. P. Feld, KommDrs. 024, S. 12, Cl. Fuest, KommDrs. 019, S. 4, M. Junkernheinrich, KommDrs. 034, S. 22ff., 26, H.-P. Schneider, KommDrs. 031, S. 6, 16, Ch. B. Blankart, KommDrs. 022, S. 9, Chr. Müller, KommDrs. 028, S. 10, H.Seitz, KommDrs. 023, S. 9ff, Sachverständigenrat, KommDrs. 002 neu, S. 55f., 82ff. など参照。
96) Koemm, a.a.O.（Anm. 4), S. 67.
97) Sachverständigenrat, KommDrs. 002 neu, S. 46f. 参照。
98) U. Häde, Komm-Prot. 4, S. 91 B, K. A. Konrad, KommDrs. 020, S. 16 など参照。
99) Koemm, a.a.O.（Anm. 4), S. 72.
100) Koemm, a.a.O.（Anm. 4), S. 72.
101) B. Huber, KommDrs. 018, S. 4 参照。
102) W. Kretschmann, KommDrs. 091, S. 6, 9f. 参照。
103) なお，この手続は，けっして「壊すこと（Zerschlagung）」ではなく，常に，州の立て直しが考えられている。Ch. B. Blankart, KommDrs. 022, S. 61, 64 参照。ただし，一部には，債権者の参加（Gläubigerbeteiligung）の結果として，それに関わらない州にも信用度の低下が危惧され，あるいは支払不能手続は，市場に対して信用に値する形では行われないであろうという意見も出された。H. Seitz, KommDrs. 023, S. 66f., 69 参照。

であった[104]。専門有識者たちも，将来世代の財政負担の重さ，新しい起債制限規定への移行を前にした州間の異なった状況を問題視し，この問題の解決の必要性について意見は一致していた[105]。この解決策は，つき詰めれば2つの選択肢に行き当たる。すなわち，州は万一の財政状況に至ったときには自らの責任において対処するか，あるいは，連邦がその州の救済に手を差しのべるか，である。

連邦による救済に反対する論者の意見は，予算規律遵守に対するインセンティブの低下[106]や，連邦憲法裁判所によって要求された自己責任の原則に基づくものであった[107]。これに対して，連邦による救済の方法としては，基金に基づく救済の手法が提案された[108]。また，基金を前提に，残存債務償還のためのインセンティブを高めるシステムの構想[109]や，州の残存債務のための連邦による欠損保証[110]，あるいはまさに連邦への残存債務の移転の提案などもなされた[111]。

以上のように，州における予算状況がいかなる基準に基づいて監視され，どのような場合に手続に着手されるかという重要な問題は積極的に議論されたが，しかし，結論の方向はなお不透明であった[112]。

おわりに

この専門有識者ヒアリングにおいては，公債法に関しても様々な提案を生み，それは1つのスペクトルムをなした。しかし，そのようななか，起債制限が財

---

104) Fragenkatalog 54, 55, 71, 174 など参照。
105) 例えば，K. A. Konrad, KommDrs. 020, S. 11, St. Korioth, KommDrs. 017, S. 3, J. Wieland, KommDrs. 030, S. 7, H. -P. schneider, KommDrs. 031, S. 8, U. Häde, KommDrs. 021, S. 17f. など参照。
106) 例えば，L. P. Feld, KommDrs. 024, S. 29, CH. B. Blankart, KommDrs. 022, S. 6 参照。
107) St. Korioth, KommDrs. 017, S. 10, U. Häde, Komm-Prot. 4, S. 81 A など参照。これに対しては，将来のためのみの共通の債務負担が除外されればインセンティブの問題は生じないという意見が出された。例えば，Cl. Fuest, KommDrs. 019, S. 20, B. Huber, Komm-Prot. 4, S. 73 A を参照。
108) St. Korioth, KommDrs. 017, S. 8 参照。H. Seitz は，州は厳格な公債制限規定の受入れに対する反対給付として残存債務の償還の際の財政上の支援を得るという，1つの「取引き (Deal)」としてこれを考えた。H. Seitz, Komm-Prot. 4, S. 77 Dff. 参照。
109) J. Wieland, KommDrs. 030, S. 9f. 参照。
110) Ch. B. Blankart, KommDrs. 022, S. 6, 71f. 参照。
111) Th. Lenk, KommDrs. 024, S. 17f. 参照。
112) Koemm, a.a.O. (Anm. 4), S. 87.

政の中心的な問題であること，そして多額の累積債務が少なくとも従来の規定に起因しうることにおいては，広く見解の一致をみた。

たしかに起債の禁止に賛成する意見もあったが[113]，しかし，ほとんどの専門有識者の目は，起債制限の様々なモデルに向けられた[114]。そのモデルは，3つに整理しうる。第1は，「構造上」と「景気上」の区別をせず，次のいずれか，すなわち，GDP，あるいは従来どおり「投資に向けられた」制限として，信用引受けの「固定された」上限を設定するモデルである。第2は，制限される起債を，景気により許容されるモデルに包含する。構造的な景気政策は基本的に否定されるため，このグループは，本質的には，「スイスの起債ブレーキ」のように，核心部分には（中期的に，景気の推移を超えて）均衡する予算がおかれる。第3は，「2つの要素モデル」である。このモデルにおいては，「構造上」と「景気上」の起債が区別され，それぞれについて異なった制限が設定される。

また，専門有識者の多くには，制限違反に対するサンクションを必要と考える傾向がみられた。さらに，予算の緊急状況の回避のための予防的な早期警戒システムは，専門有識者サイドから多様に求められた。

ところで，この専門有識者へのヒアリングは，2004年連邦予算にかかる2007年7月9日の判決の1か月前に行われた。2007年判決のなかで，連邦憲法裁判所は，繰り返し，公債法の新しい規定を警告した。これが，調査会の議論を加速させ・変容させることは，想像に難くない。2008年2月に連邦財務省案が示されると，以後の決定過程は，リーマン・ショック（2008年9月）も加わって「政治的」な色合いがいっそう濃くなる。その意味で，起債制限にかかる憲法上，法律上の規定のあり方に限っていえば，その選択肢の全貌をひとまず「純粋に」表した専門有識者たちの諸提案は，それ自体としてわが国にとっても極めて有用なものであるといえる。

---

113) H. Meyer, KommDrs. 014, S. 10ff. 参照。絶対的な起債の禁止はアスピリンに例えられ，なるほど痛みとは闘うが健康にはしないとの批判もなされた。M. Junkernheinrich, KommDrs. 034, S. 3参照。

114) Koemm, a.a.O. (Anm. 4), S. 70.

〔Ⅱ〕 第2次連邦制度調査会における連邦財務省案の提示

はじめに

2009年8月に施行された基本法上の起債制限に関する規定は，GDPの一定割合を上限とする「起債ブレーキ」と呼ばれるものである。従来の，投資を基準とする「ゴールデン・ルール」については，連邦憲法裁判所によって，繰り返し，改革するよう立法者への警告がなされていた[115]。基本法改正に向けた議論は，2005年9月にスタートする連邦議会第16立法期（2005年9月〜2009年9月）における連立協定（Koalitionsvertrag）に端を発するが[116]，それに先立つ第15立法期（2002年9月〜2005年9月）は，どの年も，結果として基本法115条の起債制限は遵守されず，構造的な赤字が増加していったという背景がある[117]。

表5-1 基本法上の「起債ブレーキ」成立過程

2005年	
9月	連邦議会選挙
11月	連立協定（CDU／CSUとSPDの大連立）
2006年	
11月	連邦経済技術省→有識者委員会への鑑定意見依頼
12月	第2次連邦制度調査会設置決議
2007年	
3月	調査会スタート（8日）
3月	有識者委員会鑑定意見（9日）
6月	専門有識者ヒアリング
7月	連邦憲法裁判所判決（9日）
7月	連邦財務省学識顧問→連邦財務大臣への書簡（11日）
2008年	
2月	連邦財務省案
9月	リーマン・ショック
2009年	
3月	調査会提案
6月	基本法改正成立（7月31日公布，8月1日施行）
9月	連邦議会選挙

改革の議論は，正式には，連邦議会および連邦参議院によって2007年3月

---

[115] BVerfG, Urteil vom 18. April 1989, BVerfGE 79, S. 311ff., BVerfG, Urteil vom 9. Juli 2007, BVerfGE 119, S. 96ff.

[116] この連立政権も，当初，構造上の赤字を民営化で得た収入によって数字上調整するなど，この時期，公債規定への制度的な信頼はすでに失われつつあったという。Dönnebrink u.a., a.a.O. (Anm. 4), S. 45 参照。

[117] Dönnebrink u.a., a.a.O. (Anm. 4), S. 42 参照。

に共同設置される第2次連邦制度調査会（以下「調査会」という）において進められた。この調査会のゴールは，第16立法期の終わり，すなわち2009年9月であり，時間的制約を課された状況下にあったが，調査会の議論が始まった序盤は，専門有識者ヒアリングにもみられたように，専門有識者の間でさえ，見解が広く分かれ，起債制限のあり方，例外規定の有無，連邦と州の共通の規定が基本法に作られることになるのか等々，先行きは不透明なままであった[118]。

調査会の議論にも，次第に閉塞感が漂い始めるが[119]，この局面の打開に一役買ったのが，2008年2月に調査会で行われた連邦財務大臣シュタインブリュック（P. Steinbrück）による連邦財務省案の提示であった[120]。提示以来，この連邦財務省案は，基本法上の新しい起債制限規定が成立する過程において，調査会の議論をリードすることになる。「起債ブレーキ」成立過程を論じる学説のなかで，とりわけ連邦財務省案を詳しく取り上げるのは，管見の限り，デネブリンク（E. Dönnebrink）らの論考が代表的であり[121]，彼らの分析に沿いながら，連邦財務省案が果たした役割に注目してみたい。

I 連邦財務省内部での検討の始まり

1. 検討の着手

連邦財務省内部では，すでに2005年の夏，つまり，連邦制度調査会のおよそ2年前に当たる第15立法期の終わりには，新しい公債規定の議論が始められ[122]，それは論争的なものであったようである[123]。

このとき，連邦財務省内部での議論において，特に参考にされたのは，スイスの起債制限規定であった[124]。スイスのそれは，憲法レベルの規定として，構造的起債を原則的に制限しており，また，予算への景気の効果をも対称的な方

---

118) Koemm, a.a.O. (Anm. 4), S. 94 参照。
119) Koemm, a.a.O. (Anm. 4), S. 94 参照。
120) Peer Steinbrück, Komm-Prot. 11, S. 317ff. in: Bundestag/ Bundesrat (Hrsg.), Die gemeinsame Kommission von Bundestag und Bundesrat zur Modernisierung der Bund-Länder-Finanzbeziehungen – Die Beratungen und ihre Ergebnisse, 2010.
121) Dönnebrink u.a., a.a.O. (Anm. 4), S. 22ff.
122) Dönnebrink u.a., a.a.O. (Anm. 4), S. 43 参照。
123) Dönnebrink u.a., a.a.O. (Anm. 4), S. 44 参照。
124) Dönnebrink u.a., a.a.O. (Anm. 4), S. 44 参照。

法で考慮し、さらに管理勘定（Kontrollkonto）によって、生じている債務のSollとIstの差額がどのようにして償還されるかについても答えが用意されていた[125]。もっとも、このスイスの起債制限規定においても、施行後すぐに停止を余儀なくされたように[126]、改革を必要とする問題が実際に現れていたのであるが、連邦財務省内部では、この点も含めて議論の対象にされていた[127]。

2. 学識者・学識機関からの助言
(1) 概要

公債規定に関して、ドイツの立法者がどのような結論に至るか、それは最終的には政治的に決せられるものであるが、ドイツにおいては、学問上の知見をそこに折り込むべく、興味深い制度上の工夫がある。その代表格が有識者委員会であり、また、各省におかれたアドバイザリー・ボード（Wissenshaftlicher Beirat）[128]もこれに数えられよう。

この調査会の検討過程にも、まず連邦経済技術省によって、同省のアドバイザリー・ボードによる学問的な助言が持ち込まれたのを皮切りに[129]、2006年11月には、有識者委員会に対して、学問的に基礎付けられた起債制限のあり方につき見解の提示が依頼された[130]。これに応じ、2007年3月に公表された有識者委員会の鑑定意見（Experitise）[131]は、以降の議論のなかで、非常に大き

---

125) スイスの起債ブレーキは、2001年12月2日の国民投票において85%の賛成を得、スイス憲法126条「財政運営」において、次のように規定された（2003年から施行）。①連邦は、歳出と歳入を長期的にわたり均衡させる。②予算において承認されるべき総歳出の最高額は、経済状況を考慮し、見積もられた歳入に応じて決定される。③特別な財政需要に際しては、第2項に規定する最高額を適正に増額することができる。連邦議会は、第159条第3項c号の規定に基づき、増額について議決する。④国の決算において示された総歳出額が第2項又は第3項に規定する最高額を超過した場合には、翌年度以降において超過支出分を補填しなければならない。⑤法律は、詳細について規律する。訳文は、山岡規雄『各国憲法集（6） スイス憲法』国立国会図書館調査および立法考査局（2013年）によった。
126) Steinbrück, Komm-Prot. 11, S. 320. スイス憲法における起債ブレーキ施行直後には、経済の悪化から起債上限を大幅に引き上げざるをえず、有効性を疑う見方もあったことにつき、渡辺・前掲（注3）88頁以下参照。
127) Dönnebrink u.a., a.a.O. (Anm. 4), S. 44 参照。
128) 様々なテーマに関し、学問的に基礎付けられた意見や分析を通して政治決定に助言を与えることを目的に学識者で構成される組織であり、現在、例えば、連邦経済エネルギー省は37名、連邦財務省は35名の大学教授によって構成されている
129) Dönnebrink u.a., a.a.O. (Anm. 4), S. 46 参照。
130) Dönnebrink u.a., a.a.O. (Anm. 4), S. 46 参照。

な意義をもつことになる。

　他方，連邦財務省においても，連邦財務省のアドバイザリー・ボードは，新しい公債規定の問題に対する連邦財務大臣への書簡を通じて見解を表明した[132]。その内容は，次のとおりである。すなわち，「統制が効かなくなっているドイツの国家債務は，より厳格な起債制限によって，これをせき止めなければならない。基本法115条の投資概念によっては，持続的な財政政策は達成されえない。したがって，われわれは，連邦に中期的予算均衡を命じる基本法115条の制定を勧める。それは，スイスの起債ブレーキを指向すべきである。州においても起債制限は緊急に必要である。しかし，州レベルの有効な起債制限は，いずれにしても第2次連邦制度調査会における財政憲法の再構築をまず必要とする。」というものである。このときの座長，フュースト（C. Fuest）は，後に「起債規制はすべての問題を解決するわけではないが，より良い財政政策に導くものである」と題する論考を著しており[133]，連邦財務省がこのとき受けたサジェスションの延長線上にあるものと目されることから，このフューストの論考を以下，若干垣間見ることとしたい。

(2)　フューストの見解

　まず，フューストの基本的スタンスは，起債に安易に依存する従来の財政運営の仕方を全面的に改めることにある。すなわち，「政治的問題を，その都度の職務上の後任者により大きな債務の山塊を残して解決するという，何十年にもわたる実務は，新しいルールのもとでは，もはや，少なくとも従来の通常の範囲においては維持されえない。」[134]というのである。

　フューストは，公債自体の効用については，「正しく投入される国家債務は

---

131)　KommDrs. 002 neu. 有識者委員会の鑑定意見は3つのモジュールから構成されており，モジュール1は「ゴールデン・ルール」，モジュール2は「起債の規制（Schuldenschranke）」（従来の例外規定を修正したうえで，支出ルールと調整勘定から構成される），モジュール3は「サンクション」である。

132)　財務省ホームページ（http://www.bundesfinanzministerium.de/Content/DE/Standardartikel/Ministerium/Geschaeftsbereich/Wissenschaftlicher_Beirat/Gutachten_und_Stellungnahmen/Ausgewaehlte_Texte/historische-entscheidung-schuldenbremse-kommt-anlage1.html）参照。

133)　Clemens Fuest, Schuldenschranke löst nicht alle Probleme, führt aber zu einer besseren Finanzpolitik, in: Christian Kastrop/ Gisela Meister-Scheufelen/ Margaretha Sudhof (Hrsg.), Die neuen Schuldenregeln im Grundgesetz, 2010, S. 46ff.

134)　Fuest, a.a.O.（Anm. 133), S. 46f.

第5章　「起債ブレーキ」導入の背景と成立過程　93

非常に役に立つ」としたうえで,「それは, 景気の悪い時期には国家の赤字を許し, それはその後景気の良い時期に再び均衡されうるということに意味がある」が, しかし, 現実には,「まさに過去40年の政治は, 景気の悪い時に赤字を許容し, それを景気の良い時に再び均衡させることはしなかった」とみる[135]。そして, そのような現実を前にすると, 起債ブレーキの導入は,「まさに, 国家債務の増大の制限は従来の財政政策上のルールのもとではうまくいかない, ということへの反作用」であるとみている[136]。

　また, フューストにおいては, 公債規制は, 将来世代との関係において考えられるべきものであり,「将来の世代が過度に負担を負わされることを阻止するために, 現在の世代が公的投資を調達することは合理的」としたうえで, しかし, これまで「財政政策は特別な重要性を, 現在と将来の世代の間の正当な負担の分配におくべきといったことは語られてこなかった」とし, 将来世代の利益が軽んじられていた点を問題視する[137]。そして,「理想的な社会では, 政治は, これまでに累積した顕在的および潜在的な国家債務を, すべての将来の世代のもとで, 平等に配分するであろう」といって, もし, 公債規制が放棄されれば,「この理想の状況が生じるということを期待することは, 非現実的であり, おそらく, 公債による負担が将来に拡大するというこれまでの実務が今後も続くであろう」と見立てた[138]。

　ところで, 一部に,「公的債務の額それ自体は, これが国内において支えられ, さらに金利が現在と同様に低ければ, 問題ではない, なぜなら, 国内の公的債務には, それに相応する国内の財産が対置するから」という意見があることを取り上げ, これに対して「なるほど, これは正しい」と認めつつ,「しかし, 国家債務が, その徴収コストは租税によって賄われるということを伴う点については, 何ら変わるわけではない」と指摘し, また,「だれも, いつ金利が上昇するかはわからない」と批判する[139]。

　最後に, 結論として, フューストは,「総じてみると, 債務規制は, あらゆる財政政策上の問題を解決するわけではない。それにもかかわらず, 債務規制

---

135)　Fuest, a.a.O. (Anm. 133), S. 47.
136)　Fuest, a.a.O. (Anm. 133), S. 47.
137)　Fuest, a.a.O. (Anm. 133), S. 47.
138)　Fuest, a.a.O. (Anm. 133), S. 48.
139)　Fuest, a.a.O. (Anm. 133), S. 48.

は，多くのメリットももたらす」といい，とりわけ，債務規制は，「民主的なプロセスにおけるアクター（政治家や行政だけでなく，政党や政党を選ぶ人たちも）に，持続的に負担能力のある，そして信頼できる財政政策の展開の際の重要な支援を与える」点で重要であると強調する[140]。

このフューストの論考は，連邦財務省案とも基本的な考え方を同じくしているとみることができ，当時の連邦財務省の議論におそらく寄与したであろうことは想像に難くない。

II 連邦財務省内部における検討の加速

1. 2つのモデル案と有識者委員会鑑定意見

2007年3月の有識者委員会による鑑定意見公表までの時期は，連邦財務省内部では，拠って立つ論拠を検討し，それを展開させる議論のために使われたという[141]。その際，議論は，2つの競合的なモデルが軸となった。1つは，EUの安定成長協定およびスイスの起債ブレーキを基礎においたモデル（モデルA），もう1つは，その対極として，基礎を引き続き基本法旧115条においたモデル（モデルB）である[142]。

モデルAは，モデルBと異なり，基本法旧115条の「ゴールデン・ルール」の枠組みを放棄するものであり，このモデルによれば，起債の余地は，安定成長協定に倣って，原則としてなお構造上の理由からのみ自動安定化装置のためにおき，予算構造上のシンメトリーな「呼吸（Atmen）」が，景気循環を超えて均衡を調整することになる[143]。

これに対して，モデルBは，基本法旧115条の2つの中心的要素にテコ入れをするものである。それは，第1に，例外規定適用の要求について制限を設けること，第2は，投資概念を経済的に合理的な範囲に限定すること，を基本とする[144]。

競合的な，内容の異なる両モデルの議論を通じて，連邦財務省においても，

---

140) Fuest, a.a.O. (Anm. 133), S. 48f.
141) Dönnebrink u.a., a.a.O. (Anm. 4), S. 49 参照。
142) Dönnebrink u.a., a.a.O. (Anm. 4), S. 49 参照。
143) Dönnebrink u.a., a.a.O. (Anm. 4), S. 49 参照。
144) Dönnebrink u.a., a.a.O. (Anm. 4), S. 49 参照。

改革の選択肢は広いグラデーションを構成するほどに様々であったようであるが[145]，ここに公表された有識者委員会の鑑定意見が擦り合わせられ，結局，新しい起債規定のあり方に関して，次の4つの論点が浮き彫りになった[146]。この4つの論点とは，①（構造的な）起債は何によって制限されるのか，②景気の悪化の予算への影響はどのように考慮されるか，③新しい規定はどの予算局面に妥当するか，④どのような例外が考えられるか，である。連邦財務省案も，基本的にこれらへの解答としてなされているとみうるため，以下，デネブリンク（E. Dönnebrink）らの整理に基づきながら，項をあらためて詳述する。

2. 4つの論点
(1) 構造的起債制限

第1の論点は，「何によって（構造的）起債は制限されるか」である。この解答は，起債に当たり何を考慮して制限の「基準」を設けるかという点で，2つの考え方に分かれる。1つは，引き続き「投資」に向けられる考え方，もう1つは「負担能力」に向けられる考え方である[147]。

まず，「投資」の基準は，当該投資が信用引受けを正当化できるかどうかを測るものとなる。いわば，経営学的な発想にたち，この起債によって起債に相応する等価物が作り出される場合に（すなわち「ゴールデン・ルール」），当該額にかかる起債が許されると考えるのである[148]。

これに対して，「負担能力」の基準は，国家が総じてどれだけの債務を負担することができるかを問題とするものである。この基準によれば，起債の許容額は，起債が及ぼす財政全体の中長期的な負担能力への影響を想定し，これに基づいて確定されることになる[149]。しかし，その一方，想定が抽象的になることは否めない[150]。

有識者委員会の鑑定意見は投資基準の立場に立ち，新しい起債制限についても「ゴールデン・ルール」の案を提示していた。ただし，基本法115条の旧規

---

145) Dönnebrink u.a., a.a.O. (Anm. 4), S. 50 参照。
146) Dönnebrink u.a., a.a.O. (Anm. 4), S. 50 参照。
147) Dönnebrink u.a., a.a.O. (Anm. 4), S. 50 参照。
148) Dönnebrink u.a., a.a.O. (Anm. 4), S. 50 参照。
149) Dönnebrink u.a., a.a.O. (Anm. 4), S. 50 参照。
150) Dönnebrink u.a., a.a.O. (Anm. 4), S. 50 参照。

定に対する批判を受け入れ，特に純投資の考え方を基本に据えるものであった[151]。また，この立場に関し，従来の批判との関係で注目されていたのは，人的資源への投資がどのように考慮されるべきかという問題であったが，有識者委員会は，国民の教育を国家の財産の増加として評価するのかという基本的な問題への解答は避けたうえで，教育領域における信用調達は物的投資に限定するとした[152]。

もっとも，この「投資」基準をとれば，EUの起債制限との競合に至りうる[153]。また，「投資」の決定は，現在の政治決定過程において将来のことが主張されなければならず，その時点で，公的資金の投資が将来世代のために引き合うものであるかどうかは，そもそも判断が非常に難しい事柄である。しかも，経営的な投資の場合とは異なって，国民の効用はそもそも市場価格において測られえないため，その採算性は，将来とも予算上の数字には反映されないこともまた，やむをえないことであった[154]。

この点，負担能力の基準によれば，将来世代の本質的な負担の軽減が，個々の投資支出のプラス効果に関する議論を行うことなく達成されうるという側面はあり[155]，連邦財務省のアドバイザリー・ボードも，負担能力に向けられた基準を支持していた[156]。

(2) 景気上の起債制限

第2の論点は，「景気の悪化が予算に及ぼす影響はどのように考慮されるべきか」である。起債にあたっての景気の考慮に関して，基本法旧115条の主たる問題点が，「対称性」が欠けていることにあったという認識は，広く一致して存在した。従前のドイツでは，景気に起因する超過収入があれば，その都度支出が増やされ，景気停滞期においては，景気の良い時期からもたらされた超過収入もすぐに使用され，結果，累積債務が増大していったという背景がある[157]。

---

151) KommDrs. 002 neu, S. 4f.
152) Dönnebrinkらは「pragmatisch」な選択と評する。Dönnebrink u.a., a.a.O. (Anm. 4), S. 51参照。
153) Dönnebrink u.a., a.a.O. (Anm. 4), S. 52参照。
154) Dönnebrink u.a., a.a.O. (Anm. 4), S. 53参照。
155) Dönnebrink u.a., a.a.O. (Anm. 4), S. 53参照。
156) Dönnebrink u.a., a.a.O. (Anm. 4), S. 52参照。
157) Dönnebrink u.a., a.a.O. (Anm. 4), S. 55参照。

それゆえ，連邦財務省においても，新しい起債規定を考えるにつき，景気循環を通じて起債の余地を対称的になるよう規制する必要があるという考え方は，強く存在していたようである[158]。つまり，景気が良い時期の剰余収入は，景気の悪い時期における追加的信用調達の余地に役立つよう「稼いで」おかなければならないとするのである[159]。ただし，景気の良し悪しは，基本的には事後的に明らかとなることから，現在の状況で，何をどう評価するかの判断に困難が伴うことは避けられない面もあった[160]。

なお，この議論は，デネブリンクらによれば，いわば新自由主義対ケインズ主義といった理論的な基礎付けにも関わると同時に，結局，積極的な自動安定化装置の効果を超える裁量的景気政策の手段があらかじめ規定されるべきかといった，政治経済的ないし法技術的問題でもあったと指摘されている点も興味深い[161]。

(3) 予算運営における起債制限

第3の論点は，「どの予算局面に新しい規定は妥当すべきか」である。つまり，予算を，作成局面において制限するだけではなく，執行局面も含め予算運営全体に制限の効果を及ぼすことができるか，という問題であるが，及ぼすべきという考えは，有識者委員会においてとられただけでなく，連邦財務省においても支持者を得ていた[162]。

これについて，連邦財務省においては，信用引受けのSollからの乖離を確定し，適切なサンクションないしペナルティのシステムを構築させることが検討されていたようである[163]。そのアイデアは，スイスの起債ブレーキにおける管理勘定に端を発している。そして，起債が議会に設定されたリミットまでのみ可能になるような管理勘定を，ある種の当座勘定信用（Kontokorrentkredit）のように仕組むことが，1つの可能性として考えられていたということである[164]。

さて，景気上の起債におけると同様，成長のいかんが事後的に判明すること

---

158) Dönnebrink u.a., a.a.O. (Anm. 4), S. 54f. 参照。
159) Dönnebrink u.a., a.a.O. (Anm. 4), S. 55 参照。
160) Dönnebrink u.a., a.a.O. (Anm. 4), S. 55 参照。
161) Dönnebrink u.a., a.a.O. (Anm. 4), S. 55f. 参照。
162) Dönnebrink u.a., a.a.O. (Anm. 4), S. 57 参照。
163) Dönnebrink u.a., a.a.O. (Anm. 4), S. 57 参照。
164) Dönnebrink u.a., a.a.O. (Anm. 4), S. 57 参照。

から，構造的起債と景気上の起債の区分が，後になって変わることがある。つまり，構造的赤字と理解されたものが，後からの景気上の赤字とされることがありうるのであり，また，その逆もありうる。しかも，長期的には，この評価があらためてひっくり返ることもありうる。調整勘定の導入にあたっては，どうしてもこの点は避けられない[165]。

(4) 例外規定

最後の論点は，「どのような例外が考えられるか」である。例えば，自然災害や，金融危機・経済危機の際に生じる緊急かつ特別な財政需要を付加的な信用引受けでカバーすることが必要であるのはおそらく争われないが，そのような極端な事態のために例外規定をおくかどうか，おくとすればどのようにおくかが問題となる。その際，留意すべきと考えられたのは，一方で，特別な状況における政府の対応が臨機に可能になること，しかし，同時にまた，例外規定の「濫用的」な利用の危険である[166]。

その点で，連邦議会が例外規定を適用する際に設定される成立要件が問題となる。単純な過半数から，3分の2（あるいは5分の4）の案まで考えられ，後者の場合，通常，例外規定の適用は，野党の同意が伴ってのみ可能となるであろうから，政府与党の判断だけで行われないことをどう考えるか，あるいは反対に，与野党を挙げて必要と判断するほどの「緊急状況」でなければこの例外条項は適用されるべきでないかどうかの問題として設定される[167]。

III 連邦財務省案

1. 背景

概ね以上のような論点への解答が，連邦財務省案としてまとめられ，2008年2月，調査会の場において連邦財務大臣シュタインブリュックの発言によって提示されることになる。

具体的な提案に先立って，彼は，総論的に連邦財務省がとる基本的な考え方を説明する。まず，大前提として，新しい起債制限の導入は不可避であること

---

165) Dönnebrink u.a., a.a.O. (Anm. 4), S. 58 参照。
166) Dönnebrink u.a., a.a.O. (Anm. 4), S. 59 参照。
167) Dönnebrink u.a., a.a.O. (Anm. 4), S. 59 参照。

について,「基本法115条の問題点が取り上げられず,また取り除かれないような連邦制度調査会の結論が,国民の前で長く続くことは想像もできない。私は,現在の規定のもとにとどまり,それゆえ,政治は現実には従来どおりを望むという方向に向かうのではという疑念に余地を与えるならば,私たちは,国民の評価において成功を収めることができるとは思わない」と述べ,改革の決意を示す[168]。

また,現在の基本法115条における投資概念が問題であることを明確に認め,技術的には「信用引受けの際に,財産の増加に,譲渡や減耗の形での財産の減少が対置されないこと」,つまり「債務の引受けの際,総投資が引合いに出されるのであって,純投資ではない」点を[169],また,規定全体の欠陥として「あなた方は,現在の基本法115条の例外規定が信用引受けを容易にしていることを知っている。実際,全経済的均衡のかく乱の除去を誤ることなく説明し,すでに予算編成手続の段階において,それぞれの州憲法または基本法の条件に相応しない信用引受けの手はずを整えることは,さして難しいことではない」という点を指摘する[170]。

もっとも,基本法旧115条が機能しなくなった背景に,時代の変遷もあることに言及し,新しい規定はこの時代に適合するものでなければならないことを加える。すなわち,「関連する憲法改正が行われた,つまり,60年代の終わり,70年代の初めの時期に対して,今や一連の経済的および制度的な大枠を大きく変えたグローバリゼーション (Globalisierung) は,グローバルな制御をも制約する。およそ40年前には,誰も想像することはできなかった」事態にどう対処するか,また,「EUのレベルの,非常に広範に及ぶいくつかの制度改正」や「人口統計学上の変遷」にもどう向きあうかと関わる問題なのである[171]。

2. 提案
(1) 総説

以上を前置きとして,シュタインブリュックは,連邦財務省案を「本質的には,4つの点が重要になる。第1に,構造的起債の要素である。第2に,景気

---

168) Steinbrück, Komm-Prot. 11, S. 318.
169) Steinbrück, Komm-Prot. 11, S. 318.
170) Steinbrück, Komm-Prot. 11, S. 318.
171) Steinbrück, Komm-Prot. 11, S. 318.

上の起債要素であり，これは，私の提案では，幾人かの人から明確に，承諾できないという意見が伝えられている。第3は，調整勘定であり，第4は，例えば特定の緊急状況を除去しうるような（いずれにしても非常に厳格な）例外規定である」と切り出す[172]。

(2) 具体的内容——「4つの要素」

① **構造的起債制限** 構造的起債要素は，EUの安定成長協定と一致しうる方法が選ばれている。すなわち，「構造的な予算均衡は，EU安定成長協定の，いわゆる均衡条項（close-to-balance-Ansatz）の枠のなかでの目標設定である。これは，GDP 0.5％まで債務の引受けが許されることを意味する。引き受けてもよいのであり，引き受ける必要はない。今日の国民総生産の水準で測れば，国全体で120億ユーロになるであろう。120億ユーロは，過去2年の成長にかんがみれば，それほど非現実的ではない」とする[173]。

そして「長期的に，この方法で，債務割合は，システム的に減少するであろう。債務割合が，3％から3.5％の名目的な（実質ではなく名目的な）成長のもとで，すでに中期的には60％を割るのはもちろん，おそらく50％以下になるであろう」と具体的なシミュレーション結果を示す[174]。

② **景気上の起債制限** 2番目は，景気上の起債要素である。シュタインブリュックは，「私たちは，予算過程に景気の対称的な（これは，いずれにしても重要な）考慮を反映させ，これを安定させるようなしくみを備えなければならない。」と提案する。その際，「対称的に，というのは，景気の良い時期に信用の余地が狭められ，あるいは予算の余剰が目指されなければならない，ということを意味する」と確認し，「経済理論的にいえば，ケインズを私たちは近年の流れにおいてしばしば批判してきたが，その批判は必ずしも適切とはいえない。なぜなら，私たちは，彼を，完全には理解せず，いつも超過支出（Deficit Spending）についてだけ聴いてきたからである。しかし，この概念には，景気の良い時期には相応の余剰を対置させるという彼のメッセージの別の部分が含まれている」と補足するのである[175]。

③ **調整勘定** 第3の調整勘定については，「以下のようにして，調整勘定

---

172) Steinbrück, Komm-Prot. 11, S. 318.
173) Steinbrück, Komm-Prot. 11, S. 319.
174) Steinbrück, Komm-Prot. 11, S. 319.
175) Steinbrück, Komm-Prot. 11, S. 319.

第5章 「起債ブレーキ」導入の背景と成立過程　101

を通してコントロールしたい。すなわち，その都度の負債増額や負債減額が記録され，そこに次のような内容のルール，すなわち，この勘定の額が特定の指標（例えばGDPの2％）を超えたら，憲法上あらかじめ規定された削減義務が生じる，といったルールを組み入れることによってである」とし，「これによって，これまでと同じ誤りには陥らない」という[176]。

　④　例外規定　　最後の例外規定について，シュタインブリュックは，起債制限のありようにも関わる事項でもあり，また州との関係から，「予算政策上の緊急事態の除去は，本質的には，私たちが起債規定のもとでどのような結果に至るのかにかかっている。この起債規定がよりクリアであればあるほど，1つの『国』だけ予算政策上の緊急状況に陥るということは，ありそうにない。その際，検討をお願いしたいのは，例えば安定化委員会（Stabilitätsrat）あるいは類似の機関に，16州および連邦それぞれの予算状況，そして起こりうる予算緊急事態のおそれ判断を扱わせるかどうかである」とするにとどめている[177]。

おわりに

　以上，連邦財務大臣シュタインブリュックによって2008年2月に連邦制度調査会で行われた発言によって，連邦財務省は，1つのモデルを提案した。具体的には，これは，均衡予算の原則から始まり，新しい規定のための4つの要素を含んでいた。すなわち，①GDPの0.5％までの「構造的な」新規起債（連邦は0.35％，州は0.15％）は許される，②「景気上の要素」は「対称的に」景気の悪い時期においては起債が許され，反対に景気の良い時期においては返済が義務付けられる，③調整勘定（Ausgleichskonto）が設けられ，額が特定の指標に到達すれば憲法上削減の義務が生ずる，④特定の要件のもと，連邦議会の特定多数（qualifizierte Mehrheit）によって例外的な起債が許容される，である。

　以上の提案は，基本的には，連邦財務省内部で検討されていたモデルAに沿ったものといえる。この連邦財務省案に注目したデネブリンクらは，このモデルの特徴を，次のように評する。すなわち，多くのところで，様々なアクター

---

176)　Steinbrück, Komm-Prot. 11, S. 319.
177)　Steinbrück, Komm-Prot. 11, S. 319.

を取り入れ，これらの非常に異なるレディ・ポジションの間を橋渡しするため，政治過程における「調節ネジ（Stellschrauben）」を備えており，これが強みといえる，ということである[178]。

4年間（実質的には調査会設立から2年6か月）という限られた時間のなかで議論を尽くし，1つの成案に仕立てるのは相当に困難の伴う作業であり，おそらく連邦財務省案の提示なくしては最終的な政治決断も難しかったのではないか。その意味で，起債ブレーキ導入に果たした連邦財務省案の，政治過程における意義は非常に大きいと思われる。しかし，それと並んで，連邦財務省案自体，学問的立場からの助言や意見を受けながら，理論面においても一応の検討が尽くされているとみうる点も極めて重要である。

〔Ⅲ〕 議会での可決・成立に向けて[179]

はじめに

2007年3月に審議が開始された後，停滞局面にあった第2次連邦制度調査会に，打開の一歩を果たしたのが，2008年2月に行われた連邦財務省案の提示であった。この連邦財務省案の骨子は，後に成立する「起債ブレーキ」の原型をなすものである。

調査会の2人の座長，シュトルックとエッティンガーは，調査会構成員との個別の意見交換を経て，2008年6月，連邦財務省案を基軸に，最初の論点ペーパー（Eckpunktepapier）を調査会に提出した[180]。これにより，ゴールに向けて調査会の動きが加速されるのであるが，ここでの特徴は，なかなか折り合いのつかない問題に関して各当事者に「妥協」を求め，全体を「パッケージ」として合意に漕ぎ着けようとする座長たちの政治的意図が，垣間見られる点であ

---

178) Dönnebrink u.a., a.a.O. (Anm. 4), S. 60 参照。
179) このテーマに関しても，特に Koemm, a.a.O. (Anm. 4) が丹念に跡付けている。
180) KommDrs. 128.

る[181]。

　ここでは，ドイツ基本法に新しい公債制限規定（いわゆる「起債ブレーキ」）が導入される最終段階において，論点が結論に向けて収斂されていく過程を概観する。この過程の特徴として，必ずしも法的，専門的な視点からの議論が尽くされての結果ではなく，政治的要因が大きいことが挙げられる。とりわけ，調査会の終盤における座長のイニシアティブは成立の大きな要因と目される。その反面，法学的，専門的観点からの問題は残るのであるが，逆にそれが，法学的，専門的観点から議論の余地のある論点であることを浮き上がらせることができよう。

I　座長による論点ペーパー

1.　最初の論点ペーパー

　2008年6月，座長によって提出された最初の論点ペーパーには，財政テーマに関して，次の4つの検討事項が含まれていた。

　①　連邦および州に対する枠組みとして，基本法109条において「構造上の」予算均衡を定め，連邦については基本法115条で，州についてはそれぞれの立法者において具体化する。その際，欧州安定成長協定によって求められている基準[182]を考慮に入れ，また，連邦および州に対する経過規定を規範化する。

　②　連邦および州における財政の推移に基づく早期警戒システムを創設する。「財政危機の回避，すべての領域団体のもとでの構造上均衡した予算の実現，（連邦および州の）基本法109条において設定される基準に基づく予算の監視」[183]のため，従来の財政計画委員会（Finanzplanungsrat）を安定化委員会（Stabilitätsrat）に改組する。

　③　新しい公債制限が連邦およびすべての州に妥当しうるよう，「パッケージ」による解決を目指し，財政健全化（Konsolidierung）の取組みを実施する。

---

181)　論点ペーパーの冒頭に記された「すべてのことがすべてに関係し，すべてが決められない限り何も決まらない」に，その意図が表れている。KommDrs. 128, S. 1f., Koemm, a.a.O. (Anm. 4), S. 100 参照。
182)　例えば，民営化に伴う利益（Privatisierungslösen）の不考慮，予算の編成のみならず執行面への妥当など。
183)　KommDrs. 128, S. 3.

すなわち，一方で，連邦およびすべての州に，共通の目標として「構造的に」均衡した予算を義務付け，他方で，問題となる州に財政援助が提供される。それは，総額，年12億ユーロまでとし，その支払いは，連邦と州によって折半して行われる。その際の各州の関与は，客観的基準によって段階分けされる。

④　残存債務の清算については，新しい規定の導入にあたり解決が必須の問題であると認識するが，まだ決定の機は熟していない。課税自主権の問題も同様である。

以上を主な内容とする最初の論点ペーパーは，座長たちの視点からそれまでの調査会でのコンセンサスを軸にしたもの[184]であったが，なお少なくない点（例えば「健全化支援」実施の有無や進め方等）で課題を残す状況であった[185]。会議では，座長提案に基づき，その詳細を詰めるための各作業班（Arbeitsgruppen）が設置され，次の会議までにそれぞれの作業結果が明らかにされることとなった[186]。

2. 連立政権による合意

2008年10月に予定された第16回目会議は開かれず，開催はようやく2009年2月になってからであった[187]。それに先立つ2009年1月13日，連立会派から，連邦について合意に至った部分の決議内容が発表された[188]。これを，座長たちによる最初の論点ペーパーと比較すると，構造的要素について，論点ペーパーが実質的な予算均衡を提案したのに対し，この合意では連邦財務省案と同じ「GDP 0.5％」が明示されていること，また，州については，拘束的な公債ルールの受容に協力すべきことが要請されるにとどまっていたこと[189]，そのほか，スイスの例に従い調整勘定（Ausgleichskonto）を設けること，また，発効は遅くとも2015年，「場合によっては」経過規定を設けることが含まれていた

---

184)　Koemm, a.a.O.（Anm. 4），S. 101参照。
185)　Koemm, a.a.O.（Anm. 4），S. 101ff. 参照。
186)　Koemm, a.a.O.（Anm. 4），S. 104参照。
187)　おそらく作業班の作業の遅れによるものと推測されている。Koemm, a.a.O.（Anm. 4），S. 104参照。
188)　この時点で，CDU／CSUは，それまで固執していた「構造上の起債禁止」の立場を変え，GDP比0.5％までの「構造的要素」は，均衡予算と一致しうるものとした。これが，改革を進める大きな要因となったと考えられている。Koemm, a.a.O.（Anm. 4），S. 103参照。
189)　Koemm, a.a.O.（Anm. 4），S. 103参照。

こと，などが異なっていた。時は，折しもリーマン・ショック直後であり，これに端を発する高額の新規起債もあって，連立与党にとっては，この改革を「失敗」に終わらせることはできないという背景もあるとみられた[190]。

3. 第2の論点ペーパー

この連立会派の決議は，座長たちにより2009年2月に提出された第2の論点ペーパーに引き継がれた[191]。最初の論点ペーパーと同様，州も含む連邦国家全体の公債規定を目指す[192]という点は，連立会派の決議と異なっていた[193]。

調査会のこの第16回会議においては，この論点ペーパーは，大筋で賛同を得たが，一部に反対があり，また論点ごとにみれば，まだ様々な点で批判があった（例えば，連立会派決議には含まれていた償還規定が欠けている点[194]など）[195]。

このような状況のなかで，会議中，記録されていない内部審議のために2度の中断を挟んだ後，州に対する「起債禁止」および連邦のGDP比0.35％での「構造的起債」制限と，新しい年度のある期間に対して総額，年8億ユーロの，問題となる州に対する財政援助が組み合わされた，1つの「パッケージ」に関する合意が成立した。

第17回会議を終えても，なお結論に至らないいくつかの検討事項が残り，これらは，再び設置された特別作業班に委ねられた（例えば例外規定）[196]。ただし，第17回会議の後には，座長のシュトルックは，会議の成果を「協調的な連邦国家の運命の時（Sternstunde）」と語り[197]，調査会構成員が総じてこの結論で満足していることが示された[198]。

---

190) Koemm, a.a.O. (Anm. 4), S. 105 参照。
191) これは公表されていない。内容は，座長 P. シュトルックの発言（Komm-Prot. 17, S. 497 A）により，連立会派のものとほぼ同様であるとみられている。Koemm, a.a.O. (Anm. 4), S. 106 参照。
192) Komm-Prot. 17, S. 497 B, 498 B。
193) Koemm, a.a.O. (Anm. 4), S. 106f. 参照。
194) Koemm, a.a.O. (Anm. 4), S. 107 参照。
195) Koemm, a.a.O. (Anm. 4), S. 107 参照。
196) Koemm, a.a.O. (Anm. 4), S. 108 参照。
197) 2009年2月7日付けフランクフルターアルゲマイネ紙（Koemm, a.a.O. [Anm. 4], S. 108f.）。
198) Koemm, a.a.O. (Anm. 4), S. 108f. 参照。

II 調査会の結論

1. 調査会の最終討議

続く第 18 回会議において，特別作業班（Ad-hoc-Arbeitsgruppe）の作業に基づき，議長からペーパー（fortgeschriebenes Vorsitzendenpapier）が提出され[199]，調査会の多数は，これを基本的に了承したが[200]，しかし，なお以下の論点については異論も出され，討議された。

まず，会議において，とりわけ議論が展開された問題は，すなわち，構造上制限される起債の禁止および景気上制限される起債の基準が，州についても基本法によって確定されてよいかどうか，つまり，これによって州の財政自治ないし州議会の財政権が侵害されないかどうか，という法的問題であった[201]。

座長のエッティンガーは，なるほど反対意見[202]が存在しうることも認めながら，しかし，基本法における共通の規定は，むしろ，憲法政策的にも実現すべき旨を主張した[203]。基本法における共通の公債規定については，すでに連邦財務省および法務省が，これを「合憲」とみていた[204]。

討議された問題の第 2 は，例外規定の厳格な定式化についてであった[205]。基本的には，その定式として，まず第 1 に，「自然災害または他の比較可能な（vergleichbar）緊急状況」（特別作業班の提案），第 2 に，「自然災害または通常外の緊急状況」（第 2 の論点ペーパー）が選択肢として提示された。第 1 の選択肢については，「比較可能な」という文言の漠然性が批判され，第 2 の選択肢については，それでは広すぎると批判された[206]。最終的には，第 2 の選択肢が採用され，その後，この定式によって，基本法 109 条改正のための提案が決議さ

---

199) このペーパーは公表されていない。
200) Koemm, a.a.O. (Anm. 4), S. 109 参照。
201) Koemm, a.a.O. (Anm. 4), S. 110 参照。
202)「違憲」ということについては，会議において，とりわけシュナイダー（Hans-Peter Schneider）の鑑定意見（KommDrs. 134）等が参照された。シュナイダーによれば，「禁止」は，州の独自性（Eigenstaatlichkeit）を侵すことになる。
203) 州への支援の前提として拘束的な規定も必要と考えていたようである。Komm-Prot. 18, S. 552 B, Koemm, a.a.O. (Anm. 4), S. 110 参照。
204) KommDrs. 096, S. 17ff. 参照。
205) Koemm, a.a.O. (Anm. 4), S. 115 参照。
206) Koemm, a.a.O. (Anm. 4), S. 111 参照。

れた[207]。

　第 3 は，経過規定についてであり[208]，特にそれが連邦についても，基本法のなかに加えられるべきかどうかが討議された[209]。最終的には，連邦も 2011 年に新規起債の縮減を始めるべきであり，2016 年度において，年次予算を基本法 115 条 2 項 2 文の基準が満たされるように編成されなければならない，ということで決定がなされた[210]。

　第 4 は，健全化のための支援についてであり[211]，あらためて討議された結果，多数により，年 8 億ユーロの支援が妥当とされた[212]。なお支援割合の割当て「説明」部分の法文化は，いわゆる「憲法のエステ」，すなわち憲法の規定文言としては複雑すぎるという観点から，すでに削除されていた[213]。

　会議の終わりに，修正部分も含め，多数によって賛成され，なお詰めるべき点について作業を行うために，あらためて技術作業班（technische Arbeitsgruppe）が設けられた[214]。

2. 調査会の最終パッケージ案

　技術作業班は，2009 年 3 月 5 日の調査会の最後となる第 19 回会議において，財政テーマに関する提案を提示した[215]。この提案は，争いのある論点について，それぞれに規定内容の異なった選択肢を含んでおり，この会議において，最終的に結論が導かれることになる[216]。

　最初の論点は，「管理勘定（Kontrollkonto）」における超過の際の償還に関するものであった。管理勘定の上限は，憲法において，GDP 比 1.5% とされるべきとされた。なお問題であったのは，「景気に適合した償還」が，基本法 115 条の施行法律（Ausführungsgesetz）において，どのように具体化されるべきか，ということであった。技術作業班によって，4 つの選択肢が挙げられ，

---

207)　Koemm, a.a.O. (Anm. 4), S. 111 参照。
208)　Koemm, a.a.O. (Anm. 4), S. 112 参照。
209)　Komm-Prot. 18, S. 550 D ff. 参照。
210)　Komm-Prot. 18, S. 590 B f. 参照。
211)　Koemm, a.a.O. (Anm. 4), S. 110 参照。
212)　Komm-Prot. 18, S. 579 A 参照。
213)　Koemm, a.a.O. (Anm. 4), S. 113 参照。
214)　Komm-Prot. 18, S. 590 D ff. 参照。
215)　Komm-Prot. 18, S. 549 Cff.
216)　Koemm, a.a.O. (Anm. 4), S. 114 参照。

そのうちの3つは，GDPギャップがプラス（positive Produktionslücke：国内の供給力より総需要のほうが多い状況）の際の償還義務を含んでいた[217]。最終的には，慎重な意見も反映させ，編集班（Redaktionsgruppe）によって，これをベースにした，後に成案に至る新しい定式[218]に仕上げられた[219]。

第2に，技術作業班において絞りきれなかった論点として，連邦についての経過規定がある。つまり，連邦が2016年に「構造上」GDP比0.35%のみ新規起債が許されるまでの経過規定であり，ここでは3つの選択肢が提示された[220]。このうち第2の選択肢，すなわち，2016年度において基本法の同じ基準（0.35%）が満たされるように求める選択肢が選ばれた[221]。

第3に，健全化支援に際して，なお基本的な問題に未解明の部分が残っていたが[222]，例えば支払いは常に次年度になるのか，の問題につき，作業班は後払いによる支払いを提案したが，これが受領する州の批判に出くわしたため，座長のエッティンガーによって，妥協案として，当該年度も含む段階的な支払いが提案され，最終的には，この妥協案が賛同を得た[223]。また，健全化対象領域団体の状況に応じた一定の例外的取扱いの判断を安定化委員会に委ねる点も容認された[224]。

第4に，連邦とすべての州の間の政府間協定（Staatsvertrag）を予定する作業班の提案に対して，優先されなければならないのは，信託的に引き受ける立場の連邦と，関係する州との間の協定であるとの批判が出され[225]，討議の後，最終的には，座長のエッティンガーによる提案，すなわち，できるだけ多くのことを施行法律において規定し，できなかった事項を，連邦とそれぞれの州の間の行政協定（Verwaltungsvereinbarungen）に規定するという提案が合意を得た[226]。

第5に，健全化支援における州の割当てに関しても，この時点でなお問題と

217) Koemm, a.a.O. (Anm. 4), S. 115 参照。
218) Komm-Prot. 19, S. 614 A 参照。
219) Koemm, a.a.O. (Anm. 4), S. 116 参照。
220) Koemm, a.a.O. (Anm. 4), S. 116 参照。
221) Koemm, a.a.O. (Anm. 4), S. 116 参照。
222) Koemm, a.a.O. (Anm. 4), S. 116 参照。
223) Komm-Prot. 19, S. 602 Bf. 参照。
224) Koemm, a.a.O. (Anm. 4), S. 116 参照。
225) Koemm, a.a.O. (Anm. 4), S. 117 参照。
226) Komm-Prot. 19, S. 601 Cf. 参照。

されており，人口による割当てか，あるいは都市国家がより多く負担を課される方式か，討議がなされた[227]。後者は，ベルリンによって反対されたが，最終的には，後者に決められた[228]。

調査会において，以上が「パッケージ」にまとめられて決議の対象となった[229]。ここには，特に，州の「起債の禁止」は健全化支援に関する合意がなければ，連邦参議院における多数は得られないという判断があったようである[230]。反対に，幾つかの支援を行う側の州にとっては，健全化支援は，州に対する厳格な公債制限がなければ考えられなかったという[231]。したがって，2009年の連邦制度改革は，「パッケージ」としてのみ成果に至りえたという事情がある[232]。

最終的に，この案は，賛成26，反対3，棄権2で，必要な3分の2の多数を獲得する[233]。座長のエッティンガーは，彼の最後のあいさつにおいて，調査会の会議の結果および経過に総じて満足であることが表明され，立法手続を2009年度までに終えることが目指されることとなった[234]。

Ⅲ 議会における「起債ブレーキ」の成立

1. 連邦議会および連邦参議院における審議の開始

連邦議会[235]および連邦参議院[236]の審議においては，従来批判の出されていた論点について同様に反対意見が示されるなどされたが[237]，特に，調査会の座長たちは，それに対して，提案にかかる「パッケージ」に揺るぎがないよう妥協を求める立場の発言に努めている[238]。

---

227) Koemm, a.a.O. (Anm. 4), S. 117 参照。
228) Komm-Prot. 19, S. 605 C 参照。
229) KommDrs. 174 参照。
230) Koemm, a.a.O. (Anm. 4), S. 124f. 参照。
231) Koemm, a.a.O. (Anm. 4), S. 125 参照。
232) Koemm, a.a.O. (Anm. 4), S. 125 参照。
233) KommProt. 19, S. 616 D 参照。
234) KommProt. 19, S. 616 Dff. 参照。
235) 第1回審議につき BT-Plenarprot. 16/215 が，また，第2回および第3回審議につき BT-Plenarprot. 16/225 がそれぞれ公表されている。
236) 議事録として BR-Plenarprotokoll 857 が公表されている。
237) Koemm, a.a.O. (Anm. 4), S. 118 参照。

この審議においてケーム（M. Koemm）が注目するのは、このような批判的論点についても、発言者には（つまり、賛成者も反対者も）、接続法や過去形で話している者がいるということである[239]。もちろん、そうでない発言が基本であり、また、次の専門有識者ヒアリングの内容にかんがみても、議会の審議が形式的であったとはいえないであろうが、多くの問題は意識されつつ、これを否決するわけにはいかないという意識[240]が議会に存在していたという事情もうかがえそうである[241]。

2. 専門有識者ヒアリング

　法律提案は、連邦議会および連邦参議院における最初の審議に続き、詳細を審議するため諸委員会に付託され、そののち[242]、2009年5月、連邦議会・連邦参議院共通のヒアリングとして、連邦議会の法務委員会を主管に、専門有識者ヒアリングが行われた[243]。専門有識者[244]は、前もって書面で意見を表明したうえでヒアリングに臨んだ[245]。

　ここでも、新しい起債ブレーキ案に反対する立場の発言は少なくなくなされた。例えば、コリオト（S. Korioth）は、前述のように、そもそも「妥協」を前提とした審議に懐疑的な意見を表明し、ホルン（G. A. Horn）は、「機械的な」起債ブレーキの必要性を否定した[246]。また、フーバー（P. M. Huber）は、連邦

---

238) Koemm, a.a.O. (Anm. 4), S. 118 参照。なお、このような座長たちの姿勢に、憲法改正の正式な審議として疑問が呈されている。Stefan Korioth, Die neue Schuldenregeln für Bund und Länder und das Jahr 2020, in: Martin Junkernheinrich/ Stefan Korioth/ Thomas Lenk/ Henrik Scheller/ Matthias Woisin (Hrsg.), Jahrbuch für öffentliche Finanzen 2009, S. 389ff, 392 参照。

239) 彼が挙げるのは、Ernst Burgbacher (BT-Plenarprot.16/215, S. 23366 B), Fritz Kuhn (S. 23372), Peer Steinbrück (S. 23375 C), Volker Wissing (23377 A), Britta Haßemann (S. 23382 D), Jochen-Konrad Fromme (S. 23387 D)である。

240) 連立与党にとって、この改革を「失敗」に終わらせることはできないという背景があったのではないかという見方につき、前掲（注190）参照。

241) ただし、この時点で、議長のランメルト（Norbert Lammert）は、憲法としては複雑すぎる規定（「憲法のエステ」）を理由に「起債ブレーキ」に反対である旨を公言している（フランクフルター・アルゲマイネ紙 2009年4月23日8頁など）。Koemm, a.a.O. (Anm. 4), S. 119 参照。

242) 法務委員会の審議結果は、BT-Drs. 16/13222 において公表されている。

243) Protokoll Nr. 138 der gemeinsamen Sitzung des Rechtsausschusses des Deutschen Bundestages (138. Sitzung) und des Finanzausschusses des Bundesrates（以下「Protokoll Nr. 138」という。）。

244) 調査会に属した専門有識者も含まれていた。

245) Koemm, a.a.O. (Anm. 4), S. 119 参照。

国家の決定のあり方として，重心が連邦のほうに大幅に移動することにつき，疑義を唱えるなどした[247]。

しかし，細かい点においては様々に批判が述べられたが[248]，全体として，新しい起債ブレーキ案自体については，専門有識者ヒアリングにおいても基本的には肯定的な見方がされている[249]。

3. 「起債ブレーキ」の可決・成立

委員会による審議が続く間，反対の立場から意見が寄せられたり[250]，また，景気政策の過剰な制限をしかねない「起債ブレーキ」に反対する 64 人の大学教授の共同アピールも出されるなどしていたが[251]，結局，方針に変更はみられず[252]，2009 年 5 月 29 日，連邦議会において，委員会作成にかかる法律草案が採択された。ただし，最終投票においては，575 の投票のうち 408 の賛成が必要となるところ，賛成 418，反対 109，棄権 48 という，辛うじて多数が得られるという状況であった[253]。2009 年 6 月 12 日，連邦参議院も，棄権 3（ベルリン，メクレンブルク＝フォアポメルンおよびザクセン＝アンハルト）で賛成した[254]。

改正法は，2009 年 7 月 29 日，連邦大統領によって認証され，2009 年 7 月 31 日，公布された。こうして，この憲法改正は，2009 年 8 月 1 日，経過規定とともに発効した。

---

246) Plotokolle Nr. 138, S. 7 など参照。
247) Protokplle Nr. 138, S. 6. これに対して，〔新しい公債規定は〕「連邦共和国の同盟的構成を損なうのではなく，強化する」とする反対意見（Klaus Lange）も出されている。Koemm, a.a.O. (Anm. 4), S. 121 参照。
248) 専門有識者のもとで反対意見が強かったのは，調査会の最初の時点でテーマが限られた点や，州の課税自主権の制限に関してであったようである。Koemm, a.a.O. (Anm. 4), S. 120 参照。
249) Koemm, a.a.O. (Anm. 4), 119 参照。なお，附属法律についても，専門有識者ヒアリングにおいて意見が述べられたが，結局，調査会の作成した草案の基本部分は変更されていない。Koemm, a.a.O. (Anm. 4), S. 122 参照。
250) 例えば，SPD から州の公債制限を緩和する旨の要求がなされるなど，Koemm, a.a.O. (Anm. 4), S. 122 参照。
251) Peter Bofinger/ Gustav Horn, Die Schuldenbremse gefährdet die gesamtwirtschaftliche Stabilität und die Zukunft unserer Kinder (https://www.boeckler.de/pdf/imk_appell_schuldenbremse.pdf).
252) Koemm, a.a.O. (Anm. 4), S. 122 参照。
253) Koemm, a.a.O. (Anm. 4), S. 122f. 参照。
254) Plenarprotokoll 859, S. 252 D 参照。

おわりに

　成立した起債ブレーキは，過去の規定よりも圧倒的に厳格なものであり，当然，明確な反対意見も寄せられた。また，専門有識者ヒアリングでも指摘されたように，調査会の会議におけるテーマ領域が早くから狭められたこと，あるいは州における財政自治の「欠缺」や憲法規定の細かすぎる点も批判の対象となった。しかし，それにもかかわらず，総じてみると，改革過程におけるドイツのプレス[255]や法学雑誌上[256]の反応は，「起債ブレーキ」に肯定的であったという[257]。

　後になってみると，成立史の最終段階において改革へのターニングポイントとして表示されうるのは，2009年1月の連立政権の決議，そして最終段階での議長たちの論点ペーパーであろう[258]。そこから明らかになるのは，「起債ブレーキ」に関する最終合意は，多分に政治的妥協の結果であったということである。

---

255) 例えば，DIE WELT 紙（2009年3月7日4頁）やフランクフルター・アルゲマイネ紙（2009年4月4日18頁）など，Koemm, a.a.O. (Anm. 4), S. 123 参照。

256) Koemm a. a. O. (Anm. 4), S. 123 においては，Christian Seiler, Konsolidierung der Staatsfinanzen mithilfe der neuen Schuldenregel, JZ 2009, S. 721ff., Christoph Ohler, Maßstäbe der Staatsverschuldung nach der Föderalismusreform II, DVBl. 2009, S. 1265ff., Christian Waldhoff/ Peter Dietrich, Die Föderlismusreform II – Instrument zur Bewältigung der staatlichen Finanzkrise oder verfassungsrechtliches Placebo?, ZG 2009, S. 97ff., Christofer Lenz/ Ernst Burgbacher, Die neue Schuldenbremse im Grundgesetz, NJW 2009, S. 2561ff., Josef Christ, Neue Schuldenregel für den Gesamtstaat: Instrument zur mittelfristigen Konsolidierung der Staatsfinanzen, NVwZ 2009, S. 1333ff. が挙げられている。

257) Koemm, a.a.O. (Anm. 4), S. 123 参照。

258) Korioth, a.a.O. (Anm. 238), S. 391 参照。

第6章　基本法上の新規定「起債ブレーキ」

はじめに

　2009年8月1日，基本法の改正のための法律（91c条，91d条，104b条，109条，109a条，115条，143d条）が発効した[1]。この法律は，従来の基本法の起債制限規律の不備を是正しようとするものであり，2011年度予算案から適用された。内容は，連邦議会および連邦参議院設置にかかる「連邦と州の財政関係の現代化のための委員会」（第2次連邦制度調査会）により提示された，連邦および州の憲法上の起債制限規律の根本的な改革（第2次連邦制度改革）についての決定が基礎になり[2]，それに基づき連邦財務省が2008年2月に連邦総理大臣府との調整において提示したモデルに相応するものになっている[3]。改革の中心は，いわゆる「起債ブレーキ（Schuldenbremse）」と呼ばれる，連邦および州の公債規律を基本法のなかに新しく規定することであり，具体的には，基本法109条および115条の新規定を中心に，均衡予算原則を宣言するとともに，起

---

1) Gesetz zur Änderung des Grundgesetzes vom 29. Juli 2009, BGBl. I S. 2248. 改正内容につき，山口和人「ドイツの第二次連邦制改革（連邦と州の財政関係）（1）——基本法の改正」外国の立法243号（2010年）3頁以下，渡辺富久子「ドイツの第二次連邦制改革（連邦と州の財政関係）（2）——財政赤字削減のための法整備」外国の立法246号（2010年）86頁以下参照。
2) およそ2年の作業ののち，SPD連邦議会会派の代表ペーター・シュトルクおよびバーデン＝ヴュルテンベルク州首相ギュンター・エティンガーのもと，2009年3月，委員会提案が提示されている。また，新しい起債制限規定は，その基本的特徴において，スイスで2001年に導入されたものと同内容といわれている。スイスのモデルとの比較につき，Silvia Simon, Die neue Schuldenregel in Deutschland und die Schuldenbremse der Schweiz, Wirtschaftsdienst 2009, S. 265ff.
3) 連邦財務省モデルの考え方については，Elmar Dönnebrink/ Martin Erhardt/ Florian Höppner/ Margaretha Sudhof, Entstehungsgeschichte und Entwicklung des BMF-Konzepts in: Christian Kastrop/ Gisela Meister-Scheufelen/ Margaretha Sudhof (Hrsg.), Die neuen Schuldenregeln im Grundgesetz: Zur Fortentwicklung der bundesstaatlichen Finanzbeziehungen, 2010, S. 42ff. 参照。

債による財源調達の原則的な禁止を打ち出すことによって，起債の実効的な制限を目指そうとするものである。

従前の「ゴールデン・ルール」と呼ばれた基本法旧115条1項2文において，中心的に問題とされていたのは，以下の諸点であった。①起債上限となる「投資」概念が広汎であったこと，つまり，「投資」が純投資に限られず，補填投資等を含んだり，負の資産も起債上限に影響しないなど，起債に有利となる方向で広く取り扱われたこと，②起債が例外的に認められる場合の「経済全体の均衡のかく乱」概念が不明確であり，頻繁に，かつ説得的な根拠付けなく例外が使用されたこと，③制限が「起債からの収入」ゆえ，保証債務など将来債務を負うものが考慮されず，また，返済についての義務付けが憲法上規定されておらず，さらに，いわゆる借換債による利払いの増大に有効な規律が及ばない，など，国が負う債務全体への視点が欠けていたこと，④起債上限の超過が，予算執行における残余起債授権の利用によって容易になされていたこと，⑤たとえ憲法違反の状態が生じたとしても，これに対するサンクションは伴わず，その返還すら行われるわけではなかったこと，である。

本章では，基本法の新規定の意図と課題を明らかにするとともに，旧規定の問題点をさらに浮き上がらせることを目指したい。

I 「起債ブレーキ」の原則

1. 新規定の基本構造

新しい国家債務法の枠組みを構築するのは，まず，基本法109条3項の新規定である。同項1文において，新規の起債なく，均衡が図られた予算の原則が立てられ，これが，続く2文以下で具体化され，また例外が規定される。その第2文によれば，連邦および州は，「通常の状態から逸脱した景気の推移の影響を，好況および不況いずれの場合においても等しく考慮に入れるための規定ならびに自然災害または国の統御を離れ国の財政状態を著しく毀損する異常な緊急状態の場合のための例外規定を設けることができる」とされる。これは，不況期の予算不足が好況期の予算剰余によって補われることを通じて，均衡予算の原則と不況期における予算不足が両立しうるとの理解に基づく[4]。同規定により，連邦および州の法が，自然災害および異常な緊急事態の対処のための

第6章 基本法上の新規定「起債ブレーキ」 115

新規起債の可能性を意図する場合は，第3文によって，その償還規定が必要となる。これによって，起債が，国の債務を継続的に増大させず，危機が終われば元に戻るというしくみである[5]。連邦については，第4文が，第1文の原則から外れ，GDPの0.35％の額で，構造上の新規起債を許容する[6]。連邦についての起債に関する規律は，第4文により，基本法115条の新しい規定を通じて具体化され，115条は，さらに，施行法によって細則化される[7]。

このように，基本法の新しい規定は，原則として予算は起債からの収入なしに均衡されなければならないと宣言する。しかし，「信用からの収入なしに」の原則にもかかわらず，連邦については「信用からの収入が名目GDPの0.35％超えない」ときには「対応されている」と評価されることになり，また，依然，広範に例外起債が許されているなど，一定の留保付きの原則であることがわかる[8]。また，この点で，新しい「起債ブレーキ」も，「信用からの収入」概念を受け継いでおり，その結果，引き続き，カメラル式予算システムにおけるキャッシュフロー（Zahlungsströme）に注目することとなり，隠れた（implizit）債務や「その他の財源調達手段」に目が届きにくいとの指摘がなされている[9]。

なお，この「均衡」については，「収入と支出は，財政上の処理（Transaktionen）によって調整」されなければならないこととされ（施行法2条1項後段），同法3条によれば，「2条1項前段による支出からは，持ち分の取得，公的領域への返済，貸付供与のための支出は差し引かれ，2条1項前段による収入か

---

4) Bernd Scholl, Die Neuregelung der Verschuldungsregeln von Bund und Ländern in den Art. 109 und 115 GG, DÖV 2010, S. 160ff., S. 164.
5) Scholl, a.a.O. (Anm. 4), S. 164.
6) 州については，第5文により，この可能性は規定されていない。
7) Gesetz zur Ausführung von Artikel 115 des Grundgesetzes, vom 10. August 2009 (BGBl. I S. 2704). この法律は第2次連邦制度改革のための附属法を構成する。同法につき，渡辺・前掲（注1）90頁以下参照。なお，州については，各州の憲法を通じてなされる。その際，州は，基本法115条における連邦に対する規律には拘束されず，基本法109条3項に設定された枠内で規律することになる。
8) Henning Tappe, Die neue "Schuldenbremse" im Grundgesetz -Defizit (in) der Föderalismusreform II-, DÖV 2009, S. 881ff., S. 886.
9) Tappe, a.a.O. (Anm. 8), S. 886. なお，基本法旧115条2項の廃止によって，国家債務を特別財産に疎開させ，起債制限規律を回避するという可能性は排除される。しかし，これは将来についてのみであって，従前の特別財産については妥当しない。すなわち，基本法143d条1項2文後段によれば，すでに設立された特別財産について2010年12月31日に現存する起債授権は影響を受けない。Scholl, a.a.O. (Anm. 4), S. 167.

らは，持ち分の売却，公的部門における起債，貸付返済からの収入は差し引かれる。」とされている。

2. GDP比0.35％の構造的起債枠

基本法115条2項2文の新規定（施行法2条1項2文も同内容）は，基本法109条3項4文を受け，連邦予算は当該予算の作成に先立つ年度の名目GDP（施行法4条2文）の0.35％の構造的不足を示してもよいことを規定する。連邦統計局によって確定されるこの額の0.35％が，許容される構造的起債の上限である。この「構造的要素」は，総投資の額まで新規起債が許された従来の規定に代わるものである。

この点については，調査会の提案は異なっており，長期の新規起債を純投資支出額まで許容する，というものであったが[10]，新規定は，新規起債と投資との結合を完全に放棄している。仮に調査会の判断の方が経済的観点からは合理的だとしても[11]，何より簡明であること，構造的な財源調達不足の許容幅が明確であること（したがってEUの安定成長政策との整合を図りうること）は，基本法115条2項2文の新規定がもつ強みである[12]。もっとも，提案理由においては，GDPの0.35％の構造上の新規起債は，物的資本およびインフラへの古典的な投資のみならず，人的資本（教育，研究，開発）への投資も寄与するところの，将来の世代の便益でもって根拠付けられている[13]。さらに，このように上限が比較的低く設定されたことで（例えばGDPが2兆4000億ユーロの場合，許される構造上の新規債務は84億ユーロになる），消費目的には使用されにくいものと考えられており[14]，連邦予算のなかに，少なくともGDPの0.35％の額の「将来有効な」支出が想定されるというのである[15]。

これに対して，問題点として，複数年度予算（Doppelhaushalt, Zweijahreshaushalt）（基本法110条2項，予算総則法9条，連邦予算法12条）が選択されれば，最

---

10) Scholl, a.a.O. (Anm. 4), S. 165.
11) 許容される不足額に関しては，専門有識者委員会の複雑な計算と，0.35％の上限は，結局，それほど変わらないものでもあるという。Scholl, a.a.O. (Anm. 4), S. 165.
12) Scholl, a.a.O. (Anm. 4), S. 165.
13) BT-Drs. 16/12410, S. 6.
14) Scholl, a.a.O. (Anm. 4), S. 165f. もっとも，この点については異論もある。例えば，Stefan Korioth, das neue Staatsschuldenrecht, JZ 2009, S. 729ff., 731.
15) Scholl, a.a.O. (Anm. 4), S. 166.

初の予算年度のGDP制限ラインは，2年目のそれにとっても基準となるため，景気後退が予測される場合には，（より高い）GDPの上限を次の年度に転用するために複数年度予算が選択される可能性が指摘される[16]。また，施行法8条によれば，「予算法律および予算案の補正」について許容される起債は，見込まれた租税収入の3％の額まで超過されうる（上記の例では約90億ユーロになる）。この上昇分は，施行法7条による管理勘定において把握されるが，しかしそれでも，予算の悪化は，典型的に，予算年度の過程で確かなものとなり，したがって補正予算というと，起債の引上げに至るのが通例であるため，同法8条は，起債のかなりの拡張に至りうるのではないかとの懸念が示されている[17]。さらに，施行法8条が，基準をも（GDPではなく租税収入に）変えたことについても，同様に疑問が寄せられる[18]。

II 「起債ブレーキ」の例外

1. 景気要素の考慮

基本法115条2項3文の新規定によれば，構造上の不足について，「通常の状態から逸脱した景気の推移がある場合，好況期および不況期における予算への影響を対称的に考慮しなければならない」こととされている。これは，連邦に，景気の悪い時期には不足額が多くなることも可能にするとともに，好況の時期には反対に不足額は減らされなければならない，ということを意味する[19]。この，景気変動に応じた新規起債額の計算についての詳細は，同項5文の新規定における授権に基づいて，施行法5条が規律する。もっとも，この規定も，基本的事項に限られており，景気要素の決定に関する手続の詳細は，同条4項により，連邦財務省が，連邦経済省と協議して，ヨーロッパ安定成長協定の景気調整手続（Konjunkturbereinigungsverfahren）と整合的に[20]，命令を通して定めることとなっている（これに連邦参議院の同意は要しない）[21]。

---

16) Tappe, a.a.O. (Anm. 8), S. 887.
17) Tappe, a.a.O. (Anm. 8), S. 887.
18) Tappe, a.a.O. (Anm. 8), S. 887.
19) Scholl, a.a.O. (Anm. 4), S. 166.
20) EUの手続による景気要素の調整については，例えば，Christian Kastrop/ Martin Snelting, Das Modell des Bundesfinanzministeriums für eine neue Schuldenregel, Wirtschaftsdienst 2008, S. 375ff., 377 にその計算過程が説明されている。

このように，景気調整手続については，施行法5条において完結的には規定されていないが，しかし，手続自体への拘束をとおして，景気要素が濫用され，債務の大幅な累積に至るおそれにはつながらないものと解されている[22]。むしろ，不況期に0.35％の上限を超える不足額を認めるのは，そうすることにより，自動安定化装置としての機能を期待することができ，その分は好況期には取り崩されなければならないのであるから，経済的には必要かつ合理的であると評されている[23]。

なお，憲法上許容される起債の例外要件について，基本法109条3項2文ならびに115条2項3文および6文は厳格化しているが，それによって，景気対策的財政政策のケインズ的考え方が放棄されているわけではなく，景気の推移を景気上昇期にも「対称的に」考慮する義務をとおして，むしろ補完されているとみることができる[24]。

2. 例外起債

基本法新115条2項6文（施行法6条も同内容）により，起債の上限は，①自然災害，または②国家のコントロールを離れ，③国家の財政状況を著しく侵害するような，異常な緊急事態の場合において，連邦議会の議員の過半数の議決を通して，制限を超える起債がなされうる。提案理由においては，自然災害の具体例として，地震，洪水，荒天，干ばつ，または病気の蔓延が挙げられている[25]。同じく提案理由によれば，異常な緊急事態は，例えば，基本法35条2

---

21) ヨーロッパ安定協定の枠組みでは，それは，「PI（生産ギャップ〔Prodktionslücke〕）＝（Y－Ypot）／Ypot」（Yは実際のGDPを，Ypotは，景気調整手続の基本状況において計算される潜在的生産力を表す）という計算式（Formel）によって計算され，連邦についても同様となる。生産ギャップは，過大の場合にはプラス，過少の場合にマイナスとなる。予算感度（Budgetsensitivität）は，生産ギャップの変動に伴い国家全体の財政がどの程度変動するか，を示す。国家全体について，予算感度は，OECDの調査によれば，0.51である。Kastrop/Snelting, a.a.O. (Anm. 20), S. 377. 連邦財務省の計算によれば，連邦においては，社会保障を除いて，それから0.255落ちる。それにより計算すれば，2.5兆ユーロの生産潜在力の承認のもと，連邦の新規起債の余地は，生産潜在力のマイナス1％の生産ギャップの場合に，約63億7500万ユーロになる。Scholl, a.a.O. (Anm. 4), S. 166.

22) Scholl, a.a.O. (Anm. 4), S. 887.

23) Scholl, a.a.O. (Anm. 4), S. 887.

24) このような義務は，従来の基本法旧109条2項に挙げられた「全経済的均衡の必要」のもとにおいても同様に存するものと解されていた。BVerfGE 79, S. 339f.; BVerfGE 119, S. 138. しかし，予算実務においては，景気後退期においてのみ注意を払っていたにすぎなかった。Tappe, a.a.O. (Anm. 8), S. 888.

項 2 文および 3 項の意味での特に重大な災厄（Unglücksfall），経済の流れの大規模かつ突然の毀損，あるいは，ドイツ再統一のような積極的な予想外の対処もその 1 つであった[26]。これに対して，単なる景気変動は，異常な緊急事態ではなく，景気要素の問題として取り扱われる[27]。

このような新規定の文言の抽象度が問題となりうるが，事柄の性質上，例外条項の規範化に当たっては，あらかじめ生じうる場合をすべて想定するのは不可能であるし，ともかくも連邦憲法裁判所が予算立法者に旧法のもと認めた広い評価および判断の余地は制限されているとみることはできる[28]。

この，例外規定の利用については，連邦議会の議員の特定多数，つまり，いわゆる首相過半数（Kanzlermehrheit）（総議員の過半数）が必要である。また，基本法 115 条 2 項 7 文によれば，この新規起債額増額分についての議決には，債務の返済を「相当な期間内に」可能にすべき「償還計画」が付されなければならない。つまり，負担する追加的債務には償還義務が課されるのである。しかし，償還にどの程度の期間が適切であるかについては，一般的な言明はなく，提案理由によれば，起債額および景気状況によるということになる[29]。とはいえ，この返済計画の義務化自体は，「純粋に進歩」したものと評される[30]。

3. 管理勘定

GDP の 0.35%，あるいは景気要素により算出された起債上限を実際に上回る起債がなされた場合には，その差額は管理勘定に記録されなければならない（基本法 115 条 2 項 4 文，施行法 7 条）。基本法旧 115 条 1 項 2 文が，もっぱら予算案に向けられ，予算執行における逸脱は問題としなかったのに対し[31]，基本法新 115 条 2 項 4 文は，予算執行における起債額の，当初起債額からの逸脱を重要視している。このため，基本法新 115 条 2 項 3 文により許容される景気上の起債の余地が，終了した予算年度の GDP の実際の推移に基づき新しく計算され，起債総額から引き算されることが予定される[32]。そして，その結果が，

---

25) BT-Drs. 16/12410, S. 11.
26) BT-Drs. 16/12410, S. 11.
27) BT-Drs. 16/12410, S. 11.
28) Scholl, a.a.O. (Anm. 4), S. 167.
29) BT-Drs. 16/12410, S. 13.
30) Tappe, a.a.O. (Anm. 8), S. 888.
31) Scholl, a.a.O. (Anm. 4), S. 166.

基本法新115条2項2文により許容される起債と比較され，差額が管理勘定に記載されることになるのである。それは，GDP 1.5%の額を超える「べき」ではない（施行法7条2項2文）と規定され，基本法新115条2項4文後段は，勘定がGDPの1.5%に達した場合には，負担は，「景気に応じて」返済されなければならないと規定する。また，施行法7条3項は，赤字額がGDP 1%を超える場合には，その超えた分を，GDP 0.35%を上限とする起債授権額から減らされるとし，GDP 1.5%に達しないための装置を施している。もっとも，これは，生産ギャップがプラスに変動する年においてのみ妥当し，減額はGDP 0.35%以内に限定されるにとどまっている。

　管理勘定は補正予算にも関わる。すなわち，施行法8条によれば，補正予算においては，GDP 0.35%の上限は，見込まれる税収の3%相当額まで増額しうる[33]。この規定は，例えば，当該予算年度において景気が悪化し，これが予期せず追加的な起債を必要とするような場合にそれを許す規定である。その際，基本法新115条2項1ないし3文を潜脱しないために，授権は，見込まれる税収の3%に制限され（施行法8条），追加的「支出」の財源調達のために起債が利用されてはならないこととされている（施行法8条2文参照）。そして，施行法8条4文によれば，補正予算に基づきなされた追加起債は，基本法新115条2項4文，施行法7条により，事後的コントロールに入る。つまり，その起債は，それによって基準が超過されるときには，管理勘定の負担となるのである。

　管理勘定の創設自体については，実際になされた起債が問題とされる点と併せ，従来の公債法の中心的な問題に対処するものとして，積極的な評価がなされている[34]。

III　「起債ブレーキ」の課題

1.　予算均衡のための「調整」と起債制限

　起債ブレーキの目標は，新規起債なしに均衡する予算であるが[35]，しかし，

---

32)　BT-Drs. 16/12410, S. 13.
33)　このときにの景気要素の計算については，見込まれる経済動向によって更新される（施行法8条）。
34)　Scholl, a.a.O. (Anm. 4), S. 167.
35)　BT-Drs. 16/12410, S. 18.

視点は，実際の「不足額」にではなく，「起債からの収入」に向けられており，このことは，調整の意図とは裏腹に，持ち分購入あるいは貸付供与が起債制限回避の効果をもちうる，ということにつながる[36]。しかも，持ち分の購入あるいは貸付供与は，連邦予算法13条3項2号2文dおよびeにより，「投資」として，かつて起債の額を上げるべく作用したものである。実務上，「調整」規定を通して，これと同じ結果がもたらされうることになるのである。実質的な調整が行われるべきであるならば，基本法109条3項および115条2項においては，（調整された）財源調達の差額が問題とされるか，ないしは，「実際の」のみならず「見かけ上の」起債をも把握する，といった，施行法による管理勘定上の差し引きが予定されなければならないことが指摘される[37]。

2. GDPとの連動

起債ブレーキの有効性を高めるためには，例えば，価値の減耗を類型的に把握し，起債からの収入を，投資のための支出の半分のみ許容する，あるいは，負の投資を起債を減じるものとして考慮するなどといったことも考えられたところ，新しい起債制限規定では，GDPの0.35％が起債上限と定められた。こ

---

36) 例えば，収入が3000億ユーロ，支出が3080億ユーロである場合，80億ユーロの差額が生じる。これは，起債による収入によってカバーされることになる。GDPが2.5兆ユーロであれば，連邦は87億5000ユーロ（2.5兆ユーロの0.35％）を起債により調達することができる。これで，連邦は，予算を憲法適合的に均衡させることができる。もし，支出に，施行法3条1文によって「差し引かれなければならない」持ち分の購入のための20億ユーロが含まれている場合には，不足額は計算上60億ユーロになる。しかし，このことによっても，予算の均衡のためには実際に80億ユーロの起債収入が必要で，GDPに照らせば，80億ユーロの起債がなされうる。同様に，収入に20億ユーロの売却収益が含まれている場合には，見かけ上の不足額は100億ユーロ（2980億ユーロマイナス3080億ユーロ）となるが，起債の上限（87億5000ユーロ）は，やはりGDPに基づき計算されるので，変わらない。実際にも，予算の均衡のためには80億ユーロしか必要でなく，連邦は，100億ユーロを起債によって補填することは許されない。これらの場合において，予算均衡を図るための収入と支出の「調整（Bereinigung）」は，管理勘定を通して行われ，先の，支出に持ち分購入のため20億ユーロが含まれている場合の例では，見かけ上の不足額（60億ユーロ）と実際の起債額（87億5000ユーロ）との差額，27億5000万ユーロが，管理勘定におけるマイナスとなる。「調整」によっても，起債額には影響は及んでいないことがわかる。同様に，収入に売却収益20億ユーロが含まれているは，実際の収入がそれだけ別にあるわけであるから，その分，起債の上限が引き下げられてもよいように思われるが，上限はあくまでGDPに応じて算出されるので，実際の起債額，87億5000万ユーロは，「調整」によっても影響を受けないのである。以上，Tappe, a.a.O.（Anm. 8）, S. 886f.

37) Tappe, a.a.O.（Anm. 8）, S. 887.

の基礎には，従前の投資のための起債という考え方が，成長を理由とする起債という考え方で置き換えられ，公債（新規起債）を国民経済の成長に結び付けることによって，公的財政の持続可能性を達成しようとする意図がみられる[38]。しかし，なぜ，ある年の起債が前年度の GDP に関係するべきなのかについては，疑問が呈される。つまり，この方法では，景気が良ければ良いほど（GDPが多ければ多いほど），構造上の起債制限が上がってしまい，「景気要素」の考え方とは矛盾するというのである[39]。

3. サンクションの欠如

財政行動を法的に規律することは，もともと非常に困難である[40]。起債制限の旧規定同様，新規定も，その有効性に限界が伴うのは必然である。憲法上の規律に対する違反が生じ，それがたとえ憲法裁判所によって確定されたとしても，通例，当該予算の効力には影響を及ぼさない。その確定は，通常，予算がすでに執行された，当該予算年度の終了の後であり，法効果を伴うサンクションの可能性はほとんど考えられない。したがって，規律遵守のしくみを，財政コントロール全体のシステムのなかで構築する必要がある。

4. 法形式性と立法の文化

財政学者シュメルダースによれば，財政憲法は「国家体制の鏡，国家の形式および国家目的の基本構想である」という[41]。この点で，基本法の新規定は，いかにも長くて，あいまいである。特に，109条3項2文や115条2項5文は最たるものであろう。現職の連邦議会議長が，政府会派の構成員であるにもかかわらず，新規定につき，基本法の外観が損なわれること（Verunstaltung）に公的に警告を発し，憲法改正に賛成しなかったというのは象徴的なできごとである[42]。

しかも，なぜ，憲法の条文が，なお追加的に，多くの規律が全く重複して含

---

38) Tappe, a.a.O. (Anm. 8), S. 890.
39) Tappe, a.a.O. (Anm. 8), S. 890.
40) Josef Isensee, Schuldenbarriere für Legislative und Exektive, in: Rudlf Wendt (Hrsg.), Staat Wirtschaft Steuern, Festschrift für Karl Heinrich Friauf zum 65. Geburtstag, 1996, S. 705ff., 707.
41) Günter Schmölders, Finanzpolitik, Reihe Enzyklopädie der Rechts- und Staatswissenschaft, Bd. 8, 1955, S. 21, Tappe, a.a.O. (Anm. 8), S. 889.
42) Tappe, a.a.O. (Anm. 8), S. 889.

まれるようにして膨らませられたのかが，明らかにされていない[43]。例えば，基本法の新109条3項1文および4文が規定されながら，重ねて115条2項1文および2文で規定するのは，憲法の規定としてはイレギュラーなことであろう。少なくとも文言上の調整を施せば，109条3項4文と115条2項1文はどちらかが削除されても，規律の実質的内容は変わらない[44]。

おわりに ── わが国財政法4条への示唆

　総じてみると，新規定によって，旧規定のもとで問題とされた諸点につき，①起債上限の設定にあたり「投資」概念から離れて，新規起債の原則禁止を明確にし，GDP比0.35％の構造上の上限を設定した，②例外要件として「全経済的均衡のかく乱」概念が放棄され，自然災害や異常な緊急事態時に限定した，③一定の起債に返済計画を附することを義務付け，管理勘定で債務管理を行うこととした，④予算案策定の段階での起債規律から実際の起債額が問題とされるしくみに移行した，など，ともかくも改善が試みられている。これに対して，新規定によっても，なお先送りされている中心課題は，⑤違反へのサンクションが欠けていることへの対応，ということになろう。もっとも，これは，起債制限の法的規律に常に内在する問題でもあり，また，⑤は①から④の取組みにかかっている側面もある。いずれにしても，最終的に，第2次連邦制度調査会の「やるなら今しかない」のモットーによる徹夜作業で貫徹された改正であり，改革の「パッケージ」全体を危険にさらさないために，議会においても変更が加えられなかったものであるため，新しい「起債ブレーキ」の有効な運用を目指した取組みが，予算実務においても学界においても，これから長期間にわたってなされていく必要があることが指摘される[45]。

　わが国の起債の規律は財政法4条ないし6条がこれをなす[46]。法文上，例外的に起債が認められるのは，提案理由によれば，「公共事業あるいは出資金，貸付金等それ自体の中において償還性のあるもの，使い放しにならないで還ってくる性質をもっておるもの，すなわち生産の方面に使うとか，また資本的な

---

43) Tappe, a.a.O. (Anm. 8), S. 889.
44) その場合，115条2項2文の規定は，例えば「連邦予算は，この収入が…の限りで，起債からの収入によって均衡されうる。」のようになるという。Tappe, a.a.O. (Anm. 8), S. 889.
45) Tappe, a.a.O. (Anm. 8), S. 889.

支出に充てるとかいう場合」に限られている[47]。もっとも,「これとても無制限でやるわけではなしに,どういうものが公共事業かということについてはやはり議会できめていただく。公共事業という名前を借りましてむやみに公債を発行してはいけないので,こういうものが公共事業であるというその範囲について議会の決定をしていただく。またその金額にいたしましても無制限でなしに,やはり金額の限度というものを国会で決める建前」であるという[48]。

しかし,仮にそうであるとしても,ドイツの起債制限改革が,許容される新規起債と「投資」との結び付きの不適切さを第 1 の中心課題として取り組んだ経緯に照らすと,まずは,とりわけ「公共事業」について,基準も示さず,国会の判断に基づき公債発行が無条件に認められるという法文は早急に改められるべき,ということになろう。また,ドイツにおいては「例外」規定が規律機能を果たさなかったことから,第 2 の中心課題として,これを明確化する取組みがなされた。わが国では「例外」にいわゆる建設公債が位置付けられ,さらにその例外として,毎年の特例法により大量の赤字公債の発行が繰り返されてきた。もはやここに法的規律は皆無といってよいような状況の改善のため,法文上,直ちに例外の明確化を企図する改正が必要ではないか。そして,財政規律に法的サンクションが欠ける点があるとすれば,例えばドイツ連邦会計検査院の検査報告において国家債務に関する念入りな言明が毎年なされてきたこと等を参考に[49],急ぎ財政コントロールの実効的な補完のしくみを構築すべきである。

---

46) 4 条は,「①国の歳出は,公債又は借入金以外の歳入を以て,その財源としなければならない。但し,公共事業費,出資金及び貸付金の財源については,国会の議決を経た金額の範囲内で,公債を発行し又は借入金をなすことができる。②前項但書の規定により公債を発行し又は借入金をなす場合においては,その償還の計画を国会に提出しなければならない。③第 1 項に規定する公共事業費の範囲については,毎会計年度,国会の議決を経なければならない。」とする。

47) 林健久「健全財政主義——成立・展開・崩壊」『戦後改革 8 改革後の日本経済』(東京大学出版会,1975 年) 197 頁以下,204 頁。

48) 林・前掲 (注 47) 205 頁。

49) 亀井孝文編『ドイツ・フランスの公会計・検査制度』(中央経済社,2012 年) 207 頁以下参照。

第6章 基本法上の新規定「起債ブレーキ」　125

補論——「起債ブレーキ」導入直後の各州憲法における対応

1. 各州憲法による対応の類型化

　基本法109条3項1文は，連邦のみならず州の公債についても規律する。そこでの州に関する原則は，連邦と同じく，「信用からの収入なしに均衡する」ことが求められている。しかし，州については，2020年に適用が開始されるまで，つまり2019年末までは各州法上の規定を基準に同項の基準を逸脱することができる（基本法143d条1項）。

　そのようななか，それぞれの州が，2009年の基本法改正直後の期間にどのような法的対応を行ったのかについて，約3年間の動向を分析する2012年のブラビドールの論考を基にすると[50]，概ね次の3つのグループに分けられる。第1は，第2次連邦制改革による基本法の新しい厳格な起債規律に相応させ，憲法をすぐに改正したAグループである。第2は，憲法のなかに規定をおくことはしていないが，さしあたり相応する厳格な起債制限を，法律である予算法のなかで規定するBグループである。その他の州は，第3のCグループに分類され，この時期，州憲法にも州予算法にも厳格な公債制限規律が採用されなかったグループである。

2. Aグループ——直後に憲法に厳格な公債制限規定を設けた州

　憲法に，信用調達の厳格な限界を規定したAグループに属するのは，ヘッセン，メクレンブルク＝フォアポメルン，ラインラント＝プファルツおよびシュレスヴィッヒ＝ホルシュタインの各州である[51]。表6-1にみるように，第2次連邦制改革の趣旨に沿い，厳格な起債規律を志向しており，憲法上，予算は原則として信用借入れなしに均衡されなければならないことが明確に規定されている。もっとも，上述のように，経過規定において，それぞれ，時間的な特則がおかれている。たとえば，メクレンブルク＝フォアポメルン州は，同州憲法79a条により，2020年1月1日から効力を生じることとし，また，ヘッセン州

---

50) Christoph Bravidor, Die Umsetzung der Verschuldungsregelung in den Ländern, in: Clemens Hetschko (Hrsg.), Staatsverschuldung in Deutschland nach der Föderalismusreform II, 2012, S. 11ff., 14ff.

51) Bravidor, a.a.O. (Anm. 50), S. 14.

表6-1　各州憲法による対応状況[52]

	全般	例外	例外時の償還計画
Hessen	・141条：新規起債禁止（Neuverschuldungsverbot）は2020年から ・161条：赤字解消（Defizitabbau）は2011年から（ただし，具体的な解消の道筋は与えられていない）	・景気が対称的に考慮される ・自然災害等	・適切な期間内で償還
Mecklenburg-Vorpommern	・65条：新規起債禁止は2020年から ・79a条：赤字解消は2012年から（ただし，具体的な解消の道筋は与えられていない）	・景気が対称的に考慮される ・自然災害等	・適切な期間内で償還
Rheinland-Pfalz	・117条：新規起債禁止は2020年以降 ・2条：赤字解消は2011年から（「通例的に減少させうる構造的赤字」による）	・景気が対称的に考慮される ・自然災害等 ・構造的な，法規定に基づく州の責任には帰せられない，収入または支出の変更に，最大4年の期限を付されて適合させる場合	・景気に適合的に償還
Schleswig-Holstein	・53条：新規起債禁止は2020年以降 ・59a条：赤字解消は2011年から（上限が年ごとに10分の1程度減少。開始の数値は2010年度のもの）	・景気が対称的に考慮される ・自然災害等（ただし，3分の2以上の承認が必要）	・適切な期間内で償還

においても，同州憲法161条により，2020予算年度において初めて適用される。ただし，それでも毎年度の予算は，予算が2020年度から信用からの収入なしに均衡されるように編成されることが求められているである。

これに対して，ラインラント＝プファルツ州においては，より厳格な起債規定は，2012年度予算にすでに適用されることにされていた。なお，そこでも，2019年度末までは，新しい，より厳格な起債規定から逸脱することを許されるが，いずれにしても，構造的な赤字は，2011予算年度から通例的に解消されなければならないことが求められている。また，シュレスヴィヒ＝ホルシュタイン州においては，より厳格な起債規律は，公布の日から妥当している。そこでは，同州憲法59a条1項に詳細な経過規定がおかれ，2011年から2019年まで，信用調達によらないことの原則の逸脱は，より詳しく規定された上限の

---

52) Nadine Dräger, Die Schuldenbremse in Deutschland, 2012, S. 15を基に2013年4月1日現在で作成。Drägerは，Deutsche Bundesbank, Die Schuldenbremse in Deutschland, in: Monatsbericht Oktober 2011, S. 15ff, 34に基づいて作成している。

考慮のもとでのみ許されるとされている[53]。

3. Bグループ——直後に予算法に厳格な公債制限規定を設けた州

Bグループに属するのは，バーデン＝ヴュルテンベルク，バイエルン，ハンブルク，ザクセン，ザクセン＝アンハルトおよびテューリンゲンの各州である[54]。これらの州は，なるほど，憲法には厳格な債務制限規定を規範化しなかったが，それに対応する信用借入れの厳格な制限は，それぞれの州予算法に規定するという方法がとられている[55]。その際，このグループに属する州のほとんどは，各予算法中の同じ18条1項で，予算は「信用からの収入なしに均衡される」という原則を規定している[56]。

ただし，このグループにおいても，信用借入禁止の原則に対する例外規定において，有意な違いが見出される[57]。例えば，バーデン＝ヴュルテンベルク，バイエルン，ハンブルクおよびザクセンの各州においては，信用借入禁止の逸脱は，「全経済的均衡のかく乱の除去」のために例外的に許される。これに対して，ザクセン＝アンハルト州およびテューリンゲン州においては，「国の統御を離れ国の財政状態を著しく棄損するような自然災害または異常な緊急状態の場合」に例外が許されたうえで，さらに，ザクセン＝アンハルト州においては，「州の財政状況を軽微に侵害するにとどまらず，通常の状況から逸脱する景気の展開がある場合，景気上引き起こされる収入の不足の均衡に至るまで」（18条2項），テューリンゲン州においては，「収入の不足の調整のために」起債が許される（18条2項）。テューリンゲン州においては，いずれにしても，信用からの収入は過去3年平均における基本法に基づく租税および交付金からの収入の額を再び達成するために必要な額に制限される形がとられている。テューリンゲン州の予算法と同様の規定は，バーデン＝ヴュルテンベルク州およ

---

53) Bravidor, a.a.O. (Anm. 50), S. 14.
54) Bravidor, a.a.O. (Anm. 50), S. 14.
55) 発効は，バーデン＝ヴュルテンベルクは2011年1月1日，バイエルンは2006年1月1日，ザクセンは2009年1月1日，ザクセン＝アンハルトは2010年12月17日，テューリンゲンは2009年8月8日である。なお，この時点でハンブルクは2013年1月1日の発効が予定されていた。なお，ハンブルク州憲法には，2012年7月3日，72a条が追加され，憲法上も2020年までに基本法の求める財政均衡の達成が目指されている。
56) バイエルンにおいて「soll」と「regelmäßig」，バーデン＝ヴュルテンベルクにおいて「grundsätzlich」という文言が使用されている点が他と異なる。
57) Bravidor, a.a.O. (Anm. 50), S. 15

表6-2 各州予算法による対応状況[58]

	全般	例外	償還計画
Baden-Württemberg	・18条（2007年2月12日）：新規起債禁止は2008年から	・2007年末の債務の額まで（全経済的均衡の確保） ・州の租税収入の前年度比最小限1％の減少 ・自然災害等	・一般的償還期間7年
Bayern	・18条（2000年12月22日）：新規起債禁止は2006年から	・全経済的均衡の確保	・規定なし
Hamburg	・18条（2007年6月12日）：新規起債禁止は2013年から	・全経済的均衡の確保	・規定あり。ただし、期間の基準はなし
Sachsen	・18条（2008年12月12日）：新規起債禁止は2009年から	・2008年末の債務の額まで（全経済的均衡の確保） ・租税収入の3％以上の減少 ・自然災害等	・一般的償還期間5年
Sachsen-Anhalt	・18条（2010年12月17日）：新規起債禁止は2012年から	・租税収入が当該予算年度より前の3か年の平均よりも少ないとき ・自然災害等	・遅くとも起債4年後開始
Thüringen	・18条（2009年7月8日）：新規起債禁止は2011年から	・景気に制約された歳入の不足 ・自然災害等	・最初の均衡予算年度から5年

びザクセン州においても見出される。このうち、バーデン゠ヴュルテンベルク州予算法によれば、少なくとも前年度比1％の租税収入の減少の場合、または、「自然災害若しくはそれに準じる深刻な状況の場合に」計上が許されている（18条3項）。ザクセン州予算法18条3項の規定の性格も同様である。

4. Cグループ――直後には厳格な公債制限規定を設けなかった州

ベルリン、ブランデンブルク、ブレーメン、ニーダーザクセン、ノルトライン゠ヴェストファーレンおよびザールラントは、2009年基本法改正の反応は基本的になく、2012年時点で、1967／1969年の基本法改正に準拠した起債規定を維持している[59]。すなわち、通常の場合、信用からの収入は「投資支出の総額」まで（これを超えることができない）とし、例外的状況でこのルールの逸

---

58) Dräger, a.a.O. (Anm. 52), S. 16 を基に2013年4月1日現在で作成。Dräger は、Deutsche Bundesbank, a.a.O. (Anm. 52), S. 37 に基づいて作成している。

59) Bravidor, a.a.O. (Anm. 50), S. 16.

脱を基本的に可能とするものである。

　このグループにおける州憲法上の例外規定は様々でもある[60]。例えば、ベルリン、ブレーメン、ノルトライン＝ヴェストファーレンにおいては、例外は、全経済的均衡のかく乱の除去のためにのみ許される。これに対し、ニーダーザクセンおよびザールラントにおいては、全経済的均衡のかく乱と並んで、追加的な例外要件がある。すなわち、ニーダーザクセン州憲法71条3文によれば、「通常の生活基盤（natürliche Lebensgrundlagen）への差し迫った危険の除去のために」という要件が加わり、ザールラント州憲法108条2項2文後段によれば、信用借入れは、「特別な需要の存在の場合」にも行われる。さらに、ブランデンブルク州の例外規定は、なるほど、「全経済的均衡のかく乱の除去」をも引き合いに出しながら、しかし、いずれにしても、信用借入れは「現在および将来の世代の自然の生活基盤の保護に考慮がなされなければならない」という制約を伴うものとされている[61]。

---

60) Bravidor, a.a.O. (Anm. 50), S. 16f.
61) その後、2015年3月の時点では、Bグループのうち、バイエルン州、ザクセン＝アンハルト州、テューリンゲン州、そしてCグループのうちのブレーメン州がAグループに移行している。この時点で、なおCグループにとどまるノルトライン＝ヴェストファーレン州を対象に、Christian Waldhoff/ Mattias Roßbach, Eine Schuldenbremse für Nordrhein-Westfalen, 2015, S. 19ff. が考察を加えている。

第7章 「起債ブレーキ」導入の国際的背景

〔I〕 EU の公債ルールとドイツ

はじめに

　EU 法における公債ルールとして最も基本になるのは，欧州連合の機能に関する条約 (Vertrag über die Arbeitsweise der Europäischen Union：AEUV) 126 条の規定である。AEUV は，2009 年 12 月発効のリスボン条約によって，従前の欧州共同体設立条約 (Vertrag zur Gründung der Europäischen Gemeinschaft：EGV) が改正されたものであるが，この EGV は，もともとは，欧州経済共同体設立条約 (1958 年 1 月発効) が 1993 年 11 月発効のマーストリヒト条約によって改められたものである。

　本章では，ドイツの新しい「起債ブレーキ」導入の検討の時期を 2006 年 12 月の第 2 次連邦制度調査会の設置から 2009 年 6 月の基本法改正までと考え，この時期は，当時の EGV 104 条（同内容），およびこの EGV の基準遵守のために過剰な財政赤字回避の予防・是正手続を定める「安定成長協定」(1997 年締結，2005 年改正)[1]が妥当していたことから，これら EU の公債制限に関するルールが，ドイツにおける「起債ブレーキ」導入に何らかの影響を及ぼしたのか，及ぼしたとすればどのような点か，ということについて概観したい[2]。わが国の検討対象であるドイツ「起債ブレーキ」が，EU の公債制限規律からどのような制約や影響を受け，またどのような発想を得たか，を浮き上がらせることができれば，EU 構成国ではないわが国にとっての有益な検討材料もまた提供されると考えられるからである[3]。

---

　1) その後，大きな改正が行われるのは，ドイツにおける「起債ブレーキ」導入後の 2012 年になる。

I 「起債ブレーキ」導入時のEU公債ルール

1. 「過度な財政赤字」回避義務

EUの構成国は，EGV 104条1項により，過度な財政赤字を回避しなければならないこととされていた。その判断は，欧州委員会（Kommission）が，構成国の財政の状況および公債残高の動向（EGV 104条2項1文）を監視し，「深刻な赤字（schwerwiegende Fehler）」を認定する際の基準が基になった。

すなわち，EGV 104条2項2文によれば，欧州委員会は，以下の2つの基準に基づいて，構成国の「財政規律保持（Einhaltung der Haushaltsdisziplin）」を判断することとされ，この2つの基準となるのは，まず，計画されたまたは実際の財政赤字のGDPに対する割合が参照値（Referenzwert）3％を超えているかどうか，そして，公債残高のGDPに対する割合が参照値60％を超えているかどうか，であった。

ただし，参照値を超過することが，即座に財政規律保持違反になるというのではなく，EGV 104条2項2文は，2つの基準に関し，それぞれ例外も予定していた。これは，1つは，財政赤字について，相当程度，継続的に低下し，数値が参照値の近くに達している場合，あるいは，参照値が例外的におよび一

---

2) EU法と基本法上の公債規定の関係については，一般に，EU法に国内法規範に対する優位が承認される。この優位は，まず，国内法がEU法に適合する解釈が可能であれば，これが選ばれなければならないということ（「EU法適合解釈〔europarechtskonforme Auslegung〕」），そして，両者に矛盾があるとき，その矛盾がEU法に適合的解釈をとる方法によっては治癒されないほど大きいときには，EU法の規定が国内法規定に代わって適用されなければならないということ（適用の優位〔Anwendungsvorrang〕），を意味する。以上につき，庄司克宏『新EU法 基礎編』（岩波書店，2014年）228頁以下参照。また，EUの法規定を分析することが有意義なことは，第1に，EU法と国内法の関係がEU法の基準の遵守を保障するために説明されうる点，第2に，規範のコンセプトや有効性の長所・短所に目をやることが国内法の規定の有用な根拠を提供するという点に求められる。Christoph Ryczewski, Die Schuldenbremse im Grundgesetz, 2011, S. 84参照。

3) 当時のEU法の状況については，制度を解説・説明する多くの文献のほか，主として，Hermann Pünder, Vorgaben aus dem Europäischen Gemeinschaftsrecht, Josef Isensee/ Paul Kirchhof (Hrsg.), Handbuch des Staatsrechts, Band V, 2007, S. 1381ff. の解説に，また，EU法のドイツ起債ブレーキ規定への影響については，主として，Elmar Dönnebrink/ Martin Erhardt/ Florian Höppner/ Margaretha Sudhof, Entstehungsgeschichte und Entwicklung des BMF-Konzepts in: Christian Kastrop/ Gisela Meister-Scheufelen, Margaretha Sudhof (Hrsg.), Die neuen Schuldenregeln im Grundgesetz, 2010, S. 22ff, S. 36ff. の分析に依拠している。

時的にのみ超過され，その割合が参照値の近くにとどまる場合に認められ，また，もう1つは，債務状況の基準について，債務状況のGDP比率が十分に回復でき，十分なペースで参照値に近づいている場合に認められていた[4]。

ところで，構成国の財政規律保持の監視手続およびサンクション手続は，1997年の安定成長協定によって具体化されたものであった。この協定は，もともとドイツの連邦政府のイニシアティブに端を発し，2つの規則（Verordnungen）および欧州理事会（Europäischer Rat）の決議によってまとめられたものであった。このうち，構成国の財政政策の監視にとって中心的な意義をもつのは，過度な財政赤字にかかる手続の促進および明確化に関する規則（Verordnung〔EG〕Nr. 1467/97）であった[5]。

2.「過度な財政赤字」監視手続
(1) 財政基準を満たさない場合の欧州委員会の報告

監視手続は，次の場合における欧州委員会の報告によって始まることとされた。すなわち，ある構成国が参照値のどれも，もしくは1つでも満たさない場合，または，基準の充足とは無関係に，過度な財政赤字の危険が存在する場合（EGV 104条3項）である。

この報告においては，赤字が投資のための支出を超えるかどうかが考慮された（EGV 104条3項2文前段）[6]ほか，「構成国の経済および財政状況を含む，その他の関連するファクター」も考慮された（EGV 104条3項2文後段）[7]。これらファクターを通じて，欧州委員会は，一方で，個々の事例に関連して，参照値の明らかな超過を正当なものとみることもできたし，また，他方で，わずかな超過を「深刻な赤字」とすることも可能であった[8]。

---

[4] 結局，これら例外が認められないのは，多額の赤字のため，規律を保持した財政政策へ移行しようとしても，直ちには是正されないような状況に限られる。Pünder, a.a.O. (Anm. 3), S. 1382.

[5] この規則は，理事会によって1997年7月7日制定されたもので，2005年に改正される。

[6] これによって，世代間の正当な負担分配という考え方―「財政政策のゴールデン・ルール」―も，EU法の基礎におかれていたとみることができるとされる。Pünder, a.a.O. (Anm. 3), S. 1383.

[7] ここで考えられるのは，経済成長，インフレーション，雇用状況などであり，EG法においても，信用引受けが景気政策的形成手段としても理解されていることがうかがえる。Pünder, a.a.O. (Anm. 3), S. 1383参照。

(2) 過度な財政赤字の存在に関する理事会の決定

欧州委員会は，報告を，まず，経済財政委員会（Wirtschafts- und Finanzausschuß）に（欧州委員会に対して拘束的でないが）意見（Stellungnahme）を求めるために付託する（EGV 104 条 4 項）。その意見が，ある構成国において「過度な財政赤字」が存し，あるいは生じうるという見解であるとき，欧州委員会は，理事会に，決定にかかる意見および勧告を提案する（EGV 104 条 5 項，6 項）。この場合，理事会は，「ある構成国が場合によっては付することを望む意見（Bemerkungen）を考慮したうえで」，全体状況の審査を通じて，特定多数によって，過度な財政赤字が存在するかどうかを認定する（EGV 104 条 6 項）[9]。これが，後に続く手続の前提を構成する[10]。

(3) 理事会の勧告

過度な財政赤字が認定されると，理事会は当該構成国に，「この状況を特定の期間内に除去する目標を伴う勧告」を発する（EGV 104 条 7 項）[11]。EGV には，この勧告の内容について明確には規定されておらず[12]，勧告の公表もされない（EGV 104 条 7 項 2 文）。しかし，理事会は，「その勧告が定められた期間内に有効な措置を作動させなかった」ことが確認されれば，その勧告を公表することができる（EGV 104 条 8 項）。これによって，「赤字違反国」への政治的圧力が強められるのである[13]。

---

8) Pünder, a.a.O. (Anm. 3), S. 1383 参照。なお，ここでは，一次法（EGV）の規定が，規則（Verordnung〔EG〕Nr. 1467/97）2 条 2 項によって補完されており，欧州委員会は，通常，1 年以内の実質 GDP が少なくとも約 2 ％低下したときにのみ，深刻な経済の停滞に基づいて参照値を例外的に超過すると考えることとされていた。

9) その際，理事会が欧州委員会の「提案（Vorschlag）」に基づくか，「勧告」に基づくかには，重要な違いがある。すなわち，欧州委員会の「提案」であれば，理事会はその変更を原則として全会一致でしか決議しえない（EGV 250 条 1 項）。Pünder, a.a.O. (Anm. 3), S. 1384 参照。

10) 理事会は「全体状況の審査」によって決定するので，理事会には，過度な財政赤字の存在に関する決定に際して判断の余地が帰属する。その際，理事会は，政治的な指導的委員会（Leitgremium）として，政治的な考慮を取り入れることも可能となるが，いずれにせよ通貨の安定を保護する（EGV 4 条 2 項，3 項）という目標に反する考慮は許されない。Pünder, a.a.O. (Anm. 3), S. 1384 参照。

11) つまり，「赤字違反国」は，まずは，当該国の財政政策の修正に向けて行動することになる。Pünder, a.a.O. (Anm. 3), S. 1385 参照。

12) 経済政策の問題における構成国の原則的な決定および行為の自律の理由から，具体的な経済政策上のまたは財政政策上の措置に対する詳細な勧告は行わないこととされていたという。Pünder, a.a.O. (Anm. 3), S. 1385 参照。

13) Pünder, a.a.O. (Anm. 3), S. 1385.

構成国が勧告に従わないとき，理事会は，当該構成国に，「特定の期間内に理事会の見解により健全化に必要な赤字解消のための措置を講ずるよう条件付きで期限を設定する」ことができる（EGV 104 条 9 項 1 文）。これによって，当該国に，いわば「警告（Anmahnung）」がなされるとともに，理事会は，取組みを審査するため，当該構成国に，具体的な予定表に従って報告するよう要求することができる（EGV 104 条 9 項 2 文）。これによって，当該国には，もし定められた期間内に必要な措置をとらない場合にはサンクションも考慮に入れなければならないことが明確になる[14]。

3. 「過度な財政赤字」に対するサンクション

構成国が EGV 104 条 9 項による「警告」にも従わない場合，理事会は，EGV 104 条 11 項に挙げられたサンクションの「1 つまたはいくつか」を「命じ，または〔場合によっては〕厳しくすることができる」（EGV 104 条 11 項）[15]。

サンクションとして，EGV 104 条 11 項が掲げるのは，(i)構成国に，債券その他の有価証券の発行の前に，指示の公表を義務付けることができる[16]，(ii)ヨーロッパ投資銀行（EIB）に，「当該構成国に対する貸付政策（Darlehenspolitik）を審査するよう要求することができる，(iii)過度な財政赤字が是正されるまで「適切な額の無利子の預け金（Einlage）」を EU に預けることを義務付けることができる，そして，(iv)「適切な額の制裁金（Geldbusse）」を科すことができ，過度な財政赤字が解消されたときでも構成国に返済されない，である。

規則（Verordnung〔EG〕Nr. 1467/97）11 条 1 文によれば，これらのサンクションのうち，無利子の預け金が通常のケースとなる。ただし，個別のケースごとの対応も行われうる[17]。

---

14) 欧州委員会および構成国には，EGV 104 条 1 項ないし 9 項について，EGV 226 条および 227 条に基づく訴えを提起することが許されていない（EGV 104 条 10 項）。つまり，監視手続から派生する行為については，条約違反の訴えの方法で訴訟を提起することはできない。ただし，構成国が EGV 104 条 11 項によるサンクションから生じる義務を履行しない場合には，条約違反の訴えは許される。

15) 11 項は，原則として限定列挙と考えられていた。Pünder, a.a.O.（Anm. 3），S. 1386.

16) 指示は財政状況に関係するので，資本市場における利子の上昇や公的議論の高まりが想定されているという。Pünder, a.a.O.（Anm. 3），S. 1386.

17) 比例性の理由から，まずマイルドなサンクションをとることが考えられる一方，予算規律に対する特に極端な違反の場合には，直ちに制裁金の賦課も考えられる。Pünder, a.a.O.（Anm. 3），S. 1387.

II 「起債ブレーキ導入」へのヨーロッパの影響

1.「過度な財政赤字国ドイツ」の経験

　欧州において，財政規律の強化を主張し安定成長協定の導入を主導した当のドイツが，2002年，GDP 3.7％の財政赤字を計上し，2003年1月には，「過度な財政赤字国」に認定されてしまう。ドイツに対しては，理事会から勧告がなされ，さらに，同年10月，欧州委員会は，なお過度な財政赤字が継続するとして，理事会に「警告」を求める勧告を採択した。しかし，理事会はこれを否決，赤字是正期限を1年延長したうえで，手続を一時停止した。これに対して，欧州委員会は，訴訟で対抗し，欧州司法裁判所は，勧告の変更および手続の延期は EGV 104 条と一致しないとし，手続は続行されることとなった[18]。

　かつて厳格な安定成長協定の激しい主張者であったドイツが，EGV 104 条11 項によるサンクションを受ける最初の構成国となる危険に直面するなど[19]，この「過度な財政赤字国」ドイツの経験が，その後のドイツにおける公債制限に関する議論の展開に，EU のルール遵守の必要性を否応なく組み込まざるをえなかったであろうことは，すぐに想像がつく。

2.「起債ブレーキ」導入への内容的影響
(1)「負担能力」の志向

　さて，ドイツにおける「起債ブレーキ」導入時，ドイツの公債制限規定（基本法 115 条およびそれに対応する州憲法の規定）と，EU のそれとの間には，コンセプトの点で，次のような基本的な相違があった[20]。

　第1に，安定成長協定は，対象に関係する，投資の額に結び付けられた新しい起債制限を定義するのではなく，対象とは無関係の，長期にわたる国家財政の負担能力（Tragfähigkeit）に向けられた制限を定義していたということである[21]。その負担能力は，ここでは，安定的な債務割合，GDP 比最大 60％と理解された[22]。もっとも，この参照値は，根拠に基づき厳密に導かれるものでは

---

18) 以上，Pünder, a.a.O.（Anm. 3）, S. 1387f. 参照。
19) Pünder, a.a.O.（Anm. 3）, S. 1388 参照。
20) Dönnebrink u.a., a.a.O.（Anm. 3）, S. 37 参照。
21) Dönnebrink u.a., a.a.O.（Anm. 3）, S. 37 参照。

第7章 「起債ブレーキ」導入の国際的背景 137

ない。しかし，それでも，それが維持された90年代初頭に視点を向ければ，経験的に，債務割合が長期的に60％の数字の下に収まっている限り，長期的な負担能力は保証されるであろうと考えられていた[23]。

(2) 「構造上の予算差額」の考慮

第2に，EUでは，安定成長協定の運用のなかで，財政への景気上の影響を考慮した，構造上の赤字幅を確定するためのシステム的な分析が，非常に迅速に進展したということである[24]。それにより，協定の導入後，多くの構成国における経験から，好景気時に，名目的な赤字3％の上限（Grenze）を若干しか下回らない程度で満足すれば（つまり，増える収入に合わせて支出額を膨らませば），景気後退期には，その支出レベルをそのままにすれば，簡単に3％の数値を上回り，かといって，支出を減らせば，景気がさらに悪化するということが明らかになったという[25]。そのため，ヨーロッパの議論においては，名目上の赤字3％の制限と並んで，構造上の，少なくとも「ほぼ（nahezu）均衡された予算」（「close to balance」）という目標が掲げられることになった[26]。

(3) EU公債ルールへの近接

以上の，EUの規定と基本法115条「ゴールデン・ルール」との2つのコンセプトに関する相違点は，2005年の安定成長協定の改正によって，さらに顕著となる[27]。このうち，協定の，いわゆる予防的な財政監視機能の強化は，言葉を換えると，それぞれの構成国において，どの程度の構造上の予算差額が，長期的に負担可能な給付に十分であるか，という問題に答えることでもあった[28]。この負担能力のコンセプトに基づき，安定成長協定においてドイツに示された基準は，赤字の上限3％との安全な距離が確保され，長期的に負担可能な国全体の財政状況が保証されるべきであるとすれば，計上されてよい構造上の赤字幅は，GDP比で最大0.5％まで，ということであった[29]。

---

22) Dönnebrink u.a., a.a.O. (Anm. 3), S. 37.
23) Dönnebrink u.a., a.a.O. (Anm. 3), S. 37 参照。
24) Dönnebrink u.a., a.a.O. (Anm. 3), S. 37 参照。
25) Dönnebrink u.a., a.a.O. (Anm. 3), S. 37 参照。
26) Dönnebrink u.a., a.a.O. (Anm. 3), S. 38 参照。
27) Dönnebrink u.a., a.a.O. (Anm. 3), S. 38.
28) 解答は，それぞれの国について導き出される「中期目標」（Medium-Term-Objekt：MTO）で示され，それらは，それぞれの国の高齢者行政システムとの関係における人口統計上の展開から生じるものであるという。Dönnebrink u.a., a.a.O. (Anm. 3), S. 38.

ドイツが導入した「起債ブレーキ」は，EUとの比較におけるこの2つの違いを，EUに近付ける形で修正しており，EUの公債制限規定と親和的な制度として仕上がっている。結果としてみれば，ドイツの公債制限規定は，ゴールデン・ルールを放棄し「起債ブレーキ」を導入したことによって，EUルールのコンセプトと同じ方向に大きく舵をきったことがみてとれる[30]。

おわりに

表7-1は，1980年代初頭以降における債務状況の推移を示したものである。ドイツに着目すると，「起債ブレーキ」導入，すなわち2010年頃までのドイツの公的債務は，ヨーロッパ地域（Euroraum）や，EUの平均を上回っているが，それ以降は，むしろドイツが下回っている。つまり，ドイツの累積債務解消の勢いが，ヨーロッパ地域およびEU領域に比べ，目を見張る点に特徴を見出すことができる[31]。それに対して，アメリカ，そしてとりわけ日本は，ヨーロッパとの比較において，「猛烈な（rasant）」[32]と評される債務の増大を現在進行形

---

29) ドイツにおいて，このような財政の長期的志向の必要性に関する議論は，この時期，いずれにせよ加速していたといわれる。例えば，連邦財務省のアドバイザリー・ボード（der Wissenschaftliche Beirat）が財政政策の持続性に関する鑑定意見を提示したのが2001年，また，国の最初の負担可能性に関する報告は，2005年の夏に公表された。Dönnebrink u.a., a.a.O. (Anm. 3), S. 38参照。

30) その後，ユーロ危機に直面したEUでは，財政規律のいっそうの確保のため，2012年3月2日，欧州理事会において，「経済通貨同盟における安定，調整およびガバナンスに関する条約」（新財政協定）に署名がなされ，同協定は，2013年1月1日，発効した。ここにおける公債制御に関する規定の主な内容を掲げると，次のとおりである。
(1) 条約締約国の予算は均衡または黒字であることが義務付けられる。「均衡または黒字」とみなされるには，当該当事国の中期的な目標において，単年度の構造的赤字がGDP比0.5％以下である必要がある。〔3条1項a），b)〕
(2) 当事国のコントロールの及ばない異常事態においてのみ，各当事国の中期的目標またはそれに適合する方針から一時的に逸脱することが許される。〔3条1項c)〕
(3) 公的債務残高がGDP比60％を相当程度下回り，長期的な財政の持続の点でリスクが少ない場合には，構造的赤字はGDP比で最大1.0％に達してもよい。〔3条1項d)〕
(4) 3条1項に規定される事項につき，当事国は，拘束的かつ持続的な規定の形式，特に憲法レベルでまたはその他その完全な遵守が担保されるような形で，遅くとも条約の発効から1年以内に，国内法において有効なものにする必要がある。〔3条2項〕
(5) 条約の発効から最大5年以内に，経験の評価をもとに，この条約の内容はEU法に移行されるものとする。〔16条〕

31) 例えばスカンジナビア諸国ならびにオランダおよびオーストリアといったEUの幾つかの国は，依然として，ドイツよりも明らかに低い債務割合を示す。

第7章 「起債ブレーキ」導入の国際的背景　139

表7-1　債務割合の国際的比較（対 GDP 比）

年	ドイツ	ヨーロッパ地域	EU	アメリカ	日本
1980	30.3	—	—	42.6	50.7
1990	41.3	—	—	64.4	67.0
2000	58.9	68.1	60.1	53.1	139.2
2005	67.0	69.2	61.5	64.9	179.2
2010	81.0	84.1	78.5	94.7	208.2
2014	74.9	94.3	88.4	104.6	236.1
2016	68.3	91.3	85.1	107.4	238.6
2018	63.3	89.0	83.6	108.7	240.5

出典：ドイツ連邦財務省月例報告 2013 年 7 月（1990 年まで）および同 2017 年 7 月（2000 年以降）

で続けている。

　ドイツの起債制限を，ヨーロッパにおける動向と切り離して考えることが難しいことは，上記にみたとおりである。経済通貨同盟の設立に際してすでに，経済および財政の規律の遵守ならびに政府債務の持続的な制限が，ヨーロッパの規律の中心的視点に据えられており[33]，1997 年に成立した最初の欧州安定成長協定が，EU の機能に関する条約（AEUV）126 条（「起債ブレーキ」導入検討時の EGV 104 条と同内容）に含まれた財政規律にかかる原則規定を具体化し，厳格にした。定められた財政政策上の参照値（赤字割合が GDP の 3 ％まで）の補完として，財政協定の構成国は，中期的に均衡または黒字を計上する予算に努力することの義務も課せられた。基本法の起債ブレーキは，基本的にこの，欧州安定成長協定や財政協定（Fiskalvertrag）の定める基準を強く意識したものとならざるをえなかった。

　「起債ブレーキ」導入後も，財政協定の内国法転換のための法律[34]により，新しい財政協定において確定された，GDP 0.5％という政府全体の構造的赤字の上限は，予算総則法に規定されることとなった（51 条 2 項）。その際，連邦および州の予算と並んで，市町村および社会保障の予算もそこに含められることが明示され，社会保障にかかる財政の展開は，連邦の責任に帰し，州は財政

---

32) Dieter Hugo, Prüfung der Regeln zur Begrenzung der Staatsverschuldung, Dieter Engels (Hrsg.), 300 Jahre externe Finanzkontrolle in Deutschland — gestern, heute und morgen, 2014, S. 325ff., S. 349.

33) Bemerkungen 2012, Nr. 2.9.1, Nr. 2.9.2.

34) Gesetz zur innerstaatlichen Umsetzung des Fiskalvertrags vom 15. Juli 2013, BGBl. I S. 2398.

協定の枠のなかで当該自治体のために責任を担うこととされた[35]。さらに、すでに基本法109a条に基づき設立された安定化委員会（Stabilitätsrat）が、経済全体の赤字上限の遵守をコントロールするという任務を有し、すでに存在する財政協定の赤字基準の審査のための監視手続がここに拡大されている（安定化委員会法[36] 6条）。この、安定化委員会の監視任務は、9名の財政専門家によって担われるが（同法7条）、ここには、ドイツ連邦銀行の代表者等が属するなど、ヨーロッパの規律によって強められた要求も、国内法に持ち込まれ、構造的赤字制限の採用や早期警戒システム（Frühwarnsystem）の展開に至っていることもみてとれる。

このように、EUの財政規律は、ドイツの「起債ブレーキ」導入の際に強い影響を及ぼしただけでなく、導入後も「起債ブレーキ」の背後において非常に密接な関係を保ちながら存在しているといえる。

〔Ⅱ〕 ドイツが参考にしたスイス憲法上の起債ブレーキ

はじめに

2009年、ドイツにおいて、「起債ブレーキ」と呼ばれる新しい公債制限規定が憲法に規定されるが、2007年3月に設立された第2次連邦制度調査会スタート時には、参考にすべき先例の1つとして、スイスの起債ブレーキが挙げられていた[37]。また、調査会において実施された専門家ヒアリング（2007年6月）でも、スイスでの経験が多様に語られた。さらに、改革作業の期限と目された2009年9月（次の連邦議会選挙の期日）を前に、調査会の議論に次第に閉塞感が

---

35) 財政協定の内国法転換のための法律提案理由として、BT-Drs. 17/12058, S. 10.
36) Gesetz zur Errichtung eines Stabilitätsrates und zur Vermeidung von Haushaltsnotlagen (Stabilitätsratsgesetz) vom 10. August 2009, BGBl. I S. 2702.
37) 例えば、調査会の座長の1人、シュトゥルックの発言（Peter Struck, Komm-Prot.1, S. 4 C in: Bundestag/ Bundesrat (Hrsg.), Die gemeinsame Kommission von Bundestag und Bundesrat zur Modernisierung der Bund-Länder-Finanzbeziehungen - Die Beratungen und ihre Ergebnisse, 2010）参照。

第7章 「起債ブレーキ」導入の国際的背景　141

漂い始めたなか，これを打開する連邦財務省 (Bundesministerium der Finanzen 〔BMF〕) の案 (2008年2月) は，その検討の当初からスイスの起債ブレーキが丹念に比較研究の対象とされていたものであった。

このように，成立過程で，ドイツの起債ブレーキはスイスの影響を強く受けている。本章では，スイスの起債ブレーキの内容と実績を確認することを通してドイツが，スイスのどのような点に注目したのか，また，ドイツとスイスの異同はどこにあるのか等の視点から，「起債ブレーキ」にかかる意義と課題を明らかにすることを目指す。

I　スイスの起債ブレーキ

1. スイスにおける起債ブレーキ導入の背景

スイスの債務残高は，1990年ころまで比較的少額でコンスタントに推移したが，1990年と2004年の間に大きく増加した[38]。具体的には，1990年時点でのおよそ1000億フランから，2004年には約2400億フランへと2倍以上に増え (図7-1参照)，そのGDPに対する割合も，約30％から約54％へと大きく増大したのである[39]。

債務残高が最も多い2004年の累積債務の中身をみてみると，全体の50％強が連邦に帰属し (約30％が州〔Kanton〕，約20％が市町村〔Gemeinde〕)，額も，1990年に比べ，約400億フランから1300億フランへと3倍以上になり，顕著な増大傾向をみせていた。このとき，国際比較においては，GDP比でみるスイスの公債残高の割合はそれほど高いわけではなかったが，特に連邦レベルのドラスティックな増加傾向が，直接に行動する必要性を呼び起こしたとみられる。このような1990年代の累積債務増大を背景に，2001年，国民投票を通じて，スイス連邦憲法 (Bundesverfassung der Schweizerischen Eidgenossenschaft, 以下「スイス憲法」という) に導入することとされたのが，スイスの起債ブレーキである[40]。

---

38) 日本円での表記は，2007年末のレート，1ユーロ＝163.68円，1スイスフラン＝98.88円として概算したもの。

39) Peter Siegenthaler / Fritz Zurbrügg, Die Schweizer Schuldenbremse, in: Christian Kastrop/ Gisela Meister-Scheufelen/ Margaretha Sudhof (Hrsg.), Die neuen Schuldenregeln im Grundgesetz, 2010, S. 355ff., S. 356.

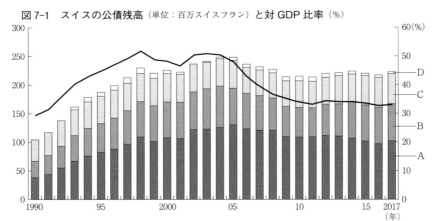

図7-1 スイスの公債残高（単位：百万スイスフラン）と対GDP比率（%）

A：連邦　B：州　C：市町村　D：社会保障　　　公債割合
出典：スイス会計検査院「財政の推移：2015年実績および2016-2017予測」（2017）

2. スイスの起債ブレーキ

(1) 総説

　国民投票は，2001年12月2日に実施され，スイス国民の85％の賛成票が得られた。このときの国民投票に対する連邦参事会（Bundesrat）の説明は，「連邦参事会および議会は，得られる収入よりも多くを支出しない起債ブレーキを規定する。その際，すべての経済状況が考慮されなければならない。例えば大規模災害や大不況のような通常外の状況においては，連邦は柔軟に対応することができる。起債ブレーキは，90年代におけるような巨額な赤字を阻止するものである。それは，公債の増大を制限し，それと結び付けられた利子の支払いを制限する。」というものであった。

　スイスの起債ブレーキの基本は明快である。すなわち，「支出は収入を上回らない」である。これを軸に，スイス憲法126条1項は，「連邦は，長期的に歳出と歳入を均衡に保つ」と規定し，まず，財政規律としての起債ブレーキは，

---

40) スイスの起債ブレーキの初めての作動は，2003年度予算においてであった。しかし，施行直後，経済の悪化から議会は起債上限の大幅な引き上げを承認せざるをえず，結果，2004年まで累積債務は増え続けることになる。このときは，これを理由に起債ブレーキの有効性を疑う見方もあったことにつき，Peer Steinbrück, Komm-Prot. 11, S. 320 in: Bundestag/Bundesrat, a.a.O. (Anm. 37)，渡辺富久子「ドイツの第二次連邦制改革（連邦と州の財政関係）(2)――財政赤字削減のための法整備」外国の立法246号（2010年）86頁以下，88頁以下参照。

連邦にのみ関するものであること，それゆえ，州の主権は制限されず，財政政策上の問題において，連邦は，州に対する指示の権限をもたないこと[41]，そして，長期的に，ということで，均衡は必ずしも毎年実現されなければならないものではなく，ある程度長いスパンでの予算均衡を標榜する規律として成立している[42]。

(2) 主要な構成要素

① 構造上許容される起債　「支出は収入を上回らない」という基本ルールを少し具体的にみてみると，スイスの財政法 (Finanzhaushaltsgesetz〔FHG〕，以下「スイス財政法」という) 13条1項は，「見積りにおいて承認される支出全体の最高額は，スイス憲法126条2項[43]によって見込まれる収入および景気ファクターの結果から導かれる」としている。こうして，公債の制御は，設定された支出最高額に支出を制限することを通じて行われるので，起債ブレーキは支出ルールでもあるのである[44]。ただし，例外もある。例えば，第1に，見積りにおいて承認された支出と見込まれた収入は，決算における実際の数字と必ずしも一致しなければならないとされているわけではないこと，第2に，通常外の状況，例えば自然災害あるいは深刻な景気の停滞のような場合に，あらかじめ決められた支出上限の例外が認められることもあるということ，などである[45]。

なお，スイス憲法上の起債ブレーキに「投資」を組み込むことは，単年度主義予算になじみにくい等の理由から見合わされている[46]。そこで，例えば先端投資 (Investitionsspitzen) については，幹線鉄道プロジェクト (Eisenbahngroßprojekte) のための基金やインフラ整備基金 (Infrastrukturfonds) など，連邦予算とは別に，基金が作られるなどして対応することも行われている[47]。

---

41) さらに州レベルにおいてはレファレンダムが広く普及しており，重要な財政上の効果をもつ問題は国民投票に付されることにつき，Siegenthaler/ Zurbrügg, a.a.O.〔Anm. 39〕, S. 358 参照。
42) Siegenthaler/ Zurbrügg, a.a.O.〔Anm. 39〕, S. 358.
43) 126条2項は「見積もりにおいて承認されるべき全歳出の最高額は，経済状況の考慮のもと，推計される歳入に合わせるものとする。」と規定する。また，同条3項は，「通常外の支出の必要がある場合，第2項の規定により見積もられた最高額を増額しうる。増額については，159条3項cに基づき連邦議会 (Bundesversammlung) が決定する。」と規定する。
44) Karl Heinz Hausner/ Silvia Simon, Die neue Schuldenregel in Deutschland und die Schuldenbremse der Schweiz, Wirtschaftsdienst 2009, S. 265ff, S. 267.
45) Hausner/ Simon, a.a.O.〔Anm. 44〕, S. 267.
46) Siegenthaler/ Zurbrügg, a.a.O.〔Anm. 39〕, S. 360.

② **景気要因に基づく起債** スイスの起債ブレーキは，景気変動に伴う影響にも考慮を払っている。その基本は，景気停滞の局面においては，支出が収入を上回ることを許され，反対に，好景気の時期には，収入が支出を上回らなければならないというものであるが，具体的には，スイスの場合，見込まれる収入が，常に，景気の影響をめぐる景気ファクターによって調整され，自動安定化装置がより良く働くよう担保することが意図されている点に特徴が見出される[48]。この景気ファクターについては，スイス財政法 13 条 3 項に，より詳しく定義されている。すなわち，「景気要因は，長期的に平均化されたトレンドに従い見込まれる実質 GDP と，見積りの年度において見込まれる実質 GDP の商から導かれる」というものである[49]。

③ **均衡勘定（Ausgleichskonto）** スイスの起債ブレーキにも，その空洞化を防ぐための均衡勘定が存在する（スイス財政法 16 条）。この均衡勘定では，確定された支出上限を超える支出の部分が借方に記入され，支出上限を下回った場合に貸方に記入される（同条 2 項）。この均衡勘定が赤字を示せば，数年間を通じ，予算における支出上限を引き下げることによってこれを解消することが求められる（同法 17 条 1 項）。もし，赤字額が前年度になされた全支出の 6 ％

---

47) Siegenthaler/ Zurbrügg, a.a.O. (Anm. 39), S. 360 では，「新アルプトランジット計画」(Neue Alpentransversalen) (ゴットハルト〔Gotthard〕ルートとレッチュベルク〔Lötschberg〕ルートの鉄道トンネル) のほか，国道網 (Nationalstrassennetz) や密集地区の公共輸送 (Agglometationsverkehr) の整備などが挙げられている。

48) 支出の最高額は，収入の額に拘束されるが，景気状況を考慮するファクターによって修正される。「景気ファクター」は，国内総生産のトレンド GDP と，対応する年度の GDP との関係から導かれる。すなわち，経済が，平均以上の実績を示すとき，GDP は，トレンド GDP よりも高くなり（景気ファクター<1），それによって，支出上限は収入を下回るため，連邦は，剰余を出すことが求められる。反対に，平均を下回る経済の時期においては，支出が収入を上回っても良い（景気ファクター>1）。それぞれの時期でみれば，経済状況に応じて，剰余が要求され，または赤字が容認される。しかし，すべての景気循環を通じてみれば，収入と支出は均衡されることになる。

49) なお，長期的な実質ベースのトレンド GDP の計算にあたっては，様々な方法が問題となりうるという。選択的には，経済的な生産関数 (Produktionsfunktion) （すなわち，投入された生産要素の量〔インプット〕と量的生産収益〔アウトプット〕との関数関係）に基づく方法もあるということであるが，スイスの起債ブレーキのもとでは，統計的な方法である「Hodrich-Prescott-Filter (HP フィルター)」ないしこれを引き継ぐ「修正された HP フィルター (MHP フィルター)」(Hodrich と Prescott によって発展させられた，評価のための平衡化の方法) が利用されてきたようである。景気要因は，長期的に実質ベースのトレンド GDP と実質 GDP の比較から導かれるが，その際，トレンド GDP が統計的な方法を使って評価されるということである。以上，Siegenthaler/ Zurbrügg, a.a.O. (Anm. 39), S. 359, Hausner/ Simon, a.a.O. (Anm. 44), S. 267 参照。

を超えると，サンクションはより厳格となり，この超過分は，以後3会計年度内に除去されなければならないこととされる（同条2項）。なお，この3か年というのは，一定の柔軟性を確保すると同時に，赤字の清算が引き延ばされないことを担保するための期間として設定されたものであるという[50]。

④ **例外規定** スイスの起債ブレーキは，特別の状況において，通常外の支出の可能性を予定している。ただし，これは支出上限からは例外とされ，この分，支出上限は実質的に増額される。通常の任務遂行の安定性を害しないためである[51]。この，通常外の支出需要は，例えば，深刻な景気の後退，あるいは自然災害のような，特別の状況のもと，また，記帳に由来する（verbuchungsbedingt）支払いの集中（Zahlungsspitzen）および会計モデル（Rechnungsmodell）の変更に際して許容されている。

⑤ **償還勘定（Amortisationskonto）――2009年スイス財政法改正** ところで，上記例外取扱いにおいて，通常外の支出は，通常の予算に関係させなかった。しかし，たとえ起債ブレーキに整合する財政政策がとられても，それによって債務が増大する事態を引き起こす可能性があった[52]。特に，財政政策上厳しい時期においては，これが「抜け穴（Schlupfloch）」となって[53]，起債ブレーキの迂回路として濫用されるであろうという危険が存在した[54]。

そこで，2009年，スイス財政法に規定が追加され，すでに存在する均衡勘定とは別に，通常外の支出の赤字分を通常の予算を通じて中期的に補うことを内容とする，償還勘定が設けられることとなった（17a条1項）。もし，償還勘定において，通常外の支出が通常外の収入を超過する場合は，この超過分は，遅くとも続く6会計年度の間に，通常の予算の剰余によって返済されなければならないこととされ（17b条1項），これによって，通常外の支出による連邦債務の増大に対処したのである[55]。

---

50) Siegenthaler/ Zurbrügg, a.a.O. (Anm. 39), S. 361. なお，均衡勘定が黒字の場合については，法律には措置は予定されていない。

51) Siegenthaler/ Zurbrügg, a.a.O. (Anm. 39), S. 362. ただし，起債ブレーキの基本ルールが弱められないために，通常外の支出の要求の決議には，両議院での特定多数が必要であり，かつ，その要求は，連邦予算における最小限の額（全体支出の0.5%）でなければならない。

52) Hauser/ Simon, a.a.O. (Anm. 44), S. 270.

53) 財産譲渡による財政上の活動の余地を高める実務が繰り返しとられていたことにつき，Hausner/ Simon, a.a.O. (Anm. 44), S. 270.

54) Siegenthaler/ Zurbrügg, a.a.O. (Anm. 39), S. 362.

55) Hausner/ Simon, a.a.O. (Anm. 44), S. 270.

3. ドイツの起債ブレーキとの異同

　以上のようなスイスの起債ブレーキは，後に成立するドイツのそれと，しくみの大枠は非常によく似ている。すなわち，両者とも，構造上の起債制限を通じて各年度の予算均衡を守り，逸脱した場合の対応を特別勘定を設けて担保しようとするものである。しかし，両者を詳しく比較すれば相違もあり，わが国の論者によれば，次の3点が指摘される[56]。第1に，ドイツの場合，「新規起債額の上限」を設定して起債を制限するのに対して，スイスは当該予算の歳出を「歳入を上限」に制限する点[57]，第2に，ドイツは「構造上の」起債を認めるが，スイスは認めない点，そして第3に，景気による変動については，ドイツの場合，「構造上の」枠のなかで考えるのに対して，スイスは，「歳出上限の変動」として考える点である[58]。そして，両者の特徴を対比的に表すとすれば，この論者の表現に依拠すれば，スイスの制度は「非常に素直でわかりやすい」に対して，ドイツは「結果として難解で複雑な制度」であるという[59]。

II　スイスの起債ブレーキの意義と課題

1. 導入の意義

(1) 裁量的財政政策から財政規律重視の財政へ

　起債ブレーキがスイスにもたらした意義は，裁量的財政政策が，規律に拘束された財政政策に移行したということであるという[60]。スイスの起債ブレーキのもとでは，たしかに景気による影響の考慮も景気ファクターを使って組み込まれ，景気適合的な財政政策が施されることも期待されている。しかし，とりわけ景気状況は収入面に直結することから，債務が景気の循環を通じて嵩(かさ)を張らないためには，スイスの起債ブレーキがもつ，支出に関する制度的な「手錠

---

56) ジェトロデュッセルドルフ事務所・ジェトロ欧州ロシアCIS課「ドイツ・スイスの債務ブレーキ制度とEFSF拡充に関するドイツ保証引受法改正」JETROユーロトレンドNo. 107（2012年）〔中村匡志取りまとめ〕(https://www.jetro.go.jp/ext_images/jfile/report/07000809/ch_de_saimu.pdf)。

57) ドイツの上限値においては名目GDPが算定基準となるのに対して，スイスの場合は実質GDPが算定基準となる。ジェトロ・前掲（注56）16頁。

58) ドイツにおいては，潜在的なGDPと実際のGDPを基にするのに対して，スイスは実質ベースのトレンドGDPと実質GDPを基にする。ジェトロ・前掲（注56）16頁。

59) ジェトロ・前掲（注56）16頁。

60) Hausner/ Simon, a.a.O. (Anm. 44), S. 269.

第7章 「起債ブレーキ」導入の国際的背景　147

(Fesseln)」の機能，すなわち，特に好景気時，その誘惑を抑え，支出を収入に拘束するという点に，まさに意義が見出される[61]。

(2) 債務の減少

スイスの起債ブレーキは，統計的にみると導入の目的を達成しているとみることができる[62]。すなわち，(スイスが導入した) 2003年と (ドイツが導入を検討する) 2008年とで通常予算の数字を比較してみると，28億フランの赤字 (GDP比0.6％) から，73億フランの黒字 (GDP比1.4％) に改善されている。支出の割合は，GDP比11.4％から10.6％に減少し，公債残高も，GDP比28.3％から22.9％に減少しているのである。

また，好景気と目される2007年度および2008年度をみてみると，連邦参事会および議会は，これらの年にも基準を遵守しているのみならず，それぞれの予算において，剰余を計上している[63]。予想以上の好景気，それによる収入の過小評価のために大きな余剰が得られたことも相まって，スイスの起債ブレーキは，好況時における規律効果を立証する形となった[64]。

(3) 経済・金融危機への対処

一転，リーマン・ショックに端を発する世界レベルでの深刻な経済・金融危機を迎え，スイスでも，景気政策手段としての財政政策がやむなくとられることになるが，さらに裁量的措置を求める政治圧力に対して，景気ファクターを通して許容される景気上の措置で対応可能であるかが問われることとなった[65]。連邦参事会は，2008年11月，財政政策上の措置は起債ブレーキの基準の枠内で行うことを決め，2009年度予算は，高い数値となる景気ファクターによって許される赤字に基づきながらも起債ブレーキ内で実施された[66]。スイスの起債ブレーキは，不況時においても，一定の規律効果を発揮したとみうる。

(4) 国民の支持

スイスの起債ブレーキは，国民アンケートによっても支持されているようである[67]。2008年に実施されたアンケートでは，回答者の3分の2以上が，連邦

---

61) Hausner/ Simon, a.a.O. (Anm. 44), S. 270.
62) Siegenthaler/ Zurbrügg, a.a.O. (Anm. 39), S. 363.
63) Siegenthaler/ Zurbrügg, a.a.O. (Anm. 39), S. 364. 当時まだ規定がなく，追加的起債に至ることのできた通常外の支出も，通常の予算のなかで取り扱っている。
64) Siegenthaler/ Zurbrügg, a.a.O. (Anm. 39), S. 365.
65) Siegenthaler/ Zurbrügg, a.a.O. (Anm. 39), S. 365.
66) Siegenthaler/ Zurbrügg, a.a.O. (Anm. 39), S. 365.

の累積債務解消の必要に賛成，起債ブレーキには，回答者の半数以上が「良い (gut)」を選択（「非常に良い (sehr gut)」は 4 %）[68]，さらに，回答者の 60％以上が，国家が剰余を記録すれば国家債務のさらなる削減を要求し，70％以上が，赤字が存するときには支出の切り詰めに責任をもつと回答したという[69]。国民投票で 85％の支持を受け導入されたスイスの起債ブレーキは，現実にスイス国民の期待に応える成果をもたらし，その基本的考えは，そのまま国民の高い支持を維持しながら推移していると評することができるであろう[70]。

2. 起債ブレーキの課題

統計上，スイスの起債ブレーキは所期の成果を発揮しているようにみえ，また，国民からの支持も高いようであるが，もちろん，いくつか批判もある。

(1) 投資

「ゴールデン・ルール」を有していたドイツが，それを放棄しスイスの起債ブレーキを志向したことから当然のことであるが，スイスの起債ブレーキには，「投資」は組み込まれていない。そのことから，支出全体に対する厳格な制限は，いきおい「投資不足」を惹起しないかの懸念を生じさせている[71]。ドイツのかつてのゴールデン・ルールにも，それ相応の理由があったはずであり，たしかにドイツでは「ゴールデン・ルール」が希釈され，起債の「迂回道」として利用可能であったことが示されたが，それは，主として投資概念が一義的な限定が困難であることに起因したからであって，投資そのものが回避されなければならないわけではないというのである[72]。支出を厳格に規律することが，投資支出を後回しにさせ，インフラ整備の遅れ等を引き起こさないか懸念が示されるわけである。

(2) 景気への対応

また，スイスの起債ブレーキのもつ景気への対応力に疑問が呈される。これ

---

67) Hausner/ Simon, a.a.O. (Anm. 44), S. 270.
68) Hausner/ Simon, a.a.O. (Anm. 44), S. 270. 2009 年に改正された予算外の支出に起債ブレーキを拡張することについても，回答者のおよそ 3 分の 2 が賛成した。
69) Siegenthaler/ Zurbrügg, a.a.O. (Anm. 39), S. 366.
70) Hausner/ Simon, a.a.O. (Anm. 44), S. 270, Siegenthaler/ Zurbrügg, a.a.O. (Anm. 39), S. 366. 後者によれば，スイスの起債ブレーキは，国民のほか政治家からも強い後ろ盾を受けている。
71) Hausner/ Simon, a.a.O. (Anm. 44), S. 271.
72) Hausner/ Simon, a.a.O. (Anm. 44), S. 271.

は1つには，行き着く先が，HPフィルター・MHPフィルターへの信頼性の問題であるようであるが[73]，そうであればこれは方法論の問題であるし，基本ルールが「支出は収入を上回らない」である以上，この厳格を放棄しない限り，常に内在する問題とみることもできよう。もう1つは，起債ブレーキのもとで景気調整が短期的にはうまくいっても，もし収入の過少と低成長トレンドが中長期にわたり続く場合に，それでも法律上支出を拘束する起債ブレーキに従い続けなければならないことに対する危惧が指摘される[74]。

(3) 均衡勘定

加えて，均衡勘定について，許容される赤字の幅が小さすぎ[75]，経済状況からみて適切でない場合でも償還が求められる場合があることに批判が寄せられる[76]。改正法において，赤字額が過年度になされた支出全体の6％を超えるとき，この超過部分は，次の3年以内に償還されなければならないこととされているが，これに対し，返済期間を適宜延長し，最大の赤字額に対する制限を緩める必要があるとの指摘がある[77]。

おわりに

以上のように，スイスにおいては，起債ブレーキが，公債の発行制限および公債残高の減少に効果を発揮し，持続的財政の保持に必要な手段と考えられていることがうかがえた。それを参考に導入されたドイツの起債ブレーキと併せ，わが国の持続可能な財政の構築に参考になる点は少なくないであろう。

ただ，スイスで高く評価される起債ブレーキも，他方で，決して支出の中身に関して基準となるものではないことが意識されている[78]。支出の中身，優先づけは，あくまでも政治家の仕事なのである。代表的には，社会福祉領域の支

---

73) Hausner/ Simon, a.a.O. (Anm. 44), S. 270f.
74) Siegenthaler/ Zurbrügg, a.a.O. (Anm. 39), S. 366f. 参照。
75) ドイツの管理勘定の場合，上限はGDP 1.5％であり，例えば2007年度においてこれは363億ユーロであった。スイスの規定をドイツに転用すれば，最大で162億ユーロの赤字（2007年度の連邦の支出2704億ユーロの6％）が許されるだけになるという。Hausner/ Simon, a.a.O. (Anm. 44), S. 271 参照。
76) Hausner/ Simon, a.a.O. (Anm. 44), S. 271.
77) Hausner/ Simon, a.a.O. (Anm. 44), S. 271 参照。
78) Siegenthaler/ Zurbrügg, a.a.O. (Anm. 39), S. 366f.

出が将来,飛躍的に増加すれば,必然的に他の任務領域への支出が圧迫される。もし社会保障領域の支出改革がうまくいかないのに,起債ブレーキを遵守しようとすれば,他の任務領域に非現実的な規模の削減が必要となるということである[79]。

したがって,持続的財政を確保するために起債ブレーキは有用である。しかし十分ではないことがわかる[80]。本当に必要なのは「支出の構造改革」である[81]。このことが,起債ブレーキを成功させたスイスで,あえて強調されている点は決して看過してはならない。

---

79) Siegenthaler/ Zurbrügg, a.a.O.（Anm. 39）, S. 366f. 例えば,ドイツにおいて,社会保障の領域における長期的な支払い義務など,単年度予算には現れない潜在的な国家債務を考慮に入れるとすれば,ドイツにおける実質的な国家債務は,GDP 比 200％以上に増加するという。Hausner/ Simon, a.a.O.（Anm. 44）, S. 271.
80) Hausner/ Simon, a.a.O.（Anm. 44）, S. 271.
81) Siegenthaler/ Zurbrügg, a.a.O.（Anm. 39）, S. 366f.

第8章　財政緊急事態早期警戒システムと安定化委員会

はじめに

　ドイツの州レベルで，債務の増大による財政再建の問題が顕在化するのは，1980年代以降のことである[1]。これに関する法的ルールがない状況のもと，問題は連邦憲法裁判所に持ち込まれた[2]。連邦憲法裁判所は，1992年5月27日の判決においては，「まず必要で，かつ特に緊急であるのは，連邦および州が財政の緊急事態の発生を阻止し，生じた財政緊急事態の解消に寄与しうるに適切な，共通に妥当する義務および手続規定を確立することである。」[3]とした。しかし，これに応じた動きをみせない立法者に対し，2006年10月19日の同裁判所の判決は，重ねて，「現行法の深刻な問題は，連邦国家における現在の，また潜在的な再建事例に取り組むに必要な手続上の規定も，実体規定も欠けているということである。連邦の立法者には，この点について，基本法109条3項が権限を与えている。しかしながら，本法廷が，前の判決において描いた連邦国家による取組みの図は，現実のものとはならなかった」[4]と，立法者に対して，財政緊急事態回避のための手続規定を設けることを，再度強く求めた。

　これにようやく応じたのが，2009年の基本法改正である。ここで，財政危機回避のための早期警戒システムは，構造上の起債制限に付随する形で導入され，基本法は，連邦の財政システムの内部でフィスカル・ポリシー（Fiskal-

---

1) Stefan Korioth, Die neue Schuldenregeln für Bund und Länder und das Jahr 2020, in: Martin Junkernheinrich/ Stefan Korioth/ Thomas Lenk/ Henrik Scheller/ Matthias Woisin (Hrsg.), Jahrbuch für öffentliche Finanzen 2009, S. 393ff, 403f. 参照。
2) この問題が初めて取り上げられたのは1986年の判決である（BVerfGE 72, S. 330ff.）。
3) BVerfGE 86, S. 148ff, 266.
4) BVerfGE 116, S. 327ff, 393.

politik，以下「財政政策」という）に関与する「委員会（Gremium）」として安定化委員会（Stabilitätsrat）を創設したうえで（109a条），ここに，財政緊急事態の発生を回避するため連邦および州の財政の定期的な監視ならびに財政緊急事態のおそれがある場合の再建プログラム（Sanierungsprogrammen）作成の任務を割り当てた[5]。

わが国においても，財政制度等審議会[6]，財政経済諮問会議[7]のような機関が，財政政策に影響を与えうる組織として挙げられるかもしれない。財政規律の担保を裁判所によって行うことが困難なわが国においては，財政規律実効化の手懸かりを裁判所以外の専門機関に求めざるをえず，このような機能を期待できる抜本的な制度改革も望まれるところである。もとより，安定化委員会が国家の債務の上昇を本当に有効に制限できるかどうかは，2020年の起債ブレーキの完全施行後に初めて有効に判断されうるものであろうが[8]，わが国において財政決定者に財政規律に対するコミットメントを引き出すしくみの構築を考察する素材とするため，本章では，この，早期警戒システムに組み込まれた新しい安定化委員会の性格と任務を概観することとしたい[9]。

---

5) その詳細は，基本法109a条1文に基づき制定された安定化委員会の設立および財政の緊急事態回避のための法律において定められている。Gesetz zur Errichtung eines Stabilitätsrates und zur Vermeidung von Haushaltsnotlagen von 10. Augst 2009 (BGBl I S. 2702). この法律について，渡辺富久子「ドイツの第二次連邦制改革（連邦と州の財政関係）（2）——財政赤字削減のための法整備」外国の立法246号（2010年）86頁以下参照。

6) 別所俊一郎「財政規律とコミットメント」会計検査研究42号（2010年）29頁以下，35頁参照。

7) 宍戸常寿「予算編成と経済財政諮問会議」法学教室277号（2003年）71頁，片桐直人「財政・会計・予算——財政法の基礎を巡る一考察」法律時報88巻9号（2016年）4頁以下，13頁参照。

8) Sebastian Thomasius, Der Stabilitätsrat: Ein Fiskalpolitisches Gremium zwischen Kontinuität und Neuanfang,in: Clemens Hetschko/ Johannes Pinkl/ Herman Pünder/ Marius Thye (Hrsg.), Staatsverschuldung in Deutschland nach der Föderalismusreform II‐eine Zwischenbilanz, 2012, S. 189ff., 222 参照。

9) 本章において，主として依拠した文献は，Thomasius, a.a.O. (Anm. 8), S. 189ff., Marius Thye, Der Stabilitätsrat‐Aufgaben, Organisation und Verfahren eines gemeinsamen fiskalpolitischen Gremiums von Bund und Ländern, 2014, insb. S. 9ff. und 27ff., Dieter Engels/ Manfred Eibelshäuser (Hrsg.), Kommentar zum Haushaltsrecht, Art. 109a GG, stand 2010, Korioth, a.a.O. (Anm. 1), S. 393ff., Achim Hildebrandt, Ein Jahr Stabilitätsrat‐erste Ergebnisse und ihre Bewertung, in: Martin Junkernheinrich/ Stefan Korioth/ Thomas Lenk/ Henrik Scheller/ Matthias Woisin (Hrsg.), Jahrbuch für öffentliche Finanzen 2011, S. 369ff. である。

I　ドイツにおける「財政政策委員会」

1.　「財政政策委員会」

そもそも「財政政策委員会」の機能は，欧州委員会（Europäische Kommission, European Commission）資料によれば，次の4つに分類されうるという[10]。すなわち，(1)財政政策の展開に対する独立的分析，(2)財政準備のためのマクロ経済および／または財政の予測，(3)財政政策に関する規範に沿った意見の提出，そして，(4)財政政策の行動に関する勧告である。

欧州委員会は，ドイツにおいては，安定化委員会のほか，すでに4つの組織が上記任務の一部を果たしているとみられている[11]。これらの組織は，①経済研究所共同作業グループ（Arbeitgemeinschaft der Wirtschaftsforschungsinstitute），②税収予測委員会（Arbeitkreis Steuerschätzung），③経済専門有識者委員会（Sachverständigenrat zur Begutachtung der gesamtwirtschaftlichen Entwicklung），そして，④財務省アドバイザリー・ボード（Wissenschaftlicher Beirat beim Bundesministerium der Finanzen）である。欧州委員会がそれぞれ果たす機能を一覧にしたものが，表8-1である[12]。

欧州委員会のこの資料によれば，他の多くのヨーロッパ諸国においても財政政策委員会は見出され，EUの構成国27のうち17の国において合計29の委員会が存在する。それらのうち，多くの委員会の設立は古く，1807年に設立されたフランスの会計検査院（Court of Accounts）は別格としても，例えば1927年に設立されたオーストリアの公債委員会（Staatsschuldenausschuss）や1937年に設立されたスウェーデンにおける国立経済研究所（National Institute of Economic Reserch）などの例もある[13]。

ところで，ドイツにおいては，すでに1968年以来，連邦の財務大臣および経済大臣，州の財務大臣，ならびに市町村および市町村連合の代表者4名から

---

10) European Commission, Fiscal Governance and Sovereign Spreads, Public Finances in EMU 2011, S. 111ff., 117参照。
11) European Commission, a.a.O. (Anm. 10), S. 118参照。
12) European Commission, a.a.O. (Anm. 10), S. 118およびTomasius, a.a.O. (Anm. 8), S. 196の表を参考に作成。
13) European Commission, a.a.O. (Anm. 10), S. 118参照。

表 8-1　ドイツの財政政策に関与する組織

	設立―廃止	(1)	(2)	(3)	(4)
財務省アドバイザリー・ボード	1950―現在	○	×	○	○
経済研究所共同作業グループ	1950―現在	×	○	×	○
税収予測委員会	1955―現在	×	○	×	×
経済専門有識者委員会	1963―現在	○	×	△*	×
財政計画委員会	1968―2009	×	×	△**	○
安定化委員会	2010―現在	×	×	○	○

*　欧州委員会資料によれば，経済専門有識者委員会は規範的評価は行わず，勧告も発しないが，トマジウスによれば「○」。
**　財政計画委員会について，トマジウスによれば，勧告機能の不十分さにかんがみ留保付きの「○」14)。

構成される財政計画委員会（Finanzplanungrat）が存在していた15)。この委員会は，予算総則法旧51条2項1文により，連邦，州，市町村および市町村連合の財政計画の調整のための勧告を発した。これによってドイツは，ドイツのヨーロッパ法上の義務を遵守し，加えて，2001年以降，予算総則法旧51a条により，財政規律遵守に対する勧告を行い，当該領域団体における財政の推移が当時のヨーロッパ共同体に関する条約およびヨーロッパ安定成長協定の諸規定と整合するか，審議・検討することとされていたのである。しかし，学説からは，財政計画委員会が独立のコントロール機関として構想されていないこと，またサンクションは伴わず，個々の関係者に拘束的な財政目標を基準として与えることも許されていないことに批判が寄せられ，同委員会は，単なる助言機関として「牙をもたない虎」と表示されるものであった16)。

2.　連邦憲法裁判所判決

前述のように，1992年，連邦憲法裁判所は，ブレーメンおよびザールラントの両州が財政緊急事態の確定を発する旨の求めに対して，財政緊急事態の存在を自ら設定した指標（Indikatoren）に基づいて審査し，関係州に相応の再建支援の義務が帰属するとの判断を行うとともに，立法者に財政緊急事態の永続的な回避のための予防システムを発展させるよう要求した。

---

14)　Thomasius, a.a.O. (Anm. 8), S. 196.
15)　Finanzplanungsratの活動について，さしあたり，Wolfram Höffling, Staatsschuldenrecht, S. 420f. を参照。
16)　Thye, a.a.O. (Anm. 9), S. 10.

これに対する立法者の対応がないなか，2006年，連邦憲法裁判所は，いわゆるベルリン判決において，今度は，財政上の緊急事態における連邦国家の援助のための条件を非常に厳格に理解する判断を行い，財政緊急事態を認めなかった。すなわち，同裁判所によれば，財政状況の芳しくない州に対する再建支援としての基本法107条2項3文による連邦の補充割当金（Bundesergänzungszuweisungen）は，「次の場合にのみ憲法上許容され，望ましい。すなわち，当該州の財政状況が——他の州との比較において——極端として評価されなければならず，そして，絶対的に——当該州に憲法上割り当てられた任務の基準に従って——当該州の緊急事態が発生しているというほど極端な規模が到達したという場合のみである。」[17]とした。連邦憲法裁判所は，ここで，1992年の判決との比較において，明らかに，支援の要求に対するより高度な条件を設定し，州の自己責任を強調したと解されている[18]。そのような連邦構成員（Bundesglied）の状況は，通常あまり想定できないと考えられ[19]，この条件は「ほとんど充足不能」[20]という論者もいた。

　当時，州が現実に支払不能に陥ったときのルールは欠けていた。国は，企業とは違い，直ちに倒産という結果には至らないと考えられ，支払不能に陥った際のルール化がなされていなければ，連邦や他の州が支援せざるをえないと考えられた[21]。債務を負った州も債権者もそう考える限り，市場は，債務者および債権者を規律付けることはできない。現に，3つの格付け機関が，ベルリン判決後もベルリンに対するレーティングをほとんど変えなかったという[22]。その結果，市場は，ベルリン判決の後も，規律効果を発揮することができなかっ

---

17) BVerfGE 116, S. 327ff., 327 (Leitsats 2.a)).
18) Thye, a.a.O. (Anm. 9), S. 15, Stefan Korioth, Haushaltsnotlagen der Länder: Eigenverantwortung statt Finanzausgleich, Wirtschaftsdienst 2007, S. 182, 182ff., Matthias Rossi, Verschuldungsautonomie und Entscheidungsverantwortung, JZ 2007, S. 394, 395, Daniel Buscher, Der Bundesstaat in Zeiten der Finanzkrise, 2010, S. 185ff. など参照。
19) Korioth, a.a.O. (Anm. 18), S. 183 参照。ただし，同裁判所は，「連邦国家の緊急事態」の概念に，より詳しい注釈を加えていないので，裁判所は，意識的に，将来の決定のために余地を残しておこうとしているのではないかと推測されている。つまり，将来の訴訟の際に，連邦国家の連帯の考えを，自己責任原則との比較において，判例と矛盾することなく採用する可能性は残されているとみることもできる。Thye, a.a.O. (Anm. 9), S. 15, Rossi, a.a.O. (Anm. 18), S. 395ff. 参照。
20) Rossi, a.a.O. (Anm. 18), S. 395.
21) Thye, a.a.O. (Anm. 9), S. 16 参照。
22) Thye, a.a.O. (Anm. 9), S. 16 参照。

たのである。

　もとより裁判所は，財政緊急事態の「判断」はできるが，決してこれを「回避」することはできない。それにもかかわらず，ベルリン判決においては裁判所がいわば政治的決定を背負わされた形となっていた[23]。この事態は，立法者が，自己責任の原則を信頼できるように強化し，財政上緊急事態にある州に対する明確な支援の禁止を基本法に規定し，支払不能の結果を法律上規定するという方法によってしか克服できないと考えられたのである[24]。

　このように，財政危機の早期警戒および回避に関する法制度は，第2次連邦制度改革の前は不十分であり，そのための拘束的なルールが強く求められていた[25]。

II　財政緊急事態早期警戒システムと安定化委員会の設立

1. 第2次連邦制度改革

　政治のアクターも，行動の必要性を認識した。すなわち，すでに，第1次連邦制度改革期における基本法改正案の提案において，当時，大連立を組んだCDU／CSUとSPDの会派は，連邦と州の財政関係の改革に関して，さらに議論を進めなければならないことで合意し[26]，この後2006年12月に設置される「連邦と州の財政関係の現代化のための共通の調査会」（第2次連邦制度調査会）の作業において基礎となる「未解決のテーマ集」に，「財政危機の認識と克服のための（例えば，財政計画委員会を格上げすることを含む）早期警戒システムの創設」，「現存する財政危機の克服・再建のコンセプト，自律強化のコンセプト（特に連邦憲法裁判所によって示された基準を考慮して）」が掲げられた[27]。調査会は，2年の作業を経て，2009年3月5日，新しく設立されることとなる安定化委員会を基礎に財政危機の早期警戒システムを包括する法律の改正ないし新しい法律を提案し，連邦議会および連邦参議院も，これに基づく決議を行った。

---

23) Matthias Rossi/ Gunnar Folke Schuppert, Notwendigkeit und Inhalt eines Haushaltsnotlagengesetzes, ZRP 2006, S. 8f., 8， Thye, a.a.O.（Anm. 9），S. 13 参照。
24) Thye, a.a.O.（Anm. 9），S. 16 参照。
25) Thye, a.a.O.（Anm. 9），S. 16 参照。
26) BT-Drs. 16/2052, S. 1.
27) BT-Drs. 16/2052, S. 10.

2. 安定化委員会の設立

　安定化委員会は，2009年6月，新しい基本法109a条において憲法上規定されることとなった[28]。これに伴い，財政計画委員会は，同年12月に解散された。

　安定化委員会は，連邦および州の財務大臣および連邦経済大臣の，合計18名の構成員からなる。安定化委員会の長は，連邦財務大臣および州財務大臣会議議長が共同で務める（安定化委員会法1条）。つまり，安定化委員会は，純粋に政治的な委員会である。これは，第2次連邦制度調査会が，EUの経済および財務閣僚の閣僚理事会（ECOFIN）を志向し，財務省アドバイザリー・ボードの提案に一部従ったことによるものである[29]。この提案には，連邦会計検査院，連邦銀行および独立の専門有識者の代表を任命することも選択肢とされたが，こちらは見送られた[30]。

　安定化委員会は，少なくとも年に2回活動する（同法1条3項）。会議の準備のために，安定化委員会は，安定化委員会作業班（Arbeitskreis Stabilitätsrat）を立ち上げ，それは，連邦財務省，州の財務省および連邦経済技術省の代表者から，行政レベルで構成される（安定化委員会業務規程[31] 9条1項）。

　財政緊急事態のおそれ確定のために，安定化委員会は，評価部会（Evaluationsausschuss）を設け，連邦財務省の事務次官および州の財務省の事務次官4名が，これに属する。評価委員会の構成は，安定化委員会によって決められ，関係する領域団体がどこかによって変わりうる。関係する領域団体は，原則として，評価部会の会議には参加しない（同規程10条1項）。

　なお，安定化委員会の審議自体は公開されないが（安定化委員会法1条3項），しかし，安定化委員会は，その決議および審議資料の公表が義務付けられてい

---

28) 基本法109a条は次のとおりである。「財政上の緊急事態を回避するため，連邦参議院の同意を必要とする連邦法律により，次の各号に掲げる事項について規定する。1. 連邦および州の財政運営の，共通の委員会（安定化委員会）による継続的な監視　2. 財政緊急事態のおそれを確定するための要件および手続　3. 財政緊急事態の回避のための再建プログラムの作成および実施のための原則　安定化委員会の議決およびその基礎となった審議資料は，これを公表しなければならない。」
29) Thomasius, a.a.O. (Anm. 8), S. 204 参照。
30) Korioth, a.a.O. (Anm. 1), S. 404 は，独立性と専門知識が委員会の審議や決定の発見に寄与しうる会計検査院の代表者が予定されなかったことを「残念」とする。
31) Geschäftsordnung des Stabilitätsrates. 安定化委員会法1条5項の規定に基づき定められたものである。

表 8-2　財政監視のための指標および基準値[32]

指標（Kennziffer）	基準値	
	連邦	州
構造上の資金調達残高 （Finanzierungssaldo）	連邦が設定した基準に住民1人当たり50ユーロを加えた額	住民1人当たりの州平均に200ユーロを加えた額
信用調達の割合 （Kreditfinanzierungsquote）	直近5年間の年平均に8％を加えた割合	州平均に3％を加えた割合
債務状況 （Schuldenstand）	GDP比過去5年間の年平均に8％を加えた割合	住民1人当たりの州平均の，都市州を除く州は130％，都市州は220％
税収入に対する利払いの割合 （Zins-Steuer-Quote）	過去5年間の年平均に8％を加えた割合	州平均の，都市州を除く州は140％，都市州は150％

る（基本法109a条，安定化委員会法1条4項）。

3.　安定化委員会の任務

　連邦および州は，安定化委員会に，中期的な財政の動向の見通しを含む，現在の財政状況および財政計画についての年次報告を提示することを義務付けられる。この報告は，安定化委員会によってあらかじめ設定される指標（Kennziffern）に基づくものである（同法3条）。この指標のために，安定化委員会は，超過すると財政緊急事態の指摘をもたらす基準値（Schwellenwerte）を設定する。連邦および州が，いくつかの指標につき基準値を超過する場合，安定化委員会は，財政緊急事態のおそれがあるかどうかの審査に入る（同法4条）。この審査は，連邦財務省の事務次官および州財務省の4人の事務次官が属する，前述の評価部会によって行われる（安定化委員会業務規程10条1項）。この評価部会は，安定化委員会に，審査後，決議された提案を提示するが，関係する領域団体には，意見を述べる機会が与えられる（同規程10条2項）。

　安定化委員会が財政緊急事態のおそれを確定したとき，当該領域団体は，再建プログラムを提案しなければならない。安定化委員会がこの提案を不適切または不十分と判断する場合には，安定化委員会は，より強化された財政再建の要求を決議する。この再建プログラムは，安定化委員会と，連邦または当該州との間で取り決められ，新規信用引受けの削減，および適切な再建措置を含む。

---

[32]　安定化委員会第1回会議（2010年4月28日）における決議，「財政状況判断のための指標（安定化委員会法3条2項）および基準値（同法4条1項）」より作成。

表 8-3　安定化委員会の任務一覧[33]

	基本法	安定化委員会法	その他
財政緊急事態の回避手続	109a 条	1〜5 条	
国全体の赤字監視		6 条，7 条	予算総則法 51 条 2 項
予算・財政計画調整の助言			予算総則法 51 条，52 条
財政再建に取り組む州の監視	143d 条 2 項		健全化援助法[34] 2 条 2 項，3 項
「東の復興」進捗報告の審議			財政均衡法[35] 11 条 3 項

　なお，この再建措置は，「当該領域団体自らの権限において行われる限りにおいてのみ」適切であるとされ（安定化委員会法5条1項），外部からの支援による再建は否定されている。

　再建プログラムは通常5年に及ぶが，当該領域団体は，年次の新規信用引受けにつき，取り決められた削減の遵守に関して，安定化委員会に半年ごとに報告することとされている（同法同条1項，2項）。もし，当該領域団体が，取り決められたプログラムが十分に履行されていない場合には，安定化委員会は，強化された財政再建要求を決議する（同条3項）。また，再建プログラムの終了後，安定化委員会は，あらためて当該領域団体の財政状況を審査し，もし，必要があれば，強化された新しい再建プログラムが要求される（同項）。

　以上のルールは，再建プログラムに服さなければならない領域団体の財政運営に，実質的には強く関与していくものであるが，サンクションを伴うものではなく，単に，より強められた財政再建の要求を行うにすぎない。しかし，重要なのは，そのような公の場での手続が，当該政府に財政再建への圧力となるということである。

Ⅲ　安定化委員会制度設計の評価

1.　「財政政策委員会」の評価指標

　そもそも，財政政策に関与する委員会は，国により時代により，それぞれ全

---

33)　Thye, a.a.O. (Anm. 9), S. 27 の表を基に作成。
34)　Gesetz zur Gewährung von Konsolidierungshilfen vom 10. August 2009 (BGBl.I S. 2705), 渡辺・前掲（注5）100 頁以下。
35)　Gesetz über den Finanzausgleich zwischen Bund und Ländern vom 20. Dezember 2001 (BGBl.I S. 3955)。

く異なった制度的背景のもと行動し，様々な任務を遂行する。したがって本来，委員会およびその財政政策への影響の強弱等に関し，直接の比較は限定的にしか行えない。しかし，そのようななか，デブルンらは財政政策にかかる委員会の評価のために，有効とされる要素を抽出しており[36]，そこで，以下，彼らの示した要素の骨子を紹介し，これに基づくドイツでの安定化委員会の評価[37]を描写してみたい。

（i）「明確な任務の委託」　まず，財政政策委員会なるものは，デブルンらに従えば，明確に定義され容易に理解される任務が委託されることによって成立し，必然的に，目指される財政政策に関する社会のコンセンサスにも対応するものである[38]。また，明確な任務を義務付けることは，一方で，委員会自体の活動を容易にするとともに，他方で，委員会を通じての目標達成の審査を可能にすることに寄与する。

（ii）「適切な手段の装備」　デブルンらは，ここで挙げられる財政政策員会についての評価指標を，委員会の「成功」のための要件として掲げる。（i）の「明確な委任の委託」はその第1であるが，第2の要件は，当該委員会に与えられた手段が，（i）にふさわしいということである[39]。

（iii）「構成員の多数による決議」　そして，委員会の「成功」は，決議の方法にもかかっているという。言い換えると，あまりに強い合意志向は，委員会の影響付けの可能性を明らかに制限するといい，それは，例えば，常に決定が全員一致の場合にのみ行われる場合である。

（iv）「自己の活動に関する説明義務」　第4に，委員会は，その活動および委任の充足に関する説明を行うよう義務付けられていることが必要である。委員会による，委託任務にふさわしい説明が，委員会に対する評価を左右することになる[40]。

（v）「政治からの独立性」　第5に，委員会は，その委託任務を制限なく果たせるように，そしてその際，あらかじめ政治によるコントロールに服さない

---

36) Xavier Debrun/ David Hauner/ Manmohan S. Kumar, The Role for Fiscal Agencies, in: Manmohan S. Kumar/ Teresa Ter-Minassian (Hrsg.), Promoting Fiscal Descipline, 2007, S. 106ff.
37) Thomasius, a.a.O. (Anm. 8), S. 211ff. 参照。
38) Debrun/ Hauner/ Kumar, a.a.O. (Anm. 36), S. 111 参照。
39) Debrun/ Hauner/ Kumar, a.a.O. (Anm. 36), S. 112 参照。
40) Debrun/ Hauner/ Kumar, a.a.O. (Anm. 36), S. 112 参照。

ように，政治から独立であり，また委員会に対する指示権限が政治に何ら帰属しない，ということが必要である。加えて，その任務に適合しうるよう，委員会の構成および委員会の任命の妥当な手続が規定されなければならず，さらに委員会の適切な財政措置が保障されなければならない[41]。

(vi)「分析，報告および勧告の制限されない公表」　最後に，欧州委員会資料によれば，委員会の基本的な分析，報告および勧告は，制限なく公表され，メディアによって広く国民に接せられることが保障されなければならないことが挙げられうる[42]。

2.　安定化委員会の評価

(1)「明確な任務の委託」

財政計画委員会とは異なり，安定化委員会は，具体的に，連邦および州の財政を監視し（安定化委員会法3条），財政緊急事態のおそれを診断し（同法4条），財政緊急事態の「おそれ」確定後の再建手続を実施する（同法5条）任務を委託され，「任務の委託」は明確になされているとみうる。また，これによって，ようやく，連邦憲法裁判所によって繰り返し要求された財政緊急事態の回避のための手続が創設されたと評価されうる[43]。

安定化委員会による早期警戒システムは，一般に積極的に評価されるところであるが[44]，コリオトは，これに根本的に疑問をもち，「だれが，なぜ，何について監視されなければならないのか」[45]という基本的問題を投げかける[46]。この点，トマジウスは，委員会が国家財政の状況に関する透明性の創設に寄与し，

---

[41]　Debrun/ Hauner/ Kumar, a.a.O. (Anm. 36), S. 112 参照。

[42]　Robert P. Hagemann, Improving Fiscal Performance Through Fiscal Councils, OECD Economics Department Working Papers 829, 2010, S. 24f. 参照。

[43]　Thomasius, a.a.O. (Anm. 8), S. 212. ただ，より詳しくみると，安定化委員会には，財政緊急事態の場合における援助の方法に関して決定することまでは委ねられていない。これは，そうすることで，財政緊急事態が現れた際の支援や債務免除措置ルールの創設に至り，かえって財政状況の悪化した領域団体に，援助を期待して財政状況をさらに悪化させかねないという理由があるという。Thomsius, a.a.O. (Anm. 8), S. 212 参照。

[44]　Thomasius, a.a.O. (Anm. 8), S. 212 参照。

[45]　Korioth, a.a.O. (Anm. 1), S. 405.

[46]　安定化委員会の5年間を総括する Stefan Korioth, Rituale im Finanzverfassungsrecht und ihre Folgen -fünf Jahre Stabilitätsrat, in: Martin Junkernheinrich/ Stefan Korioth/ Thomas Lenk/ Henrik Scheller/ Matthias Woisin (Hrsg.), Jahrbuch für öffentliche Finanzen, 2015, S. 299ff. においても，コリオトは，この制度に非常に批判的である。

国民が誤った動向を知ることによって，特に当該州の国民は，財政緊急事態のおそれを警戒し，また，彼らの政治の担い手にもより強く情報が寄せられるから，これを通じてそれぞれの政府への国民による圧力が加わり，結果，ルーズな財政政策の政治的コストを高めうることにつながる，と応ずる[47]。

(2) 「適切な手段の装備」

安定化委員会は，様々な任務に応じて様々な手段を与えられているといえる。特に，連邦および州の財政監視のために，そして財政緊急事態のおそれの予測のため指標作り自体が委員会に委ねられ，これがそれぞれ手続の基礎におかれる点は，同委員会の取組みの主体性にとって重要であるとみられている[48]。

このうち，監視については，比較的「技術的な」手続が選ばれているとされるが[49]，これは，基礎におかれる指標への直接の政治的影響を阻止するためである[50]。この指標のいくつかに超過がみられると，財政緊急事態のおそれが仮定され，それぞれの領域団体は，財政緊急事態のおそれはないという証明を行わなければならなくなる[51]。この点は，けっして強制力は伴わないが，有効な手段と目されうる。

他方，財政緊急事態のおそれの予測に続く再建手続に関しては，当該領域団体は，安定化委員会と，なるほど，赤字の返済を確定し適切な措置を内容とする再建手続を取り決めなければならないが，この取り決められたプログラムからの逸脱の際，安定化委員会にサンクションの手段は用意されておらず，この点が，再建手続の弱点として批判を浴びることもある。しかし，当該領域団体が安定化委員会によって警告を発せられ，厳しく財政再建を要求されるこの手続が，前述のように，国民の前で行われるという点に意味が見出されるのである[52]。

---

47) Thomasius, a.a.O. (Anm. 8), S. 212 参照。
48) 安定化委員会によって予算の監視および緊急事態の予測のために選ばれた４つの指標および基準値にも，批判がないわけではない。特に，債務状況や税収入に対する利払いの割合は，長期的な指標でもあるがゆえに，短期の予測にはそぐわない面があること等につき，Thomasius, a.a.O. (Anm. 8), S. 213 参照。
49) Thomasius, a.a.O. (Anm. 8), S. 213 参照。
50) Thomasius, a.a.O. (Anm. 8), S. 213 参照。
51) Thomasius, a.a.O. (Anm. 8), S. 213 参照。
52) Thomasius, a.a.O. (Anm. 8), S. 214 参照。

(3) 「構成員の多数による決議」

　安定化委員会の決議は，連邦の賛成，および州の３分の２の賛成という特定多数で行われる（安定化委員会法１条４項）。全員一致ではない。

　なお，特定の州が関わる決定の際には，当該関係州は投票の権限はもたない（同項）。これにより，当該州は，決議を妨げることはできないことになる[53]。しかし，それにもかかわらず，財政の弱い州が決議阻止を求め，６つあるいはそれ以上の州で力を合わせると，安定化委員会の決議はすべてブロックされるという危険は存在することになる[54]。少数派の州によるブロックの回避のためのありうるオプションとしては，「反対の投票手続」，すなわち，財政監視および緊急事態回避の予測の手続のなかで，その都度，問題がない，あるいはおそれがないことに多数が賛成する，という方法もあるようである[55]。しかし，安定化委員会が，事実上，委員会内部でこのような会派形成の動きがなされるなら，そこでは，もはや投票の客観性は失われ[56]，その事態は本来，安定化委員会に委ねられた任務にそぐわないことを看過してはいけないように思われる。

(4) 「自己の活動に関する説明義務」

　安定化委員会は，他の国家機関に対して説明することを義務付けられていない。ただし，審議資料および決議の公表（基本法109a条，安定化委員会法１条４項）は，国民に委員会の活動に関するイメージを描かせ，それが委員会の決議に反映されることにつながりうる[57]。そうであれば，この公表のしくみが，安定化委員会に，自己の業務の説明義務を果たさせているとみることもできる。

(5) 「政治からの独立性」

　安定化委員会は，連邦および州の財務大臣という「政治家」からなる委員会として構想されている。それゆえ，安定化委員会は，純粋に外部の専門家によって構成される委員会のような，初めから非政治的組織であるというわけではない[58]。ただし，あくまでも安定化委員会は，その決議を連邦の賛成および州

---

53) Birgit Mattil/ Gisela Meister-Scheufelen/ Margaretha Sudhof, Die neuen Regeln und Instututionen, in: Christian Kastrop/ Gisela Meister-Scheufelen, Margaretha Sudhof (Hrsg.), Die neuen Schuldenregeln im Grundgesetz, 2010, S. 165ff., 172 参照。
54) Thomasius, a.a.O. (Anm. 8), S. 215 参照。
55) Thomasius, a.a.O. (Anm. 8), S. 215 参照。
56) Thomasius, a.a.O. (Anm. 8), S. 215 参照。
57) Thomasius, a.a.O. (Anm. 8), S. 216 参照。
58) Korioth, a.a.O. (Anm. 1), S. 404 参照。

の3分の2以上の賛成で行うのであり，連邦または個々の州から安定化委員会に対して指示権限があるわけでもない[59]。それゆえ，政治から一定の距離は保たれているとみることもできよう。

(6) 「分析，報告および勧告の制限されない公表」

審議資料および決議を公表するという，安定化委員会の，基本法および安定化委員会法上の義務は，積極的に評価される。サンクションを伴わない制度が機能するためのポイントは，政治的決定の担い手への国民によるプレッシャーと目されている[60]。特に，国民および有権者に向け財政状況のおそれの警戒が発せられ，これが公表の力を伴って，健全でない財政政策の政治的コストを高め，政治家の起債選好傾向を制限するのである[61]。

おわりに——財政規律へのコミットメント強化の手懸かり

財政の危機を回避し，すべての領域団体で均衡した財政を達成することをより強く実現しようとすれば，あらかじめ設定された基準からの逸脱があれば，罰金の支払い等，ハードな形式のコストを伴う，段階的に自動的なサンクションを用意しておくことが，あるいは有効かもしれない。

しかし，ドイツでは，安定化委員会が起債の政治的「コスト」を高めることによって有効に制限することができる，という選択がなされた。これは，財政の透明性を高め，より良く情報提供された公表に基づいて国民の目を圧力に事を進めるというソフトな形式のコストによって追求しようとするものである。

特に，財政規律の保持を裁判所を通じて行うことのできないわが国においては，引き出すべきは，財政決定者の説明責任である。この点で，ルーズなフィスカル・ポリシーがあれば，その政治的「コスト」を，相互対話を国民の前で行うことによって高めようとするドイツの安定化委員会のしくみは，財政決定者の財政規律に対するコミットメント[62]を高める試みとして非常に興味深い。

---

59) ただし，この関連で，職員に関しては，安定化委員会の任意にはできず，連邦および州の財務省の支援によることについて，Thomasius, a.a.O. (Anm. 8), S. 216 参照。

60) Thomasius, a.a.O. (Anm. 8), S. 218 参照。

61) Thomasius, a.a.O. (Anm. 8), S. 218 参照。

62) 藤谷武史「財政赤字と国債管理——財政規律の観点から」ジュリスト1363号（2008年）2頁以下，3頁は「民主主義の下で財政規律を機能させる決め手」は「政治家の財政規律へのコミットメントと有権者の支持」であるとする。

第 9 章 「起債ブレーキ」と会計検査院

はじめに

　毎年 12 月頃，ドイツ連邦会計検査院（Bundesrechnungshof：BRH）は，各年度の年次報告（Bemerkungen，以下「所見」という）を公表する[1]。2014 年 12 月 2 日には，2014 年度所見が公表され，その項目のなかに，「2.2　債務規律の遵守（Einhaltung der Schuldenregel）」がある。一般に 4 部で構成される各年度の所見において，「第 1 部　一般的な財務管理」は「1. 〔前年度〕連邦予算計算書・資産計算書の財務検査」「2. 連邦財政の展望」からなり，連邦の債務状況に関する情報は，「2. 連邦財政の展望」のなかで取り扱われてきた。基本法上の起債制限規定は 2009 年に改正されるが[2]，施行を控えた 2009 年度所見においては，連邦債務は，「2.4　純信用借入れと新たな債務制限規定」「2.5　主要な負債」「2.6　政府保証」「2.7　欧州経済・通貨連合の財政規律」等の項目のなかで扱われている。

　連邦会計検査院の任務に関しては，基本法 114 条 2 項で「構成員が裁判官的独立性を有する連邦会計検査院は，連邦の決算ならびに予算の執行および経済運営の経済性および合規性を検査する。」と規定され，まずは検査が主要な任務である[3]。同項は次いで，「毎年，連邦政府のほか，直接に連邦議会および連

---

1) 2006 年度から 2010 年度までの所見の概要および 2009 年度所見の内容につき，亀井孝文編『ドイツ・フランスの公会計・検査制度』（中央経済社，2012 年）172 頁以下で紹介したことがある。
2) Gesetz zur Änderung des Grundgesetzes vom 29. Juli 2009, BGBl. I S. 2248. 改正内容につき，山口和人「ドイツの第二次連邦制改革（連邦と州の財政関係）(1)——基本法の改正」外国の立法 243 号（2010 年）3 頁以下，渡辺富久子「ドイツの第二次連邦制改革（連邦と州の財政関係）(2)——財政赤字削減のための法整備」外国の立法 246 号（2010 年）86 頁以下，初宿正典「ドイツ連邦共和国基本法の最近 5 回の改正——2006 年 8 月以降の状況」自治研究 85 巻 12 号（2009 年）3 頁以下（14 頁以下）参照。

邦参議院に対し報告しなければならない」と規定し，この検査に基づく報告の任務が規定されている。連邦予算法97条1項では，主要な報告の形式として，検査の結果を「所見」にまとめ，毎年，連邦議会，連邦参議院および連邦政府に送付することを規定している[4]。

　事柄の性質上，「経済性」に適った財政運営は，事後的な決算過程ばかり充実させても実現できない。予算編成過程，予算執行過程における経済性確保も併せて必要である。連邦予算法88条で連邦会計検査院に財政全領域においての「助言」任務が課されるとともに，連邦予算法97条4項では「所見」の中で将来の措置を勧告する権限が与えられている。また，連邦予算法27条では，予算編成過程において予算見込額が連邦会計検査院に提示され，連邦会計検査院はそれに意見表明できる旨規定し，明文をもって連邦会計検査院の予算編成過程への関与が求められている。ここで求められる「助言（Beratung）」も，たしかに基本法上に明文はないけれども，解釈により，会計検査院の基本法上の任務と考えられている[5]。

　助言は，ドイツでは，正式な会計検査院の活動としてだけではない。連邦会計検査院の院長は「行政における経済性のための連邦委託官（Bundesbeauftragter für Wirtschaftlichkeit in der Verwaltung：BWV）」を務め，個人の立場からも「経済性」に関し，「鑑定」という形で，積極的に意見を述べることができる。年次報告は，当然，連邦会計検査院としての合議体における意思決定手続を必要とするが，「鑑定」は，BWVという独任としての地位に基づき，（しかし，

---

3) ドイツの会計検査院というとき，基本法との関係で議論する際には連邦会計検査院が念頭におかれている。ドイツ連邦会計検査院の憲法上の地位と任務に関し，石森久広『会計検査院の研究――ドイツ・ボン基本法下の財政コントロール』（有信堂，1996年）11頁以下，石森久広＝戸江千枝「クラウス・シュテルン『国法Ⅱ』第34章　連邦会計検査院　第1節・第2節（翻訳）」西南学院大学法学論集44巻3・4号（2012年）66頁以下を参照いただきたい。

4) 2013年7月15日の改正（BGBl. I S. 2395）により，報告にかかる検査資料等の公開のあり方に変更が加えられている。この改正内容については，Dieter Engels/ Mangfred Eibelshäuser, Kommentar zum Haushaltsrecht, §97 BHO, Rn. 13, stand oktober 2014を参照。これを批判するものとして，Mattias Rossi, Neue Zugänge des Bundesrechnungshofes zur Öffentlichkeit ―zugleich ein Beitrag zur Gesetzgebung durch Ausschüsse―, DVBl 2014, S. 676 ff.

5) Jens Michael Störring, Die Beratungsfunktion des Bundesrechnungshofes und seines Präsidenten, は，連邦会計検査院の助言勧告および連邦行政経済性委員としての助言勧告のもつ意義を1969年の財政（法）改革に遡って明らかにし，政治的中立性との関係をも考察しながら助言勧告の行政現代化への寄与の可能性を探る。なお，会計検査院の政治的中立性の問題は，亀井編・前掲（注1）215頁以下も参照。

連邦会計検査院長としての知識・経験を生かした）あまり形式ばらずに意見表明ができるしくみにされている。根拠も法律に基づくものではなく，内閣指針（1986年改正）にすぎない[6]。

政府の債務のありようは，国の財政に密接に関わる[7]。国の財政の「経済性（効率性・有効性）」に責任をもつ連邦会計検査院の所見を概観すると，会計検査院は，国の財政の「管理者」としての自覚を有していることが強くうかがえる[8]。隠れた債務や特別財産も含め，連邦の債務全体に目配せをし[9]，そのときどきの状況を将来の見込みとともに議会や行政府，そして国民に的確に伝えようとする姿勢がみてとれる。そして，この点は，公債のあり方についても財政決定者のコミットメントを高める機能に期待が寄せられるところである。本章は，これらを背景に，公債の管理ないしコントロールの役割をもつ会計検査院の目に，この基本法改正がどう映っているのか，会計検査院の公表物や会計検査院構成員の論考[10]を手懸りにしながら，その一端を探ることを目的とする。

I 起債制限にかかる旧規律と会計検査院

1. 旧規律

「旧規律」は，まず，基本法旧115条1項2文によれば，予算案に見積もられた投資のための支出の総額が，新規純債務（Nettoneuverschuldung）の信用制限規定（Regelkreditgrenze）を構築し，例外として，全経済的均衡のかく乱の除去のために，その超過が許されるという内容であった。また，基本法109条2項における，予算運営にあたり全経済的均衡の必要を考慮に入れることに関する命令が，基本法115条による信用借入れ（Kreditaufnahmen）についても妥

---

6) 亀井編・前掲（注1）209頁参照。
7) 国の将来形成に財政が1つのポイントなることは，松原光宏「公法における将来形成——教育・財政・婚姻及び家族」自治研究90巻7号（2014年）18頁以下（22頁以下）からもうかがえる。これは，2013年度ドイツ国法学者大会の概要を伝えるものである。
8) 亀井編・前掲（注1）207頁以下。
9) 国の債務を議論する際には往々にして起債制限に注目が集まるが，債務が国家財政全体に将来にわたって及ぼす負の影響まで視野に入れた議論が必要である。代表的には，いわゆる「隠れ債務」（Implizite Staatsverschuldung）が問題となる。
10) Dieter Hugo, Prüfung der Regeln zur Begrenzung der Staatsverschuldung, in: Dieter Engels (Hrsg.), 300 Jahre externe Finanzkontrolle in Deutschland —gestern, heute und morgen, 2014, S. 325ff.

当した。

　これらの規定は，1967年および1969年の大きな財政改革の結果であり，投資に関係させる債務規定の導入により，信用授権（Kreditermächtigung）が投資領域における将来重要な支出の資金調達のために増強的に利用されるとともに，景気に適合した予算運営および新しい状況に対応した信用制限の導入が期待されるものであった[11]。

　連邦憲法裁判所は，早くから，景気の通常の状況においては純信用借入れ（Nettokreditaufnahme）は放棄されなければならず，少なくとも新規純負債（Nettoneuverschuldung）は明確に信用制限規定以下に保たれなければならないという要請を行っていた[12]。しかし，1970年以降，連邦および多くの州における債務状況は年々上昇していった[13]。

2.　旧規律の問題点

　旧規律の問題点については，①「投資」概念の広さ，②例外規定の不明確さ，③累積債務全体への視点の不足，④予算執行における残余起債授権の利用，⑤サンクションの欠如，に求められ[14]，連邦会計検査院の所見においても，ほぼ同様に指摘されている[15]。

　①，②，③は，わが国の公債発行制限にかかる財政法4条が，公債発行または借入金をなすことを原則として禁止し，公共事業，出資金および貸付金の財源とする場合に例外を認めるしくみのもとでも同様に考えうるものである。わが国と同様，ドイツでも1995年から2010年の各会計年度の統計にみられるよ

---

11)　Herman Pünder, §123 Staatsverschuldung, Rn. 8f., in: Josef Isensee/ Paul Kirchhof (Hrsg.), Handbuch des Staatsrechts, Bd. V., 2007.

12)　Urteil vom 18. April 1989, BVerfGE 79, S. 311 (333f.).

13)　2014年度に財政黒字を回復するまで，奇しくも1969年度の連邦予算が，純信用借入れなく編成された最後の予算となった。

14)　この「ゴールデン・ルール」には，従来より多数の批判的評価がなされていた。例えば，Pünder, a.a.O. (Anm. 11), Rn. 33ff., 80ff., Dieter Engels/ Dieter Hugo, Verschuldung des Bundes und rechtliche Schuldengrenzen, DÖV 2007, S. 445ff., 448ff., Elmar Dönnebrink/ Martin Erhardt/ Florian Höppner/ Margaretha Sudhof, Entstehungsgeschichte und Entwicklung des BMF-Konzepts, in: Christian Kastrop/ Gisela Meister-Scheufelen/ Margaretha Sudhof (Hrsg.), Die neuen Schuldenregeln im Grundgesetz, S. 26ff. など参照。

15)　例えば，Bemerkungen 2009「2.4.2　従来の債務規定に問題点」には，①投資概念，②通常の景気状況，③例外規定，④つなぎ債務，⑤特別財産，にかかる各問題点について指摘されている。

うに，基本法115条1項2文後段の例外がむしろ通例化するという現象がみられる。信用上限規定の超過の際の根拠付けおよび説明は，連邦憲法裁判所によっても求められたところであるが，予算実務に影響を与えるに至らなかったことがうかがえる。債務の償還についても規定はおかれておらず，一度引き受けられた債務は，つなぎ債務（Anschlussfinanzierung）によって借り換えられていくという現象を引き起こした[16]。

景気規定についても，連邦憲法裁判所による前述の要請にもかかわらず[17]，予算実務においては遵守されず，景気の悪いときには純信用借入れは高められるが，より好転する景気の局面においても，それに応じて減じられる，という財政政策はとられなかったのである[18]。

加えて，国の財政全体を視野に入れれば，特別財産に信用制限規定の例外が許容され（基本法旧115条2項），連邦予算についての信用制限の外で追加的債務を積み上げうることに対して制御が及んでいなかった。これを含め，いわゆる「隠れた債務（Implizite Staatsverschuldung）」についても，もはや看過できない状況であるにもかかわらず[19]，これを議論できるしくみにはなっていなかった。

連邦会計検査院からみて，とりわけ問題とされたのは④予算執行における信用授権の繰越し分の利用方法であった。これは基本法上の旧規律の文言ではなく，予算法上の問題であったが，連邦会計検査院は，とりわけ，これによって議会の予算権および単年度主義という中心的な憲法原則を侵すおそれに警鐘を鳴らしてきた[20]。

実務では，連邦財務大臣は，信用授権の運用に際して，通例，まず前年度の使い切られていない信用授権のほうを要求した（First in, First out：FiFo方式）。それによって，当該予算年度のために議会から付与された信用授権は使わずに済んだのである。そして，次の年度には，通例，使い切られていない信用授権が繰り越して利用された。これによって，授権全体としては，当該予算年度の

---

16) Hugo, a.a.O. (Anm. 10), S. 336.
17) BVerfGE 79, S. 311ff., 333f.
18) Hugo, a.a.O. (Anm. 10), S. 336, Pünder, a.a.O. (Anm. 11), Rn. 11f. 参照。例えば，1991年から2010年までの新規信用借入れは5785億ユーロ，同期間の投資支出は5586億ユーロである。
19) Hugo, a.a.O. (Anm. 10), S. 332f.
20) Hugo, a.a.O. (Anm. 10), S. 336.

ために見積られた新規信用借入れをその分超過することになるのである[21]。

連邦会計検査院は，所見において，議会の予算権強化を目的として，FiFo手続を繰り返し批判した[22]。そして，連邦憲法裁判所も，この予算実務に，連邦予算法18条3項の規範目的との整合性の観点から疑念を述べていた[23]。これを受け，予算立法者は，2008年度から信用授権の要求についての予算法上の授権の基礎を変更し，連邦財務大臣は，前年度の信用授権の繰越し分を利用する前に，まず当該年度の信用授権を要求しなければならないこととなった（Last in, First out：LiFo方式）[24]。そして，利用されなかった信用授権の繰越し分は原則として1年後に失効することとされた（連邦予算法18条3項1文）。この転換は，議会の予算権を強化するものであるとともに，信用授権の時間的制約の中に存する連邦予算法18条3項の規定の目的にも適っており，さらに，新規信用授権のための授権の枠の算定が容易になると評価されている[25]。

関連して，見越し信用授権（Vorgriffskreditermächtigung）の問題点につき，連邦会計検査院は，2003年度予算の決算検査において，次のように述べている[26]。すなわち，連邦政府は80億ユーロ（1兆2000億円）の見越し信用授権[27]を，主として2003年度予算に計上されるべき支出のために要求しているが，この要求は法律目的にそぐわない。見越し信用授権が無制約に当該年度の支出のための信用授権として利用されうるなら，立法者によって確定される信用授権に見越し授権が付け加わることになるであろう，というのである。この予算法上の評価に続き，ドイツ連邦議会の予算委員会も，連邦財務大臣に対し，将来的に，見越し信用授権は，原則として次の予算年度に算定されうる支出のためにのみ利用し，超過する要求については予算委員会に遅滞なく報告することの期待を表明した[28]。

さらに，⑤サンクションの欠如ともあいまって増え続ける公的債務を前に，

21) 亀井編・前掲（注1）183頁以下参照。
22) 例えば，Bemerkungen 2007, Nr. 1.4.7.
23) BVerfGE 119, S. 96ff., 144, 153.
24) 亀井編・前掲（注1）184頁参照。
25) Hugo, a.a.O. (Anm. 10), S. 338.
26) Bemerkungen 2004, Nr. 1.4.2.2.
27) このような見越し信用授権は，現金上は（kassenmäßig）ある予算年度の終わりに発生するが，予算上は（haushaltsmäßig）次の年度に計上されうる支出を補填することに寄与する。この典型例は，連邦職員の12月に支払われなければならない1月分給与である。
28) Hugo, a.a.O. (Anm. 10), S. 337.

第 9 章 「起債ブレーキ」と会計検査院　171

　連邦憲法裁判所は，予算実務における投資・景気に関連する債務規定の適用の際，国の財政能力を浸食することから保護するためのより有効な手段となる規範的基礎を作る行動の必要を指摘した[29]。そして，連邦およびラントの連邦会計検査院もまた，すでに2004年，「もっと痛みを伴った（mit mehr Biss）」債務規律を求める意見を表明していたということである[30]。しかし，この時点では，連邦憲法裁判所によれば，基本法115条1項2文および109条2項の規定におかれたコンセプトの基本的改革は，憲法改正を行う立法者に留保され，委ねられているといわれるにとどまっていた[31]。

II　起債制限にかかる新規律と会計検査院

1.　新規律

　新しい起債制限規律は，2009年（第16期の終わり），基本法109条および115条（ならびに他の関係条項）の改正によって導入され，また，その附属法律によって具体化された[32]。憲法改正の中心には，「起債ブレーキ（Schuldenbremse）」とも呼ばれる新しい公債制限規定がおかれるが，それは，連邦財務省のモデルを基礎とし，第2次連邦制度調査会の提案に，ほぼ基づいている[33]。新規律の主な内容は，2009年度所見（2009年12月）に「2.4　新規信用借入れと新しい債務規律」の項目が起こされ，以降，各年度の所見において，概ね次のように紹介されている。

　① 通常の景気の状況においては，予算はほぼ均衡されなければならない。連邦には，制限規定としてGDP 0.35％の構造的債務要素が許容される[34]。

　② 信用制限の算出のため，財政上の取引（金融取引，Finanzielle Transaktionen）をめぐる収入および支出は除外される[35]。金融取引に数えられるのは，

---

29)　BVerfGE 119, S. 96ff., 142.
30)　Hugo, a.a.O. (Anm. 10), S. 338.
31)　BVerfGE 119, S. 96ff., 143.
32)　基本法改正の細則を規定するものとして，基本法115条の規定の施行に関する法律（Gesetz zur Ausführung von Artikel 115 des Grundgesetzes vom 10. Augst 2009, BGBl. I S. 2704）（基本法115条施行法）がある。この法律については，渡辺・前掲（注2）が詳しい。
33)　Dönnebrink/ Erhardt/ Höppner/ Sudhof, a.a.O. (Anm. 14), S. 42ff.
34)　基本法109条3項4文，同115条2項2文，基本法115条施行法2条1項。なお，当該予算年度の1年前の名目GDPが基準となる（基本法115条施行法4条2文）。
35)　基本法115条2項5文，基本法115条施行法3条。

特に，株式売却（Beteiligungsveräußerung）や貸付けの返済（Darlehensrückflüssen）による収入，貸付けの授与（Darlehensvergaben）や株式の獲得のための支出である[36]。

③　景気上の債務要素を通して，景気によって引き起こされる変化が考慮されなければならない[37]。つまり，起債の余地は，景気の悪い時期には拡大され，反対に景気の良い時期には狭められて黒字形成の義務に変転する。この要素の額は，特別な景気調整手続（Konjunkturbereinigungsverfahren）において算出されることになる[38]。

④　管理勘定（Kontrollkonto）に関して，起債制限は予算執行においても遵守されるということが確認される[39]。この勘定には，個々の年度における許容される構造的起債余地を上回った額または下回った額が合計され，GDPの1.5％のマイナスの勘定状況[40]は超えられてはならず，そのため，管理勘定の調整がなされなければならない。別に，GDP1％の超過した場合の新規起債の削減のための措置が規定されている[41]。

⑤　もし，予算の進行において収入と支出が見込まれたよりも状況が悪く推移し，それゆえに許容される信用借入れが十分でない場合，補正予算において，見積もられた租税収入の3％までの信用借入れがなされても良い[42]。この，追加的信用借入れは，それが構造的起債要素（Verschuldungskomponente）から逸脱する場合には，その限りで，管理勘定の負担となる[43]。

36)　金融取引は，債務規定に対して中立的である，すなわち，支出は（制約なく）信用によって調達されても良い，その一方で，収入は，許される構造的純信用借入れの上限の遵守のために寄与することはできない。したがって，例えば，資本財産（Kapitalvermögen）の活用から得られる収入は，なるほど，将来，予算に算入されてもよい。しかし，許容される新規起債の算定には，それは信用借入れ同様に取り扱われる。

37)　基本法109条3項2文，同115条2項3文，基本法115条施行法2条2項，同5条。

38)　この手続は，EU-Kommissionによって利用される手続に向けられることになる。基本法第115条施行法5条4項によれば，「景気要素を特定する手続は，欧州安定成長協定で定められた景気調整過程と整合する」ものとされる。

39)　基本法115条2項4文，基本法115条施行法7条。

40)　2013年度のGDP2兆7000億ユーロの場合，4050億ユーロのマイナスの勘定状況が対応する。

41)　基本法115条施行法7条3項は「管理勘定の残高が赤字である場合において，その赤字額が名目GDPの1％を超えるときは，第2条第1項第2文の規定に基づく起債の上限は，翌年に，当該1％を超えた赤字額分を名目GDPの0.35％以内の範囲で減額する。」と規定する。

42)　基本法115条施行法8条。2013年度予算に見積られた租税収入に基づけば，これは，78億ユーロに相当する。

第9章 「起債ブレーキ」と会計検査院　173

⑥　自然災害またはその他の通常外の緊急状況で，国の統制が及ばず国の財政に甚大な影響を与える場合のような例外的状況においては，特別な需要は追加的な信用により賄われても良い[44]。例外規定の要求は，連邦議会の構成員の多数の賛成が必要である。この決議とともに，適切な期間にこの債務の返済を行う拘束的な返済計画が策定されなければならない[45]。

⑦　基本法115条2項における特別財産の従前の信用授権の規定は，削除されている。したがって，起債制限は，自己の信用授権をもつ特別財産の設立によっては，もはや超過されえない。

⑧　州は，構造的に予算が均衡するよう，その規律を創設しなければならない。州の予算に対しては，構造的な起債のための要素は予定されていない[46]。

⑨　2011年から2015年の移行期間においては，連邦には，構造的起債要素から逸脱することが可能である。さらに，2010年度の構造的赤字は，2011年度以降，均等に返還される（削減対策〔Abbaupfad〕）。GDPの0.35％ないし0％の構造的新規起債に対する基準は，連邦によっては遅くとも2016年以降，州によっては遅くとも2020年以降，遵守されなければならない[47]。

⑩　以上のような公債制限規定の改正と並んで，所見では，基本法109a条に規定された安定化委員会（Stabilitätsrat）によって，予算の能力の確保のための制度的基礎が作られた点も注目されている。この，連邦および州の財務大臣ならびに連邦経済大臣からなる安定化委員会は，ドイツおよびヨーロッパの規律から生じる，連邦および個々の州による安定化義務を監視する任務を有している[48]。

---

43)　Engels/ Eigbelshäuser, a.a.O. (Anm. 4), Art. 115 GG, Rn. 40-43は，この信用授権に批判的である。
44)　基本法109条3項2文，115条2項6文，基本法115条施行法6条。
45)　基本法115条2項7文および8文，基本法115条施行法6条。
46)　基本法109条3項5文。
47)　基本法143d条2項および3項，財政健全化支援法1条ないし3条。この基準を下回るために，ベルリン，ブレーメン，ザールラント，ザクセン＝アンハルトの各州は，2011年から2019年まで，毎年総額8億ユーロの財政強化支援を連邦から得られる旨の規定もなされている。なお，財政健全化支援法については，渡辺・前掲（注2）92頁も参照。
48)　また，安定化委員会は，差し迫った予算の緊急状況の際，健全化プログラム（Sanierungsprogramm）を関係団体・関係機関と取り決める任務を有している。なお，この安定化委員会は，独立の9人の専門家からなるアドバイザリー・ボード（Beirat）によって支援されることとされている。

2. 新規律の長所

各年度の所見においては，新規律の長所についても記載されている。これは2010年度所見「2.6.3 新しい債務規定の長所」にみられる。ここで連邦会計検査院によって評価されているのは，次の諸点である。

① 連邦の構造的起債要素が「GDPの0.35％」とされたことにつき，従来の総投資額分は，予算実務において通例的に要求され，しかもしばしば超過していたため，1989年には，ついに，連邦憲法裁判所の公的債務の制限についての立法府への要求が取り上げられるまでに至っていたところであるが[49]，この規定によって，それまでの総投資額によって見積もられる規律制限の場合よりも確実に減額されて見積もられること[50]。

② この，新規信用借入れにつきGDPを基準にする新しい債務規律が，「欧州安定成長協定（Stabilitäts- und Wachrtumpakt）」および「財政協定」[51]によりいっそう適合するものになったこと，さらに，許容される新規信用借入れの基準として総投資または純投資を放棄したことで，境界や評価の困難な問題が不必要になったこと。

③ 財政活動のために許容される信用制限の調整（Bereinigung）の問題も，EUの規定に対応したこと。

④ 予算執行が，起債授権の遵守の観点における事後的コントロールに服せられること。この目標に寄与するのは，管理勘定，およびそれに付随する，組み込まれていない返済に対する義務である。とりわけ，起債ブレーキは，初めて義務化された返済要素（Tilgungskomponente）を含むことになり，これによって，予算策定の際，楽観的に計画されうる誘因が弱められること。

⑤ 通常外の緊急事態のための例外規定も，従前の例外規定に対して，返済義務を含んでいること。そのような「特別の債務（Sonderschulden）」に対する返済計画の拘束的な基準によって，この例外要件にすぐに依存することが少なくなるであろうこと。

---

49) BVerfGE 79, S. 311ff., 354f.
50) 2013年度予算案に見積もられていた投資支出（＝旧起債制限）は，348億ユーロになるのに対して，構造的起債制限によれば，約90億ユーロ（＝GDPの0.35％）になる。
51) Vertrag über Stabilität, Koordinierung und Steuerung in der Wirtschafts- und Währungsunion vom 2. März 2012. これらの公的債務に関する財政規律につき，尾上修悟『欧州財政統合論――危機克服への連帯に向けて』（ミネルヴァ書房，2014）がその機能と現実を詳細に分析する。

⑥ 自己の―起債ブレーキに服さない―起債授権をもつ特別財産の設立が排除されたこと。このことによって，基本法110条1項の意味における連邦予算の単一性（Einheit）および完全性（Vollständigkeit）が強化されること。

以上のように，連邦会計検査院は，新しい公債制限規定に，新規債務の持続的な制限，累積債務の永続的な減少へと至る重要な進展の点で，多くの長所を見出している。わが国の公債制限にかかる法の規定が，ドイツの旧規律が有していた問題点と，なお共通する類似の問題点を有しているとすれば，このような評価は，わが国の公債制御のあり方にも多くの示唆を与えるように思われる。

Ⅲ 会計検査院から見た新規律の効果と課題

1. 予算編成手続における新規律への対応

新規律は，さっそく，予算編成手続に実務上，大きな影響を及ぼした[52]。すなわち，従来のボトムアップ手続がトップダウン手続[53]にとって代わられることになったのである（2012年度以降）。連邦政府は，許容される純信用借入れの目標値（Zielwert）につき効果的に舵取りすることを可能にするためには，この目標値の基準が予算案および財政計画作成の手続の最初にあらねばならないとし，これにより，作業の出発点は，各部局の予算要求ではなく，財政政策に適合しかつ起債ブレーキの基準と両立しうる，連邦財務省の予算提案となった。これを基に，連邦の内閣は，3月半ばまでに，すべての個別予算の収入と支出に対する基準値（Eckwerte）を決定し，これが，後の政府内部の予算編成手続を拘束することになる[54]。予算の基準値は，予算案および財政計画を経て決算に至るまで，租税，労働市場，金利の展開に関する全経済的な評価見通しに適合するものにされ，個別予算においては，原則として，基準値の決定後に行われる予算見積額の変更はすべて，決められた最高限度額（Plafond）内での組替え（Umschichtungen）によって行われなければならないこととされるのである[55]。

---

52) Hugo, a.a.O.（Anm.10）, S.343. なお，旧債務制限の体制のもとでも予算策定手続の転換（Umsetzung）につき，すでに，Pünder, a.a.O.（Anm.11）, Rn.85ff., Engels/ Hugo, a.a.O.（Anm.14）, S.451. などにより，その必要が指摘されていた。
53) この手続については，Engels/ Eigbelshäuser, a.a.O.（Anm.4）, §1 BHO Rn.24ff.
54) Hugo, a.a.O.（Anm.10）, S.344.

この，予算編成手続の，トップダウン手続への移行につき，連邦会計検査院は，起債ブレーキの考慮のもとで戦略的に予算目標を早期に確定し，場合により目標実現に必要な緊縮措置と結び付けるに適切な兆しとして，一定の評価を与えている[56]。

このトップダウン手続のもとで，連邦会計検査院が連邦予算法27条2項によって認められた予算案の編成への関与の役割をより有効に果たしていくためには，連邦会計検査院は，遅くとも連邦政府内部で基準値を決定する前に，重要な検査経験を伝えることが重要であることが指摘される[57]。基準値の決定の後では，連邦会計検査院の重要な検査知見が，個別予算の上限の確定の前段階で考慮されえないからである。

2. 予算実務における新規律への対応

新しい起債ブレーキの導入に当たっては，ほかにも，予算編成過程や執行過程における幾つかの場面で，移行期特有の問題が生じている[58]。新規律を意識した予算実務の対応という観点から，連邦会計検査院の所見にも言及がみられるそのような例として，さしあたり次の4つのテーマが挙げられる[59]。

① 「基準値の設定」　構造的純信用借入れの削減対策のための開始値（Ausgangswert）として，連邦政府は，2010年の半ば，2010年度予算の予算執行決算（Haushaltsabschuluss）のために，予測される652億ユーロの純信用借入れを基礎として用いた。削減対策のための算定として2010年の実際の純信用借入れ440億ユーロが用いられれば，2016年までの経過期間，許容される構造的純信用借入れの制限は，明らかに，より低いものになる（いわゆるジャンプ効果〔Sprungschanzeneffekt〕）[60]。この基礎に基づく新しい算定が，連邦会計検査院の見解によれば，起債ブレーキの語義および目標にむしろ適合するものであった[61]。したがって，連邦会計検査院は，そのような新しい算定に賛成する

---

55) Hugo, a.a.O. (Anm. 10), S. 344.
56) Bemerkungen 2012, Nr. 2.3.
57) Hugo, a.a.O. (Anm. 10), S. 344.
58) 連邦議会の予算委員会も，予算審議のなかで，そして公聴会のなかで，起債ブレーキの転換（Umsetzung）の問題を取り上げている。
59) Hugo, a.a.O. (Anm. 10), S. 345ff. を参考にした。
60) これについて具体的には，Bemerkungen 2012, Nr.2.2.1 および 2.2.2。
61) Bemerkungen 2011, Nr.2.2.2。

意見を表明したが，この提案に連邦政府は応じなかった。しかしながら，2013～2017 財政計画に予定された諸基準値（Eckwerte）は，2015 年度以降，構造的な黒字を予定しているとともに，構造的赤字のもとで削減のための連邦会計検査院の算定の代替案から生じる限界値（Grenzwert）をも下回っている[62]。そうすると，連邦政府の財政計画は，結果において，連邦会計検査院の要請を考慮に入れていたことが推察されるという[63]。

　② 「金融取引」　支出が金融取引（Finanzielle Transaktionen）」と評価されると，構造的起債要素への算入なしに信用調達されうる。この，潜在的な新規起債の余地の拡大は，国家の赤字の算定の基準となる欧州安定成長協定に基づく算定方法によれば，反対に取得された債権が価値を有する場合にのみ正当化される[64]。例えば，保証（Gewährleistungen）については，2011 年度連邦予算においては外国関係の保証がまだ金融取引として有効であったのに対し，2012 年度連邦予算からは，保証との関係において見積もられるすべての収入と支出は，金融取引に算入しないことが連邦財務大臣により表明されている[65]。これは，起債ブレーキの有効性を高める実務上の取扱いの変更として評価されうるものである[66]。また，この点に関連した連邦会計検査院の指摘として，2011 年度予算における連邦雇用庁（Bundesagentur für Arbeit）への貸付け（Darlehen）の見積りとの関係において，もし，貸付けの返済が確実に計算できない場合には，支出は金融取引とみなされてはならないという見解がみられるなど[67]，予算実務上，起債ブレーキの趣旨により近い取扱いがなお標榜される余地がある。

　③ 「特別財産の起債」　これにかかる基本法旧 115 条 2 項の削除[68]にもかかわらず，2012 年 2 月 24 日の第 2 次金融市場安定化法（2.FMStG）は[69]，特

---

62) Bemerkungen 2012, Nr.2.2.2. ドイツは 2014 年度，1 年前倒しで財政黒字を達成することになる。財政黒字は 1969 年度以来 45 年ぶりのこととなる。当初予算においては 65 億ユーロの起債が予定されていたが，税収増 26 億ユーロ，行政上の収入増 29 億ユーロ，支出 10 億ユーロ減により，新たな起債はなされなかった。ドイツ連邦財務省 HP, http://www.bundesfinanzministerium.de/Content/DE/Pressemitteilungen/Finanzpolitik/2015/01/2015-01-13-PM01.html を参照（2017 年 8 月 20 日確認）。
63) Hugo, a.a.O.（Anm. 10），S. 345f.
64) Engels/ Eigbelshäuser, a.a.O.（Anm. 4），Art. 115 GG Rn. 24.
65) BT-Drs. 17/6954, S. 54ff.
66) Hugo, a.a.O.（Anm. 10），S. 346.
67) Bemerkungen 2010, Nr. 2.2.1.2
68) 削除されたのは，「連邦の特別財産については，連邦法律により，第 1 項の例外を許すことができる。」である。

別財産「金融安定化基金（Finanzmarktstabilisierungsfand）」固有の信用授権を含んでいる。この点につき連邦会計検査院は，第2次金融市場安定化法案についての公聴会において，基本法143d条1項2文後段の保護条項（Bestandsschutz-regelung）[70]でこの例外が許されない限り，特別財産も起債ブレーキの規律に組み込まれなければならないと指摘している。また，本来の予算上の信用借入れに特別財産のそれが加わって，起債ブレーキの規律上の信用制限が超過されてはならないことはあらためて確認されなければならない旨や[71]，将来の援助措置のために必要になる信用借入れを予算計算書（Haushaltsrechnung）等において見通せることが起債ブレーキの遵守の審査可能性を保障することになる旨の指摘もなされ[72]，連邦財務省も同様の指導をするに至っている[73]。

　④　「管理勘定」[74]　　2011年度および2012年度の管理勘定は多額のプラス残高を示しているが。そのような残高は，管理勘定の機能と一致しないとされる[75]。すなわち，プラス残高は，景気の良し悪しを超えて対称的な予算均衡を図るために意図されるべきものであるから[76]，上述のように，2011年から2015年までの削減期間にジャンプ効果によってプラス残高が増していくとすれば，それが2016年度以降，予算執行におけるマイナスの偏差を補正するために組み入れられかねないというのである[77]。この疑念は，議会も取り上げ，

---

69)　Das Zweite Finanzmarktstabilisierungsgesetz vom 24. Februar 2012, BGBl. I S. 206.
70)　「…，設立済みの特別財産に対して2010年12月31日現在において存在する信用調達の授権は，影響を受けない。」
71)　同法案に対する連邦会計検査院の2012年1月20日の意見（Haushaltsausschussdrucksache 17/4272）。Hugo, a.a.O.（Anm. 10), S. 347を参照。
72)　Bemerkungen 2012, Nr. 1.12.2.
73)　Bemerkungen 2012, Nr. 1.12.2.
74)　「管理勘定」について具体的には「基本法第115条の規定の施行に関する法律」7条が規定をおき，「(1)　実際の起債額が予算に対して実際に及ぼした影響を考慮した第2条の上限額と異なる場合には，差額を差引勘定（管理勘定）に記録する。…当該会計年度の翌年の9月1日に確定する者とする」。「(2)　管理口座の赤字は解消するように努めなければならない。管理口座の赤字は，名目GDPの1.5％を上限として，これを超えてはならない…」。「(3)　管理口座の残高が赤字である場合において，その赤字額が名目GDPの1％を超えるときは，第2条第1項第2文の規定に基づく起債の上限額〔名目GDPの0.35％までの起債は，構造的な要素として許容される〕は，翌年に，当該1％を超えた赤字額分を名目GDPの0.35％以内の範囲で減額する…」とする（渡辺・前掲注〔2〕98頁）。
75)　Hugo, a.a.O.（Anm. 10), S. 347. 2011年度決算では252億ユーロ，2012年度決算では569億ユーロである。
76)　Engels/ Eigbelshäuser, a.a.O.（Anm. 4), §13 BHO Rn. 25.
77)　Hugo, a.a.O.（Anm. 10), S. 347.

財政協定の内国的転換のための法律4条において，基本法115条法律9条の規定を管理勘定の積み重なる残高が移行期の終わりに（つまり2015年12月31日に）抹消されるべく補完された。それにより，起債ブレーキの規定の運用上，移行期間から管理勘定に蓄積されたプラスの記載が転記されることは妨げられることになる[78]。

3. 新規律の課題

いずれにしても，新規律の規定だけで，すべての開かれた問題および問題領域が取り去られるわけではない。連邦会計検査院により意見を表明された例をみると，例えば，連邦の出資，間接的連邦行政施設，あるいはPPP（public-private partnership）における信用調達の問題がある。これらについては，連邦および州の会計検査院は，すでに2006年，旧来公的資金が調達されえないプロジェクトには，同様に，代替手段に資金調達が行われてはならないと指摘し[79]，なかでもPPPプロジェクトについて，連邦会計検査院は，2012年，この方法は，調達のバリエーション（Beschaffungsvariante）としてのみ組み込まれることを許されるのであって，けっして資金調達のバリエーション（Finanzierungsvariante）として組み込まれてはならない，旨の見解を示している[80]。

さらに重要な問題として，基本法115条2項6文ないし8文の例外規定（自然災害または通常外の緊急事態）が，いかなる具体的な要件のもとで特別信用（Sonderkredit）のために要求が許されてもよいかも，まだ最終的には解決されていない[81]。これは，景気にかかる起債要素の確定手続にも関わりうるものであり，少なくとも景気調整手続が選択されるということが，例外なく，景気循環を超えて景気要素（Konjunkturkomponenten）に至るわけではないことが確認されなければならないという[82]。というのも，このことが，結果的にGDP0.35％の構造的起債要素を超えて追加的な新規起債余地に至るおそれがあるからであり，そのような追加的な新規起債の方法は，構造的に広く均衡した予算

---

78) Hugo, a.a.O. (Anm. 10), S. 348.
79) ミュンヘンで行われたPPPをテーマとする院長会議における決議事項。Hugo, a.a.O. (Anm. 10), S. 348.
80) 交通業務（Verkehrswesen）におけるPPPをテーマとするドイツ連邦議会専門委員会における公聴会での連邦会計検査院の意見。Hugo, a.a.O. (Anm. 10), S. 348.
81) Hugo, a.a.O. (Anm. 10), S. 348.
82) Hugo, a.a.O. (Anm. 10), S. 348f.

を達成するという起債ブレーキの目的とは一致しないからである[83]。

起債ブレーキの適用に際して、予算実務において発生しうる問題は今後においても様々に生じてくるであろう。これに順次、法や制度の改正による対処がなされていくことが望ましいが、法や制度を変えても問題がすべてなくなるわけではないこともまた自明である。そのときどきに生じる問題につき、財政の経済性および合規性の確保を任務とする会計検査院が、その都度、時宜に適った監視、助言を行うことが非常に有用である。

おわりに

財政に関わる憲法上の原則は「財政憲法」と呼ばれる。財政上の基本原則という意味はもちろんであるが、こと財政に関しては、議会をも拘束する必要があるのである。起債制限規定は、たしかに細かく、憲法にはそぐわない法律事項のようでもあるが[84]、これを法律＝議会に任せきりにはできないという側面、さらにいえば、立法者をも拘束することこそ、財政規律の核となるのである。

この意味で、ドイツ基本法上の新しい起債ブレーキは旧規律に比べ格段に明確性を有し、立法者をも規律するに非常に有用である。ドイツの規範統制制度を前提にすれば、場合により裁判所による統制もありうることが、さらに遵守の実効性を高めるであろう。会計検査院の公債の制御にかかる言明も、基本法の抽象的な文言からなる旧規律よりも具体的な数値で制限される新規率のほうが、その客観性を増すであろうことは言をまたない。新規律に対する会計検査院の評価も高く、すでに新規律に照らした会計検査院の言及も積極的になされていることがみて取れ、会計検査院の検査・報告・助言活動は、基準の明確さに比例してその密度を高めるものと予想される。

---

83) Engels/ Eigbelshäuser, a.a.O.（Anm. 4), §13 BHO Rn. 21.
84) 初宿・前掲（注2）16頁は、新規律につき、「これらの改正の内容は、わが国にとってはあまり関連性のない部分が多く、また、こうした詳細な改正は、わが国の法令改正の感覚からすると、その規範内容からしても、実質的には憲法改正ではなく通常法律の改正でいいのではないかと思われる」とする。

補論——公債制限に関する国際的な試みと会計検査院

1. INTOSAI と公債

　他方，世界的な取組みに目を転じると，諸国の会計検査院による国際的組織である INTOSAI（International Organization of Supreme Audit Institutions：最高会計検査機関国際組織）が，国際的レベルで公債のテーマを取り扱っていることが注目される。このことから，各国の公債の増大に端を発し，これがグローバルなレベルの監視を必要とするとの認識に至っていることがうかがえる。INTOSAI は，1953 年に設立された，190 を超える最高会計検査機関が加盟する国際組織であり，総会（最高会計検査機関国際会議：International Congress of Supreme Audit Institution：INCOSAI）が，1953 年以降 3 年ごとに開催され，各回のテーマに即し，各参加機関により意見が交わされている[85]。

　INTOSAI は，特に 80 年代終盤以降の公債に焦点を当ててきた。例えば，1989 年の第 13 回 INCOSAI は，「公債の検査」というテーマを，最高会計検査機関の役割，ならびに検査の範囲，検査の方法および検査のテクニックの観点で取り扱っている。また，1995 年，第 15 回 INCOSAI は，公債にかかる報告の定義および準備の指針を決議し，1998 年，第 16 回 INCOSAI は，現在の公債および生じうる公債の決定および測定のための追加的指針を承認している。そして，2013 年，第 21 回 INCOSAI は，持続可能な財政政策の確立への最高会計検査機関の寄与につき議論している。

　そのようななか，2007 年の第 19 回 INCOSAI は，「公債，その管理，説明および検査」という会議テーマの選定を通じて，多くの国々の本質的問題を指摘し，最高会計検査機関がこの検査領域における活動をどのように改善することができるかを示そうとしている点で注目される。この総会は，参加 142 の代表によって開催され，決議では，とりわけ，将来見通し（im Interesse von Transparenz），そして公債および債務マネージメント検査における「先見的な（proaktiv）役割」を果たすべく，会計検査院への 7 つの勧告（Empfehlung）が

---

[85] INTOSAI の概要につき，東信男「INTOSAI における政府会計検査基準の体系化——国際的なコンバージェンスの流れの中で」会計検査研究 36 号（2007 年）171 頁以下（172 頁以下）参照。

採択され，この勧告が，多くの国々において，まさに財政政策の領域において，執行府および立法府に対する外部的財政コントロールのなお将来有望な検査および助言の可能性を強めることに寄与することへの期待が表明されている。勧告の要旨は次のとおりである。

2. 第19回（2007年）INCOSAI勧告

① 「見通しの確保」　公債発行は，政治的決定の結果であり，その影響は，最高会計検査機関によって，その権限と所管事項の範囲でしか検査されえない。しかし，その法的所与の権限を駆使し，最高会計検査機関は，公債の検査および債務管理に際して見通しを確保するために，先見的役割を演じなければならない。とりわけ，議会に，時宜に適い，そして包括的に，公債の財政に対する影響とリスクに関して情報を提供することが必要である。見通し確保のための本質的な前提は，確実なデータである。そのうえで，最高会計検査機関は，しっかりした公債に関する政策および実務の形成に積極的に協力しなければならない。その際，政府および行政に，リスクマネジメントに高いプライオリティを認めるよう，また公的財政運営に対する潜在的危険（例えば銀行システムや通貨システムの危機）を適切に考慮するよう，差し向けなければならない。

② 「公債の検査および評価」　最高会計検査機関は，公債および政府財産のすべての開示を可能にすることによって，公債の検査を広く展開しなければならない。INTOSAIの多くの参加国において，信用借入れの拘束的な上限がある。この上限は絶対額として，またはGDPの特定割合として定義されうる。別の参加国においては，信用借入れは当該予算年度の投資支出を超えてはならないという基準が設定されるところもある。一般に，国の債務は，その財政力を超えてはならない。最高会計検査機関は，とりわけ，政府および行政に，債務状況および資産状況を完全に把握し公表できるよう，助言しなければならない。また，国の債務状況および資産状況の推移を評価しなければならない。

③ 「隠れた債務」　最高会計検査機関は，隠れた債務の推移を監視し，早期に，増大する隠れた債務のもたらしうる結果を指摘しなければならない。隠れた債務は，例えば，投資プロジェクトの後のコスト，年金の義務，あるいは社会保障システムに対する国の将来の義務などである。隠れた債務は，長期的視点では，財政の負担能力に深刻な影響をもたらす。INTOSAI参加国の多く

においては，従来，公的債務の定義に，隠れた債務は含まれていない。隠れた債務の額の確定のための規律および清算のための配慮がなされている国もある。しかし，いくつかの最高会計検査機関は，人口の高齢化，悪化する分担者＝支払者の関係，養老保険および健康保険等々，財政の長期的な安定のためのリスクに関する憂慮を述べた。それゆえ，外部的財政コントロールの重要な任務は，公的債務の中・長期的影響を検査し，報告することである。

④「経済性検査」　最高会計検査機関は，公債および債務管理の経済性検査を重要な目標と考える。経済性検査は，予算決定への影響を審査し，リスクを確認および評価し，そしてこのリスクのもたらしうる結果を示すことができる。経済性検査は，国のプロジェクト，プログラムあるいは組織編成の経済性および有効性の調査であり，それらの決定過程を含み，節約性の要請を考慮しながら，国家活動の改善の目標をもって行われるものである。たいていの最高会計検査機関は，法律上，毎年，決算について見解を述べる権限が与えられ，または義務付けられている。多くの国々は，債務マネジメントの実務を，定期的な経済性検査によっても調査する。公債および債務マネジメントにおける経済性検査は，その際，常に優先するものとみなされるわけではない。しかし，その都度の予算が将来の金利および償還の負担という重大な影響をもたらしうることから，この経済性の検査の意義は，将来，重要性を増す。

⑤「検査者の専門知識」　最高会計検査機関は，公的債務の検査に際し，その従事者が特別な知識と経験を有するよう，そして専門知識を駆使できるよう配慮しなければならない。検査テーマは絶えず諸条件が変わる複雑なものであるから，最高会計検査機関は，職員の継続的な教育，研修はもとより，組織自体がそれに適合するよう意図しなければならない。

公債および債務マネジメントの検査も，非常に複雑なテーマである。金融市場および資本市場に直接に多様に結び付く。したがって，総じてみると，この検査テーマは，検査者である最高会計検査機関に特別な要求が伴う。言い換えれば，政府の債務マネジメントが，従事者を民間企業やスペシャリストからリクルートしうる組織にアウトソーシングされうるならば，最高会計検査機関は不要である。重要なのは，最高会計検査機関が（政府と）「同じ目の高さで」検査することを可能にする状況になければならない，ということである。そのため，最高会計検査機関は，債務マネジメントの領域における検査者のための相

応の教育，研修を意図しなければならない。とりわけ経済学，経営学の知識をもった職員が検査に投入されなければならない。

⑥ 「リスクの評価能力」　最高会計検査機関は，新しい金融調達手段の影響とリスクを評価しうるためにその能力をさらに展開させなければならない。最高会計検査機関の検査のスペクトルムは，債務マネジメントにおける額の検査から，そのリスクや経済性の考慮のもとでの債務戦略の検査にまで及ぶ。例えば，債務マネジメントにおいて金利スワップや通貨スワップ（Zins- oder Waehrungsswaps）といった新しい金融調達手段が組み込まれるのならば，検査者にも相応の能力が求められる。この手段は，その他の可能性もあるなかで，金利および通貨の変動に対する対策のために用いられる。しかし，それは，常にリスクとも背中合わせとなる。このような場合，最高会計検査機関は，そのリスクとそれに属するリスク制御システムを判断することができる状況にあらねばならない。このように最高会計検査機関は，とりわけ，政府の債務マネジメントにおける市場，金利，信用状況，支払能力，経営のそれぞれのリスク判断についての能力を構築し，さらに展開させなければならない。

⑦ 「INTOSAI 専門組織との連携」　外部的財政コントロールのための公債および債務マネジメントの問題のますますの重要性の増大に鑑み，1991年10月，公債作業グループ（かつての公債委員会）が設立された。同グループは，公債および確かな債務管理に関する具体的な報告を促進する任務に際して，最高会計検査機関を支える。同グループは，債務マネジメントの検査に際して最高会計検査官庁の支援のための指針およびその他の原則を展開する。公債作業グループは，とりわけ，金融市場および国際的な信用にかかる諸条件の絶えざる変化の考慮のもとにある公債および債務マネジメントの検査の深遠な専門知識をさらに拡充させ，検査および評価の水準を向上させなければならない。

3.　わが国会計検査院と公債

日本国憲法によれば，わが国の会計検査院の任務は，まずは決算検査である（90条）。しかし，憲法がなぜ会計検査院を名指しして決算検査を委ねるのかに思いを寄せるとき[86]，INCOSAI が各最高会計検査機関に期待する，公債の検

86）　さしあたり，石森久広「決算審査の法意」大石眞＝石川健司編『憲法の争点』（有斐閣，2008年）304頁以下を参照いただきたい。

査および債務マネジメントに関する見通し確保のための先見的役割というのは，わが国会計検査院にも，そのまま当てはまるように思われる。

『決算検査報告』は決算を検査した報告であるから，ここに公債およびそのマネジメントの視点が含まれないことはやむをえない面もあろう[87]。また，国債の発行は法律上の手当もなされ，政策に関わることゆえ，会計検査院の立場でその是非に言及していくことははばかられもしよう。しかし，会計検査院は，日本国憲法に規定され，わが国財政の効率的運営に責任を委ねられた機関である。議会や政府とも一定の距離を保障され，「独立」の地位から意見を述べることができる。裏を返せば，特例法を連発して債務を累積させ続ける国会および（その多数派で構成される）内閣に対して，（「違法」とまでいえないことについては）もはや会計検査院しかこれに意見を述べる機関は見当たらないのである。

こうしてみると，第19回INCOSAIの勧告は，わが国においても非常に重要な内容を有しているように思われる。すなわち，第19回INCOSAIの勧告は，公債が国家財政に破綻をもたらすリスクをはらむものとして，危機感をもって各最高会計検査機関に債務マネジメントの必要性を説いている[88]。INTOSAIには，わが国会計検査院も加盟し，この組織への関心も高いことがうかがえる。わが国の「決算検査報告」にも（あるいは他の方法で），わが国が持続可能な財政運営を果たすため，公債が有するリスクのマネジメントへの関心が加えられることを期待する。

---

[87] わが国の会計検査院が公表する「会計検査基準（試案）」（2014年10月）にも，公債の管理の視点は含まれていない。

[88] 第20回INCOSAIで一応の完成をみる最高会計検査機関国際基準（International Stangards of Supreme Audui Institution：ISSAI）は，「会計検査のガイドライン」「特定事項に関するガイドライン」に「公的債務の検査」の項目をもち，具体的な基準として，「公的債務に関する内部統制検査の計画・実施ガイダンス」「債務指標」「公的債務の管理と財政的脆弱性―最高会計検査機関の潜在的役割」「公的債務の定義と開示に関するガイダンス」「公的債務の業績検査における調査事項の範囲」「財政的暴露―債務管理と最高会計検査機関の役割への合意」「公的債務の検査のためのガイダンス―財務検査における実証テストの利用」が定められている。ISSAIにつき，東信男「政府会計検査の基礎的概念と原則――INTOSAIのISSAIと比較した我が国の会計検査」会計検査研究50号（2014年）63頁以下（65頁以下）参照。

第10章　わが国の財政民主主義と財政規律

はじめに

　日本国憲法は，財政国会中心主義を原則とし，財政のコントロールは，まずは国会の議決に基づき決定された財政がいかに適正に処理されるかに向けられる。しかし，真に「国民のための財政」を実現していくためには，「国会の議決」（「財政の決定」）自体にも必要な規律が及ぶしくみを意識して工夫することが必要である。本章では，ドイツを参考にしながら，わが国においてそれがどう制度化されるべきかの手懸かりを探る。

I　財政と国民

1．財政国会中心主義・財政民主主義

　日本国憲法のもとで財政議会主義は国民主権原理による質的変容を受け，財政国会中心主義は財政民主主義をその本質としている[1]。日本国憲法83条は，財政にかかる国民の意思が「国会の議決」に集約される制度を採用し，内閣を想定する「財政を処理する権限」[2]と国会の「財政を決定する権限」[3]を区別したうえで，これらの関係を示す構造になっている。そして，日本国憲法のもとでの財政民主主義は「国民財政主義」でもあり，「これが根本の出発点であり，また，究極の帰結点」[4]となる。

---

1) 手島孝『憲法学の開拓線』（三省堂，1985年）228頁，大石眞『憲法講義I〔第三版〕』（有斐閣，2014年）270頁，辻村みよ子『憲法〔第五版〕』（日本評論社，2016年）476頁，渋谷秀樹『憲法〔第二版〕』（有斐閣，2013年）622頁など参照。
2) 財政処理権限が内閣に属することにつき，清水伸編『逐条　日本国憲法審議録　第三巻』〔復刻版〕（原書房，1976年）591頁（国務大臣金森徳次郎の答弁）参照。
3) 「財政決定権」の表示につき，小嶋和司『憲法概説』（良書普及会，1987年）505頁，阪本昌成『憲法理論I』（成文堂，1993年）269頁など参照。

2. 法的観点からみた「財政」の特徴

財政の徴収面とりわけ課税については自由権の制約に司法判断が加えられ[5]，法的検討は税法学を中心に深化をみせている。これに対し，財政の支出面は，非効率な管理・使用が結局は国民の負担に帰するものの，個別具体的な権利・義務関係は生じない。したがって，訴訟制度を前提にした法的議論にはなじまず，財政支出に法的視点を当てることは，公法学においてもともと容易な作業ではない[6]。

関連して，財政支出は，一般に行政活動に付随するものであるから，当該「法律」に規定された目標の達成が第一義となる。その「経済的（効率的）」達成，すなわち「財政」は第二義にとどまる[7]。法的コントロールの視点はいきおい行政活動のほうに向く。

そして，財政のあり方を決定する行為は，将来の国民にも影響を与える。特に公債発行は「将来の国民に負担を先送りする」性質を有することから，本来負担しなくてもよい者に長期にわたって課税する必要が生じうるなど，将来の国民の法的地位に大きな影響を及ぼしうる[8]。しかし，「将来の国民」を公法学で扱うことは必ずしも容易ではない。

3. 財政立憲主義・「国民全体の利益・幸福のための財政」

(1) 財政国会中心主義を原則としつつも，憲法上「たとえ国会による承認があったとしてもなしえない事柄」，すなわち「財政立憲主義による制約」[9]もある。典型例は89条である。そうすると，財政に関する議論には，憲法上，第

---

4) 清宮四郎『憲法Ⅰ〔第三版〕』（有斐閣，1979年）259頁。
5) 杉村章三郎『財政法〔新版〕』（有斐閣，1982年）5頁，甲斐素直『財政法規と憲法原理』（八千代出版，1996年）2頁（「序章 今日における国会中心財政主義の意義」）など参照。
6) 例えば，宍戸常寿＝曽我部真裕＝山本龍彦編『憲法学のゆくえ──諸法との対話で切り拓く新たな地平』（日本評論社，2016年）159頁（藤谷武史発言），片桐直人「財政・会計・予算──財政法の基礎をめぐる一考察」法律時報88巻9号（2016年）4頁以下（5頁）など参照。なお，「財政」の意義に関し，大脇成昭「『財政』と『予算』の概念に関する一考察」熊本法学113号（2008年）69頁以下参照。
7) Paul Kirchhof, Die Steuerung des Verwaltungshandelns durch Haushaltsrecht und Haushaltskontrolle, NVwZ 1983, S. 505ff., 512, 小嶋・前掲（注3）506頁など参照。
8) 碓井光明「時間軸から見た国家の役割──行政法・財政法の視点において」公法研究74号（2012年）64頁以下（78頁以下）は，「将来世代への確実な『バトンタッチ』こそ現在の国民及び国家の役割」であること等を指摘する。原田大樹『公共制度設計の基礎理論』（弘文堂，2014年）273頁以下も参照。

1に,通常83条がそう説明されるように,財政民主主義のみで語れる場面,第2に,89条のように財政立憲主義のみで話が終わる場面,そして第3に,その間にある,財政民主主義と財政立憲主義双方を意識して議論しなければならない場面がある。この点,財政立憲主義は,一見すると財政民主主義と対立する原則のようにもみえ,もちろん実際に財政民主主義と排他的に競合する場面は生ずるものの,しかし,突き詰めれば,両原則とも「国民全体の利益・幸福のための財政」[10]を基底に据える点では共通している。

であれば,国民の意思を財政にどう反映させるか,その制度化の検討に当たっては,両原則を対立的にのみ捉えるよりも,「国民全体の利益・幸福」を実現するために,検討項目ごとに問題となる制度の本質に立ち返りながら,この場面では一方の原則のどの要素が重視されるべきか,そうであれば他方の原則のどの要素はどこまで譲ることができるか,あるいは譲れないのか,という判断を,個別具体的に行っていくことの方が有益である。

(2) この,財政に関する「国民全体の利益・幸福」は,次の2つの価値を内包している。第1は,「節約と公正」[11]である。これは,現在の国民の利益を最適にするため,目指す目標を最少の負担で最大に達成することを要求するもので,主として財政を処理する者により強く向けられよう。

第2は,現在のみならず将来にもわたる財政の持続可能性である[12]。憲法上,現在も将来も,国民が本来享受できる基本的人権の保障を支えるに足りる財政が必要である。裏を返せば,「財政(だけ)の理由」でこれを妨げる事態は回

---

9) 渋谷・前掲(注1)567頁。宍戸常寿「財政・世代間衡平・政治プロセス」金子宏監修,中里実=米田隆=岡村忠生編『現代租税法講座 第1巻 理論・歴史』(日本評論社,2017年)345頁以下も参照。

10) 清宮・前掲(注4)259頁。

11) 畠山武道「国の財政に関する国会の権限」雄川一郎=塩野宏=園部逸夫編『現代行政法大系10 財政』(有斐閣,1984年)18頁以下(18頁)は「公正で簡素な財政運営に対する国民の要求は,……財政運営の基本原則を表したもの」とし,手島孝「財政」『現代の経済構造と法』(筑摩書房,1975年)589頁に述べる「節約と公正を財政民主主義の内実(財政に内在する技術的目的価値)とし,その追求が財政民主主義(国民のための財政)に貢献する」ことを引用する。

12) 藤谷武史「財政赤字と国債管理——財政規律の観点から」ジュリスト1363号(2008年)2頁以下(2頁)「真に問題とされるべきは……中長期的な財政の持続可能性」,碓井・前掲(注8)78頁「今日,国家には『持続可能性を確保する役割』があることが常識」,神山弘行「財政問題と時間軸」公法研究74号(有斐閣,2012年)197頁以下(197頁)「議会による財政統制は,現代世代がまだ存在しない将来世代の利益を考慮に入れる範囲でしか,将来世代の利益が考慮されないという構造的問題を抱えている」などの指摘参照。

避されなければならないことが求められる[13]。財政の持続可能性保持にかかる価値の遵守は，主として財政決定者により強く向けられる。

(3) そうすると，財政民主主義と財政立憲主義の競合・調整ないし相互補完場面における公法学の課題は，モデルとして表せば，まず第1に，「財政の処理」が「国会の議決」どおりに，法的観点からいえば，いわば法律のレベルにおいて適正に行使されているか，主として「節約と公正」を視座とするコントロール（Ⅱ），そして第2に，「財政の決定」が，憲法の趣旨に即して適正に行われているか，いわば憲法のレベルにおいて，主として「財政の持続可能性」を視座とするコントロール（Ⅲ）を，それぞれ機能させること，と設定できる。

Ⅱ 「財政を処理する権限」のコントロール

1. 国会によるコントロールの充実・強化

(1) まず，財政の処理が「国会の議決」どおりに行われているかのコントロールは，国会自身によるコントロールを充実・強化させることが基本となる。この点，わが国でも早くから，議決対象となる予算項目，補助金，財政投融資が挙げられ，議決範囲の拡大や密度を高めるべきことが指摘されている[14]。ほかにも，予備費，補正予算，特別会計等々各論的には多くの検討課題があり，これら1つひとつ「国会の意思に基づいて」の趣旨を貫徹すべき方策を探る必要性は今日においても基本的に引き継がれており，学説上にも注目すべき論考が数多く現れている[15]。

なお，国会の議決の対象から漏れる部分については，それは議決の対象に含

---

13) 碓井・前掲（注8）66頁「現在の統治主体は，将来の統治主体の存立可能性まで奪ってはならないという最低限の役割を負っている」，上代庸平「ドイツにおける財政規律と法——起債ブレーキの憲法条項の構造と意義」日本財政法学会編『財政健全化をめぐる法と制度』（全国会計職員協会，2015年）42頁以下（43頁）「財政規律を軽んじた結果として財政運営の持続可能性が絶たれる事態も，絶対に回避しなければならない」など。

14) 吉田善明「議会による財政統制」公法研究36号（1974年）45頁以下（49頁以下）。浅野一郎編『国会と財政』（信山社，1999年）44頁も，財政投融資および補助金についての財政国会中心主義の徹底・強化の必要を説く。

15) 例えば，予備費に関して，碓井光明「財政法上の予備費に関する立法政策」金子宏先生古稀祝賀『公法学の法と政策 下巻』（有斐閣，2000年）569頁以下，鳴谷潤「予備費制度の運用と国会審議」日本財政法学会編『財政法講座1 財政法の基本課題』（勁草書房，2005年）79頁以下等が考察を加える。

まないという国会の意思でもあるとみることができる場合，それにより漏れた部分の決定の主体は，実質的にみると内閣等に移行している。であれば，これらは「財政決定者のコントロール」の問題として設定することもできる。例えば，内閣の行ういわゆる財政・金融政策なども，財政決定者のコントロールの枠のなかで取り扱われる必要性は高く，その意義も大きい。

　次に，審議「能力」の充実・強化という点においては，これまでも有用な制度改革の動きはみられ[16]，一定の運用実績もある[17]。さらに公法学者からは，複数年度予算や発生主義予算[18]，あるいは予算編成に将来予測を導入すること[19]など，予算制度改革に関する注目すべき諸提案もなされている。

　また，特にアメリカとの比較において，スタッフの充実はじめ組織改編の抜本的必要が指摘され，この点が財政民主主義の実質を支えるとの分析は，国会の議決力を飛躍的に高める手懸かりを提供しうる点で注目される[20]。

　(2)　決算の審査は，財政を処理する権限のコントロールとして中心的な役割を果たす。内閣が衆議院の多数派から構成されていることからすると，決算審査の場では与党対野党の図式による審議や，衆議院とは勢力図を異にする参院での審議の充実が決算審査の質を高めることにもつながる[21]。

　もっとも，議決方式としては，これを報告案件として理解する立場も根強い[22]。しかし，国民の意思に基づく財政処理の確認のあり方として，財政決定の場合と同様「国会の議決」と捉え，その意義を反映した実務がとられるべき

---

16)　有川博「会計検査院法の変遷と課題」日本財政法学会編『会計検査院』（全国会計職員協会，2011年）9頁以下（20頁）。
17)　国会からの検査要請の運用状況について，鳴谷潤「会計検査院と国会」日本財政法学会編『会計検査院』（全国会計職員協会，2011年）28頁以下（35頁以下）。
18)　神山弘行「財政赤字への対応——財政規律と時間枠組み（複数年度予算・発生主義予算）」ジュリスト1397号（2010年）12頁以下（13頁以下，16頁以下）など参照。
19)　宍戸常寿「予算編成過程と将来予測」法律時報88巻9号（2016年）45頁以下。なお，参議院が「予測の府」として考えられている（53頁）。
20)　渡瀬義男『アメリカの財政民主主義』（日本経済評論社，2012年）序章「アメリカの財政民主主義と予算編成システム」は，同国の実証研究が照らし出す日本の問題として「国会による財政コントロールの弱さ」「国会の『審議力』・『調査力』の弱さ」を挙げる。
21)　真渕勝「会計検査と参議院」会計検査研究53号（2016年）5頁以下（7頁以下）は，参議院での「審議の早期化」「検査要請」「警告決議・要請決議・措置要求決議」に注目する。
22)　参議院の「警告決議」「審査措置要求決議」につき，鳴谷・前掲（注15）58頁参照。同論考では，「決算検査報告の構成と掲記事項」の変遷，「国会からの会計検査要請の運用状況」，「最近の決算審議の状況」，「決算の早期提出と常会中の議了」「決算の審査方針の変遷」等，国会の対応の変遷に関する詳細な実証分析がなされている。

である。

　決算は，次なる予算の編成や執行の前段階に位置することから，処理された当該年度の活動の評価にとどまらず，以降の活動にフィードバックできる性質をもつ重要な制度である。このため憲法90条により決算の検査およびその報告を義務付けられている会計検査院との連携がポイントとなる[23]。

2. 会計検査院による補完

　(1)　わが国のいわば母法であるドイツにおける経験や議論は参考になる。ドイツにおける会計検査院の地位をめぐっては踏み込んだ議論が行われ，三権のどの権力にも属さない「憲法上の機関」と捉える考え方が多数である。わが国においては，実態は内閣に近い機関として整序されるように思われるが，「内閣から独立」という地位は，会計検査院法1条に明示されている。一方，学説上は，国会の附属機関との解釈が多くの論者により有力に主張され，国会においても国会附属機関化の動きがみられたところである[24]。

　しかし，明治憲法下において会計検査院は主権者天皇に「直隷」する機関とされた。会計検査院については日本国憲法においても基本的に修正は受けていない。だとすれば，内閣や国会など，どの権力に属するものでもなく，いわばそのまま主権者国民から財政監視を直接に受託した機関とみることが，憲法制定者の意思に適した解釈ではないかと考える。

　(2)　会計検査院が議会とも内閣とも等距離に置かれた憲法上の機関であることを規範化したのが，ドイツの1969年財政改革である。これにより，検査報告を内閣と同時に議会にも直接送付することとし，このとき制定された財政基本法においても，様々な種類の助言や報告を行うルートが設けられた。わが国においても随時報告制度は取り入れられ，また，国会と会計検査院の距離を縮める前述の制度改革も進められてきたが，ドイツと比較すれば，なお国会との

23）　木村琢麿「決算制度」日本財政法学会編『財政法講座1　財政法の基本課題』（勁草書房，2005年）57頁以下（58頁）によれば，《統制》には《決定》と，それ以外にも多種多様な手法（とりわけ，行政機関に対する調査権や会計検査院への検査要請などを通じた，国会による《情報による監視・監督》）が含まれる。

24）　例えば，衆議院憲法調査会事務局「『二院制と会計検査制度』に関する基礎的資料」統治機構のあり方に関する調査小委員会（平成16〔2004〕年5月27日の参考資料）参照。同55頁以下は，山本清教授による「議院内閣制下で立法府に監視機関を設置すると，与党と内閣の密接な関係から十分な中立性が維持できない可能性がある」等の慎重論も紹介する。

距離は近づく余地が残されているように思われる。

　ドイツでは検査基準である「合規性および経済性」が基本法に明記され，財政基本法においても予算編成を含めてこれが求められ，政府および議会も遵守すべき規範となり，相違する事態には異が唱えられる環境が整えられている。わが国も「検査の観点」として，「経済性」「効率性」「有効性」が会計検査院法に明記された（20条3項）が，会計検査を超えた財政の基本原則としてどのような法的手当が適当か，なお検討の余地はあろう。

　ドイツでは財政の基本法たる連邦予算法において，会計検査院の任務に検査報告の枠内にはとどまらない「具体的な検査とは切り離された助言」（提案的助言）（同法88条2項）や，予算編成過程における「助言」（同法27条）を制度化した。この助言機能については，1995年のドイツ国法学者大会で「行政コントロール」の一手法として，その重要性に注目した報告がなされた[25]。わが国においても，会計検査院法に基づく多彩な「助言」が制度化されており，実務上も活用されている。ただ，あくまで決算検査報告の枠内という制約があり，例えば後述の公債管理や財政政策に関しては，ドイツとは対照的に，わが国会計検査院によって意見が述べられることはない。

　なお，ドイツでは，連邦会計検査院長が連邦委託官という立場から，「経済性」の問題に特化して意見を表明することがしばしば行われている。連邦会計検査院という組織ではなく，独任機関の立場から，財政のあり方にいわば自由に発言するという制度はわが国にはみられず，ユニークなしくみに映る[26]。

3. 「財政規律」とその実効性

　法律学の視点からは，「節約と公正」に関し，財政処理についてあらかじめ国会で定めた財政規律を機能させることが重要な課題となり，それが国会によるコントロールの充実・強化に補完的に寄与しうる。この「節約と公正」の規律内容としては，法的基準でもある「効率性」「平等原則」が考えられる。「効率性」は住民訴訟における適用例が参考になる。また「効率性」は，行政法学において法の一般原則として[27]，その市民権を得つつある。

---

25) VVDStRL Heft 55, 1996.
26) 会計検査院の助言機能につき，亀井孝文編『ドイツ・フランスの公会計・検査制度』（中央経済社，2012年）208頁以下（209頁）参照。

そもそも法律上規定された財政規律は国会が制定するものであるから，財政の処理が規定どおりになされたか，この審査密度を高めることが「国民のための財政」に資することはいうまでもない。規律違反については，法的ということになれば，地方における監査委員の監査，住民訴訟における裁判所の判断の蓄積を基に，その判断基準が国の財政処理活動に対しても受容・展開させることが有意である。なお，判断基準としての「効率性」は，行政法上の裁量審査における，いわば緩やかなコントロールの判断枠組みに親和的であるが，行政裁量に関する判断過程統制の考え方を参考にした審査密度を高める努力は，効率性・経済性コントロールにも有効である。

4. 国民による財政監視

財政国会中心主義をさらに補完するため，国民が財政運営の監視に直接に関与する途を広範囲かつ多角的に検討する必要が指摘される[28]。この前提として，特に公開が重要であり[29]，憲法91条もそのことを要求していると解される。また，学説で提唱される予算や決算にかかる発生主義の視点の導入[30]やこれに伴う公会計のあり方[31]もこの文脈で考えることができよう。

さらに，制度上の拡充としては，①会計検査院への審査要求における要件「利害関係人」の拡張解釈[32]にとどまらず，②例えば「民間監視団体」[33]等への

---

27) 大橋洋一「行政法の一般原則」宇賀克也=交告尚史編『現代行政法の構造と展開（小早川光郎先生古稀記念）』（有斐閣，2016年）37頁以下（54頁以下）は「現代行政の一般原則」の1つに「節約性の原則（効率性の原則）」を挙げる。
28) 辻村・前掲（注1）477頁，畠山・前掲（注11）18頁，手島・前掲（注1）241頁など参照。
29) 国民への情報の公開の意義につき，例えば，新井隆一「財政民主主義──憲法学から」日本財政法学会編『財政民主主義』（学陽書房，1994年）43頁以下，52頁参照。また，情報公開制度のもとでの運用状況について，早川和宏「会計検査院の検査──情報公開・文書管理を通じた国民からの統制」日本財政法学会編『会計検査院』（全国会計職員協会，2011年）90頁以下参照。
30) 木村琢磨「予算・会計改革に向けた法的論点の整理」会計検査研究29号（2004年）51頁以下（57頁以下），木村・前掲（注23）60頁以下。
31) 木村・前掲（注23）60頁は，憲法上の「決算」には，現金主義的決算のみならず発生主義的決算も含まれ，発生主義的財務諸表も憲法が理念的に要求していると解する。亀井孝文「新しい公会計制度への提言」会計検査研究45号（2012年）5頁以下も参照。藤谷・前掲（注12）3頁は，公会計改革のように「財政情報の正確性と透明性を確保することで民主的な財政決定の質を高めようとする方策」こそが「王道」かもしれないとする。
32) 村上武則「行政の監視と評価」公法研究62号（2000年）106頁以下（111頁以下）参照。
33) 石村耕治「アメリカの民間の『税金（公金）使途監視団体』」日本財政法学会編『会計検査院』（全国会計職員協会，2011年）118頁以下参照。

拡張（③これは行政訴訟としての「団体訴訟」制度の創設[34]にもつながりうる），④さらに「国民」一般への拡張（これは「公金検査請求」制度，ひいては「公金検査請求訴訟」制度の創設[35]にもつながりうる）など，学説上も様々に可能性が提唱され，公法学において喫緊の検討課題とみることができる。ただし，制度化に当たっては関係機関，とりわけ後述する，財政の持続可能性の保持にかかる会計検査院の能力との両立等，配慮を欠くことができない事項がある。

III 「財政を決定する権限」のコントロール──起債制限を素材に

1. わが国の起債制限

支出に見合う財源をどう調達するかは財政民主主義の核心部分に属することでもあり，結果として現在膨大な累積債務に至っている事態の是非には，ここでは立ち入らない[36]。問題は，財政法4条以下，特に4条の原則を国会自身が例外の通例化を通じて，例外を原則化してしまっていることである。これにも国民の意思は反映されているとみることはできる。しかし，財政法の「法的規律」が全く機能していない点は，公法学の立場からは看過できない問題と指摘しうる。

2. ドイツの起債制限

比較対象にしたドイツでは，起債制限が憲法上規定されている点が特徴的である。その規定内容は基本法制定後（このときの規定を「戦後基本法型」と呼ぶ），1969年と2009年に改正されているが（前者による規定を「1969年型」，後者によ

---

34) 将来世代の利益と団体訴訟につき，村上裕章「団体訴訟の制度設計に向けて」論考ジュリスト（2015年）114頁以下（115頁），島村健「環境法における団体訴訟」同119頁以下（123頁），宇賀克也「団体訴訟の必要性」同144頁以下（149頁）。

35) 日本弁護士連合会「公金検査請求訴訟制度の提言」2005年6月16日，松井茂記「『国民訴訟』の可能性について」村上武則＝高橋明男＝松本和彦編『法治国家の展開と現代的構成（高田敏先生古稀記念論集）』（法律文化社，2007年）351頁以下，村上武則「会計検査院と国民」日本財政法学会編『会計検査院』（全国会計職員協会，2011年）71頁以下（78頁以下）など参照。

36) 藤谷・前掲（注12）2頁は「専門家の間でも見解が分かれる難問」であるとし，また，仮に数字を問題にしても，神山弘行「財政・時間・責任──時間整合的な財政統制の限界と可能性」法律時報88巻9号（2016年）36頁以下（43頁）は「『財政赤字』という指標は，政治家にとって，恣意的に操作可能」であることを指摘する。

る規定を「2009年型」と呼ぶ），それぞれの特徴を概略示すとすれば，「戦後基本法型」は「事業目的」による起債と「通常外の必要がある場合」の起債を許容する規定，「1969年型」は「投資」額までの起債と「全経済的均衡のかく乱を除去」するための起債を許容する規定，そして，「2009年型」はGDP 0.35%までの起債と緊急事態等における例外的起債を許容する規定である。

ドイツにおいては予算は法律の形式で議決され，規範統制訴訟を通じて連邦憲法裁判所の審査の対象になる。これまで，1989年および2007年の2つの連邦憲法裁判所判決が出されている[37]。ただし，いずれも違憲判断はなされていない。

2007年判決において，法廷意見と特別意見を比較してみると，予算における起債の合憲性をめぐる訴訟において，議会の予算権を根拠にする法廷意見に対し，特別意見は同じ民主主義を根拠に世代間正義を導いたり，権力分立の前で違憲判断を自制する多数意見に対し，もはや立憲主義に反する事態に至っていると評価する少数意見が対峙するなど，予算そのものに関する訴訟が考えられないわが国には非常に興味深い議論が展開されている。しかし一方で，論理的にどちらかに決着しうる性格の議論ではないようにもみえる。

ただし，2007年判決は，立法者に2009年の改正を急がせ[38]，新しい基本法の規定として，明確にGDP 0.35%までの起債しか許されない基本構造を作らせた。この憲法改正に至るまでの一連のプロセスは，わが国にも1つの検討材料を提供しうる。また，憲法附属法による財政非常事態の回避や公債管理のためのしくみ創設も，この改革の特徴を表すものとして注目される[39]。

3. ドイツとの比較におけるわが国の検討事項

（1） 他国の経験を前にすると，憲法に規範を設定することが財政決定者の規律づけに格段の手懸かりを与えるであろうことは否定できず，わが国においても，憲法に起債制限にかかる規定をおくかどうか自体，財政規律強化のための選択肢として議論されてよい。

そのうえで，仮に憲法に規定をおくとすれば，さしあたりドイツが経験した

---

37) BVerfGE 79, S. 343ff., BVerfGE 119, S. 96ff.
38) 例えば，Hilde Neithardt, Staatsverschuldung und Verfassung, 2010, S. 82 など参照。
39) 渡辺富久子「ドイツの第二次連邦制改革（連邦と州の財政関係）(2)——財政赤字削減のための法整備」外国の立法246号（2010年）86頁以下参照。

3つの型がモデルケースとなろう。現在の「建設国債」のみ許容する財政法4条は，例外を明文で規定するドイツとは異なるが，投資を起債の正当化根拠とする点に着目すれば，2009年型というよりは，戦後基本法型ないし1969年型に近い。対する2009年型は，景気や非常時の例外を一定の範囲で認めるものの，原則として起債を数字により規制するという点で，わが国の規定よりも厳格であると考えられる。

　しかし，その前提として，例えば「赤字国債」を原則的に許容するのかどうか，許容する場合の景気条項の導入の妥当性，あるいは景気条項のもとで必要となる「建設国債」の定義厳格化など，わが国においていまだ法的議論の俎上に上げられていない問題も多く，公債制限のあり方の問題と，その規律の実効性の問題，いずれもほぼ手つかずの状況にあることに気付かされる。

　(2) 何よりまず，「建設国債」の概念の精緻化が必要である[40]。ドイツの「投資」概念をめぐっては，それ自体が構造的に許容される起債額の大小に直結するとともに，景気条項による例外的起債の許容性判断に影響を与える点が指摘され，2つの連邦憲法裁判所判決とも，法律により「投資」の範囲を明確にするよう強い調子で立法者に求めた経緯がある。構造的に許容される起債と，景気対応例外的に許容される起債との区別が法的に必要というしくみが構想されるなら，構造的に許容される起債幅の明確化は何より重要となる。

　(3) そのうえで，1969年型であれば，経済状況にかかる例外要件に柔軟性[41]をもたせられる。ただし，ドイツでは，「全経済的均衡のかく乱」について不明確さが指摘されたという経験を想起しつつ，例外の常態化を阻止しうる文言の選択が必要となる。コントロール密度は，これら「建設国債」概念や景気条項の規定の仕方次第という側面があり，ドイツでは会計検査院の機能強化とセットで行われた点も看過できない。他方，構造的に許容される起債枠を単年あるいは中長期で数字を示して設定する2009年型を選択するとすれば，強いコントロールを期待しうる反面，「何をどう使うか国民で決める」をベースに考えると「国民が決める」余地が極めて乏しい点，採用に躊躇が伴う。また，もし現実の経済状況に合わない事態に遭遇すればたちまち空文化しないかとの懸

---

40) 碓井・前掲（注8）82頁も「公共事業」の解釈再検討の必要性を指摘する。
41) 井堀利宏「予算制度の見直し――縛りと自由裁量」会計検査研究29号（2004年）5頁以下は，「縛りと自由裁量のトレードオフの関係は重要なポイント」とみる。

念も否定できない。

(4) 起債制限の実効性確保を誰が担うかについては，裁判所がその任に当たれれば一番良いが，わが国には規範統制訴訟のような制度がないことを前提にすれば，財政非常事態回避のために設置された安定化委員会（Stabilitätsrat）のような新たな組織，あるいは独立的地位を有する会計検査院が候補となろう。

憲法上に起債制限規定を設ける場合には，それが規律内容あるいはコントロールの基準となる。それが法律レベルにとどまるならば，少なくとも「節約と公正」および「財政の持続可能性」にかかる価値が日本国憲法の価値内容に含まれることにつき認知を得なければならない。そのうえで，「財政憲法（Finanzverfassung）」の規制機能にこれら価値の保持を果たしていく期待が寄せられる[42]。

4. わが国に緊急に求められる「財政規律」

(1) もっとも，現実には，財政法4条以下の現行規定のみの法状況にとどまる可能性も低くはないであろう。その場合どうするか。まず，わが国で緊急に必要なのは「財政の持続可能性」のコントロールであり，具体的には，これを破壊する事態を阻止する「警報装置」を機能させることではないかと考える。これは憲法を改正しても，しなくても可能である。制度上のコントロール者が，仮に会計検査院であるとすれば，破綻の事態をもたらしかねない国会や内閣の財政決定に関し，危険を警告する「非常ベル」を発する任務が会計検査院にあることを確認し，これを国会や内閣に無視されないための前提として，会計検査院の憲法上の「独立性」「中立性」が確保され，また警告内容の「質」が保たれるよう「専門性」が高められることの工夫が肝要である。もし，ドイツの安定化委員会のような新しい組織を構築するなら，それに留意した相応の制度とする必要がある。

(2) これにより引き出すべきは，財政決定者の説明責任である。独立・中立の立場から専門的知見・経験にのみ基づき，一に「財政の持続可能性」のために財政決定者に警告を発し，財政決定者の説明責任を引き出せれば，その相互

---

[42] 上代庸平「財政憲法の概念」日本財政法学会編『財政憲法の再検討』（全国会計職員協会，2012年）9頁以下，三宅雄彦「財政憲法の独自性？―ドイツ基本法の債務ブレーキ導入の意義」法律時報89巻（2017年）82頁以下，87頁参照。

対話が国民の前で行われることによって，財政決定者の財政規律に対するコミットメント[43]を高めることができると考える。よしんば，基準の設定自体は，財政決定者からなる組織によるのでもよい。ただし，基準として明確であることが必要である。そのうえで，この基準が遵守されているかどうか，重要なのは，コントロール者が憲法上の機関に向けて，国民を前に発言することである。

おわりに

「財政処理のコントロール」の場面では，コントロールの基準となる財政規律を明確にし，効率性に基づく最適な財政活動を目指して，適法・違法，当・不当の審査密度をさらに高める必要があり，「節約と公正」にかかる価値実現の検討が，主に行政法学，行政学に託される。もっとも，それも財政が持続可能性を失ってしまえば何の意味もなさない。

そこで，「財政の持続可能性」が，「財政決定者」に求められている憲法上の「実体的」規範内容であることを確認し，この遵守を実効化するための憲法上の規定のあり方や統治機構上のしくみを急ぎ検討する必要がある。規範は，「持続可能性の保持」という性質上，「あるべき最適」を求めるものではなく「逸脱してはならない」に重きをおかれよう。このための「警報装置」を機能させることによって財政決定者に説明責任を生み出し，国民を前に財政規律に対するコミットメントを引き出すことが肝要であり，そのために憲法学の力が必要である[44]。

---

43) 藤谷・前掲（注 12）3 頁は「民主主義の下で財政規律を機能させる決め手」は「政治家の財政規律へのコミットメントと有権者の支持」であるとする。
44) 神山・前掲（注 12）207 頁も，「公法学者は，このような〔財政赤字がもたらす〕危機的状況について声を発することができない将来世代のためにも，可能な限り中立的な立場から，現代社会に警鐘を鳴らす重要な責務を負っている」とする（〔 〕は筆者）。

【巻末資料1】 ドイツにおける憲法上の公債規定の変遷

1. 1818年5月26日のバイエルン王国憲法第7章
   (Verfassungsurkunde für das Königreich Bayern vom 26. Mai 1818)

§11 Die gesammte Staatsschuld wird unter die Gewährleistung der Stände gestellt. Zu jeder neuen Staatsschuld, wodurch die zur Zeit bestehende Schulden-Masse im Capitals-Betrage oder der jährlichen Verzinsung vergrößert wird, ist die Zustimmung der Stände des Reichs erforderlich.

§12 Eine solche Vermehrung der Staatsschulden hat nur für jene dringenden und außerordentlichen Staatsbedürfnisse statt, welche weder durch die ordentlichen noch durch außerordentliche Beyträge der Unterthanen, ohne deren zu große Belastung bestritten werden können, und die zum wahren Nutzen des Landes gereichen.

第11条 国家のすべての債務は，等族の保証のもとにおかれる。資本額または年次利息において現存債務の規模が拡大される新しい国家債務には，すべてライヒの等族の同意が必要である。

第12条 債務の拡大は，通常または通常外の国民の拠出によるときには非常に大きな負担とならざるをえず，かつ，債務によることが真にラントの利益になると認められる緊急かつ通常外の国家の必要がある場合においてのみ，これによることができる。

2. 1818年バーデン大公国憲法
   (Verfassung des Großherzogtums Badens vom 22. August 1818)

§57 Ohne Zustimmung der Stände kann kein Anlehen gültig gemacht werden. Ausgenommen sind die Anlehn, wodurch etatsmäßige Einnahmen zu etatsmäßigen Ausgaben nur anticipirt werden, so wie die Geldaufnahmen der Amortisationskasse, zu denen sie, vermöge ihres Fundationsgesetzes, ermächtigt ist.

第57条 借入れは，等族の同意がなければ，その効力を有しない。その例外とされるのは，償還金庫の資金調達が設立法によって授権されている等，当該借入れによって予算上の支出に対する予算上の収入が予定される場合のみとする。

3. 1848年12月5日のプロイセン欽定憲法第102条（1850年1月31日のプロイセン修正憲法103条）[1]
   (sogenannte oktroyirte Proußische Verfassung vom 5. Dezember 1848)
   (sogenannte revidierte Proußische Verfassung vom 31. Januar 1850)

Art. 102 Die Aufnahme on Anleihen für die Staatskasse findet nur aufgrund eines Gesetzes statt. Desselbe gilt von der Uebernahme von Garantien zu Lasten des Staats.

第102条 国家の金庫のための借入れ（Anleihen）の引受けは，法律に基づいてのみ行われ

---

1) 高田敏＝初宿正典『ドイツ憲法集〔第7版〕』（信山社，2016年）79頁参照。

4. 1867年北ドイツ連邦憲法
（Verfassung des Nerddeutschen Bundes vom 26. Juli 1867）

Art. 73 In Fällen eines außerordentlichen Bedürfnisses können im Wege der Bundesgesetzgebung die Aufnahme einer Anleihe, sowie die Übernahme einer Garantie zu Lasten des Bundes erfolgen.

第73条　通常外の必要が生じた場合においては，連邦の法律により，借入れをなし，または連邦の負担に帰する保証の引受けを行うことができる。

5. 1871年ドイツ帝国憲法[2]
（Verfassung des Deutschen Reichs vom 16. April 1871）

Art. 73 In Fällen eines außerordentlichen Bedürfnisses kann im Wege der Reichsgesetzgebung die Aufnahme einer Anleihe, sowie die Übernahme einer Garantie zu Lasten des Reichs erfolgen.

第73条　通常外の必要が生じた場合においては，ライヒの法律により，借入れをなし，またはライヒの負担に帰する保証の引受けを行うことができる。

6. 1919年ワイマール憲法[3]
（Verfassung des Deutschen Reichs vom 11. Augst 1919）

Artikel 87 Im Wege des Kredits dürfen Geldmittel nur bei außerordentlichem Bedarf und in der Regel nur für Ausgaben zu werbenden Zwecken beschafft werden. Eine solche Beschaffung sowie die Übernahme einer Sicherheitsleistung zu Lasten des Reichs dürfen nur auf Grund eines Reichsgesetzes erfolgen.

第87条　通常外の必要がある場合，および通常においては事業目的の支出のためにのみ，公債の方法で財源を調達することが許される。当該公債の発行およびライヒの負担に帰する保証の引受けは，ライヒの法律に基づいてのみ，これを行うことができる。

7. 1920年プロイセン州憲法
（Verfassung des Freistaats Preußen vom 30. November 1920）

Artikel 65 Im Wege des Kredits dürfen Geldmittel nur bei außerordentlichem Bedarf und in der Regel nur für Ausgaben zu werbenden Zwecken beschafft werden. Eine solche Beschaffung sowie die Übernahme einer Sicherheitsleistung zu Lasten des Staates dürfen nur durch Gesetz erfolgen.

第65条　通常外の必要がある場合，および通常においては事業目的の支出のためにのみ，公債の方法で財源を調達することが許される。当該公債の発行および州の負担に帰する保証の引受けは，法律によってのみ，これを行うことができる。

---

2) 高田敏＝初宿正典・前掲（注1）111頁参照。
3) 高田敏＝初宿正典・前掲（注1）131頁参照。

8. 1949年基本法[4]

(Grundgesetz für die Bundesrepublik Deutschland vom 23. Mai 1949)

Art. 115 Im Wege des Kredites dürfen Geldmittel nur bei außerordentlichem Bedarf und in der Regel nur für Ausgaben zu werbenden Zwecken und nur auf Grund eines Bundesgesetzes beschafft werden. Kreditgewährungen und Sicherheitsleistungen zu Lasten des Bundes, deren Wirkung über ein Rechnungsjahr hinausgeht, dürfen nur auf Grund eines Bundesgesetzes erfolgen. In dem Gesetz muss die Höhe des Kredites oder der Umfang der Verpflichtung, für die der Bund die Haftung übernimmt, bestimmet sein.

第115条　資金は，通常外の必要がある場合にのみ，および，通常時は事業目的の支出のためにのみ，連邦法律に基づいて，信用の方法によって，これを調達することが許される。一会計年度を超えて効力が及び，連邦の負担となる信用の供与および担保の提供は，連邦法律に基づいてのみ，これを行うことが許される。法律中には，連邦が責任を引き受ける信用の額または義務の範囲が規定されなければならない。

9. 1969年改正基本法[5]

(20. Gesetz zur Änderung des Grundgesetzes vom 12. Mai 1969)

Art. 115 (1)　Die Aufnahme von Krediten sowie die Übernahme von Bürgschaften, Garantien oder sonstigen Gewährleistungen, die zu Ausgaben in künftigen Rechnungsjahren führen können, bedürfen einer der Höhe nach bestimmten oder bestimmbaren Ermächtigung durch Bundesgesetz. Die Einnahmen aus Krediten dürfen die Summe der im Haushaltsplan veranschlagten Ausgaben für Investitionen nicht überschreiten; Ausnahmen sind nur zulässig zur Abwehr einer Störung des gesamtwirtschaftlichen Gleichgewichts. Das Nähere wird durch Bundesgesetz geregelt.

第115条①　将来の会計年度に支出を生ずるおそれのある信用調達，ならびに保証，担保，またはその他の担保的給付の引受けには，連邦法律による金額を確定または確定しうる授権，委任を必要とする。信用調達からの収入は，予算に見積もられた投資のための支出額を超えてはならない。例外は，全経済的均衡のかく乱の阻止のためにのみ許される。詳細は，連邦法律で，これを定める。

10. 2009年改正基本法[6]

(Gesetz zur Änderung des Grundgesetzes (Art. 91 c, 91 d, 104 b, 109, 109 a, 115, 143 d) vom 29. Juli 2009)

Art. 109 (3)　Die Haushalte von Bund und Ländern sind grundsätzlich ohne Einnahmen aus Krediten auszugleichen. Bund und Länder können Regelungen zur im Auf- und Abschwung symmetrischen Berücksichtigung der Auswirkungen einer von der Normallage abweichenden

---

4) 宮沢俊義編『世界憲法集』(岩波書店，1960年) 183頁参照。
5) 宮沢俊義編『世界憲法集〔第二版〕』(岩波書店，1976年) 219頁参照。
6) 高田敏＝初宿正典・前掲（注1）288頁以下，山口和人「ドイツの第二次連邦制改革（連邦と州の財政関係）(1)――基本法の改正」外国の立法243号 (2010年) 3頁以下 (12頁以下) 参照。

konjunkturellen Entwicklung sowie eine Ausnahmeregelung für Naturkatastrophen oder außergewöhnliche Notsituationen, die sich der Kontrolle des Staates entziehen und die staatliche Finanzlage erheblich beeinträchtigen, vorsehen. Für die Ausnahmeregelung ist eine entsprechende Tilgungsregelung vorzusehen. Die nähere Ausgestaltung regelt für den Haushalt des Bundes Artikel 115 mit der Maßgabe, dass Satz 1 entsprochen ist, wenn die Einnahmen aus Krediten 0,35 vom Hundert im Verhältnis zum nominalen Bruttoinlandsprodukt nicht überschreiten. Die nähere Ausgestaltung für die Haushalte der Länder regeln diese im Rahmen ihrer verfassungsrechtlichen Kompetenzen mit der Maßgabe, dass Satz 1 nur dann entsprochen ist, wenn keine Einnahmen aus Krediten zugelassen werden.

Art. 115 (2) Einnahmen und Ausgaben sind grundsätzlich ohne Einnahmen aus Krediten auszugleichen. Diesem Grundsatz ist entsprochen, wenn die Einnahmen aus Krediten 0,35 vom Hundert im Verhältnis zum nominalen Bruttoinlandsprodukt nicht überschreiten. Zusätzlich sind bei einer von der Normallage abweichenden konjunkturellen Entwicklung die Auswirkungen auf den Haushalt im Auf- und Abschwung symmetrisch zu berücksichtigen. Abweichungen der tatsächlichen Kreditaufnahme von der nach den Sätzen 1 bis 3 zulässigen Kreditobergrenze werden auf einem Kontrollkonto erfasst; Belastungen, die den Schwellenwert von 1,5 vom Hundert im Verhältnis zum nominalen Bruttoinlandsprodukt überschreiten, sind konjunkturgerecht zurückzuführen. Näheres, insbesondere die Bereinigung der Einnahmen und Ausgaben um finanzielle Transaktionen und das Verfahren zur Berechnung der Obergrenze der jährlichen Nettokreditaufnahme unter Berücksichtigung der konjunkturellen Entwicklung auf der Grundlage eines Konjunkturbereinigungsverfahrens sowie die Kontrolle und den Ausgleich von Abweichungen der tatsächlichen Kreditaufnahme von der Regelgrenze, regelt ein Bundesgesetz. Im Falle von Naturkatastrophen oder außergewöhnlichen Notsituationen, die sich der Kontrolle des Staates entziehen und die staatliche Finanzlage erheblich beeinträchtigen, können diese Kreditobergrenzen auf Grund eines Beschlusses der Mehrheit der Mitglieder des Bundestages überschritten werden. Der Beschluss ist mit einem Tilgungsplan zu verbinden. Die Rückführung der nach Satz 6 aufgenommenen Kredite hat binnen eines angemessenen Zeitraumes zu erfolgen.

第109条③　連邦および州の予算は，原則として信用からの収入によることなく収支を均衡させなければならない。連邦および州は，通常の状態から逸脱した景気の推移の影響を，好況および不況いずれの場合においても等しく考慮に入れるための規定ならびに自然災害または国の統御を離れ国の財政状態を著しく毀損する異常な緊急状態の場合のための例外規定を設けることができる。例外規定のためには，対応する弁済に関する規定を設けなければならない。連邦予算についての詳細は，信用からの収入が名目国内総生産の0.35％を超えない場合には第1文の規定に合致することを基準として，第115条により定める。州の予算についての詳細は，信用からのいかなる収入も許容されない場合に第1文の規定に合致することを基準として，各州が憲法上の権限の範囲内で定める。

第115条②　収入と支出とは，原則として信用からの収入によることなく均衡させなければならない。信用からの収入が名目国内総生産の0.35％を超えない場合には，当該原則に合致する。加えて，通常の状態から逸脱した景気の動向がある場合，好況期および不況期における予算への影響を対称的に考慮しなければならない。第1文から第3文までの規定に

【巻末資料１】 ドイツにおける憲法上の公債規定の変遷　205

より許容される信用の上限からの事実上の信用調達の逸脱は，監視勘定上に記録されることとし，名目国内総生産の1.5％の限界値を超える負担は，景気の状況に応じて解消しなければならない。詳細，特に財政上の取引行為をめぐる収入および支出の生産ならびに景気循環調整手続に基づき景気の推移を考慮した年間の純信用調達の上限の計算のための手続ならびに事実上の信用調達の法定の上限からの逸脱の監視および調整は連邦法律により定める。自然災害又は国の統御を離れ国の財政状態を著しく毀損する異常な緊急状態の場合には，当該信用の上限は，連邦議会議員の過半数の議決に基づき，これを超過することができる。当該議決には，弁済計画を付さなければならない。第6文の規定により調達された信用の償還は，相当の期間内に行われなければならない。

11. 欧州共同体設立条約（欧州連合の機能に関する条約）
　　（Vertrag zur Gründung der Europäischen Gemeinschaft）
　　（Vertrag über die Arbeitsweise der Europäischen Union）
Artikel 104（Art. 126 AEUV）
（1）　Die Mitgliedstaaten vermeiden übermäßige öffentliche Defizite.
（2）　Die Kommission überwacht die Entwicklung der Haushaltslage und der Höhe des öffentlichen Schuldenstands in den Mitgliedstaaten im Hinblick auf die Feststellung schwerwiegender Fehler. Insbesondere prüft sie die Einhaltung der Haushaltsdisziplin anhand von zwei Kriterien, nämlich daran,
　　a）　ob das Verhältnis des geplanten oder tatsächlichen öffentlichen Defizits zum Bruttoinlandsprodukt einen bestimmten Referenzwert überschreitet, es sei denn, dass entweder das Verhältnis erheblich und laufend zurückgegangen ist und einen Wert in der Nähe des Referenzwerts erreicht hat oder der Referenzwert nur ausnahmsweise und vorübergehend überschritten wird und das Verhältnis in der Nähe des Referenzwerts bleibt,
　　b）　ob das Verhältnis des öffentlichen Schuldenstands zum Bruttoinlandsprodukt einen bestimmten Referenzwert überschreitet, es sei denn, dass das Verhältnis hinreichend rückläufig ist und sich rasch genug dem Referenzwert nähert.
Die Referenzwerte werden in einem diesem Vertrag beigefügten Protokoll über das Verfahren bei einem übermäßigen Defizit im einzelnen festgelegt.

第104条（AEUV 126条）
1　締約国は，過度な公的赤字を回避する。
2　委員会は，締約国の財政状況および公的債務残高の推移を監督し，重大な違反を確定する。委員会は，特に次に掲げる2つの基準に基づいて，財政規律の遵守を審査する。
　a）　計画されたまたは事実上の赤字がGDPに対して所定の参照値を超えているかどうか。ただし，その比率が，相当な程度，継続的に低下し，かつ，参照値に近い値に達している，または，参照値が例外的に一時的にのみ超えられ，かつ，その比率が参照値の近くにとどまっている場合は除く。
　b）　GDPに対する公的債務状況の比率が所定の参照値を超えているかどうか。ただし，その比率が十分に回復でき，十分なペースで参照値に近づいている場合は除く。
参照値は，本協定に附属する，過度の赤字を来した場合の手続に関する議定書において個

別に規定される。

12. 過度の赤字を来した場合の手続に関する議定書
（Protokoll［Nr. 20］zum EGV über das Verfahren bei einem übermäßigen Defizit）
（Protokolle［Nr. 12］zum AEUV über das Verfahren bei einem übermäßigen Defizit）
Artikel 1 Die in Artikel 104 c Absatz 2 dieses Vertrags genannten Referenzwerte sind:
— 3% für das Verhältnis zwischen dem geplanten oder tatsächlichen öffentlichen Defizit und dem Bruttoinlandsprodukt zu Marktpreisen,
— 60% für das Verhältnis zwischen dem öffentlichen Schuldenstand und dem Bruttoinlandsprodukt zu Marktpreisen.
Artikel 2 In Artikel 126 des genannten Vertrags und in diesem Protokoll bedeutet
— „öffentlich" zum Staat, d. h. zum Zentralstaat（Zentralregierung）, zu regionalen oder lokalen Gebietskörperschaften oder Sozialversicherungseinrichtungen gehörig, mit Ausnahme von kommerziellen Transaktionen, im Sinne des Europäischen Systems volkswirtschaftlicher Gesamtrechnungen;
— „Defizit" das Finanzierungsdefizit im Sinne des Europäischen Systems volkswirtschaftlicher Gesamtrechnungen;
— „Investitionen" die Brutto-Anlageinvestitionen im Sinne des Europäischen Systems volkswirtschaftlicher Gesamtrechnungen;
— „Schuldenstand" den Brutto-Gesamtschuldenstand zum Nominalwert am Jahresende nach Konsolidierung innerhalb und zwischen den einzelnen Bereichen des Staatssektors im Sinne des ersten Gedankenstrichs.

第1条　本協定104c条2項に規定する参照値は次のとおりとする。
—計画されたまたは事実上の赤字の，国内総生産に対する割合が3％
—公債残高の，国民総生産に対する割合が60％
第2条　本協定126条および本議定書における次の各用語の意義は，それぞれ次に定めるところによる。
—「公的」　国，すなわち，中央政府，地域の公共団体または社会保障主体に属するもの。ただし，EUの国民経済計算システムにおいて商取引とされるものは除く。
—「赤字」　EUの国民経済計算システムにおける財政赤字をいう。
—「投資」　EUの国民経済計算システムにおける固定資産投資をいう。
—「債務残高」　「公的」の定義における国に属する各領域の内部および領域間の連結による年度末での名目の総債務残高をいう。

13. 経済通貨同盟の安定，調整および制御に関する条約（2013年1月1日発効）
（Vertrag über Stabilität, Koordinierung und Steuerung in der Wirtschafts- und Währungsunion vom 2. März 2012）
Artikel 3
（1）　Die Vertragsparteien wenden zusätzlich zu den sich aus dem Unionsrecht ergebenden Verpflichtungen und unbeschadet dieser Verpflichtungen die folgenden Vorschriften an:

a) Die gesamtstaatliche Haushaltslage muss ausgeglichen sein oder einen Überschuss aufweisen.

b) Die Vorschrift nach Buchstabe a gilt als erfüllt, wenn der jährliche strukturelle Haushaltssaldo seinem länderspezifischen mittelfristigen Haushaltsziel im Sinne des geänderten Stabilitäts- und Wachstumspakts entspricht, mit einer niedrigeren Grenze des strukturellen Defizits von 0,5% des Bruttoinlandsprodukts zu Marktpreisen. Die Vertragsparteien sorgen für eine rasche Annäherung an ihr jeweiliges mittelfristiges Haushaltsziel. …

c) Nur in Ausnahmefällen im Sinne des Absatzes 3 können die Vertragsparteien vorübergehend von ihrem mittelfristigen Ziel oder dem entsprechenden Anpassungspfad abweichen.

d) Liegt das Verhältnis des staatlichen Schuldenstands zum Bruttoinlandsprodukt zu Marktpreisen deutlich unter 60% und sind die Risiken für die langfristige Tragfähigkeit der öffentlichen Finanzen gering, darf die in Buchstabe b festgelegte Untergrenze des mittelfristigen Haushaltsziels ein strukturelles Defizit von höchstens 1,0% des Bruttoinlandsprodukts zu Marktpreisen erreichen.

(2) Die Vorschriften nach Absatz 1 werden im einzelstaatlichen Recht der Vertragsparteien spätestens ein Jahr nach Inkrafttreten dieses Vertrags durch verbindliche und dauerhafte – vorzugsweise verfassungsrechtliche – Bestimmungen oder andere Bestimmungen wirksam, deren uneingeschränkte Beachtung und Einhaltung im gesamten einzelstaatlichen Haushaltsverfahren gewährleistet ist.…

(3) Für die Zwecke dieses Artikels gelten die Begriffsbestimmungen, die in Artikel 2 des den Verträgen zur Europäischen Union beigefügten Protokolls (Nr. 12) über das Verfahren bei einem übermäßigen Defizit festgelegt sind.

Zusätzlich dazu gelten für die Zwecke dieses Artikels die folgenden Begriffsbestimmungen:

b) "Außergewöhnliche Umstände" sind ein außergewöhnliches Ereignis, das sich der Kontrolle der betreffenden Vertragspartei entzieht und erhebliche Auswirkungen auf die Lage der öffentlichen Finanzen hat, oder ein schwerer Konjunkturabschwung im Sinne des geänderten Stabilitäts- und Wachstumspakts, vorausgesetzt, die vorübergehende Abweichung der betreffenden Vertragspartei gefährdet nicht die mittelfristige Tragfähigkeit der öffentlichen Finanzen.

第3条

1 締約国は，EU法により課せられる義務に加え，かつ，この義務を害することなく，次に掲げる規定を使う。

a) 締約国の財政状況は均衡または黒字でなければならない。

b) 前に掲げるaの規定は，単年度の構造的赤字額が，改正された安定成長協定所定の当該締約国固有の中期財政目標に，GNP比0.5%以下で対応しているときに満たされるものとする。締約国は，それぞれの中期財政目標に迅速に近づくよう努める。

c) 締約国は，3項に定める例外の場合においてのみ，中期目標またはそれに適合する方針から逸脱できる。

d) 国の債務残高がGDP比60％を明白に下回り，財政の長期的な持続可能性の点でリスクが少ない場合には，bに掲げられた中期財政目標の下限は，GDP比で最大1％の構造的赤字に達してもよい。

2 第1項の規定は，遅くとも条約の発効から1年内に，締約国の国内法において，拘束的

かつ持続的な規定，特に憲法レベルまたはその他その完全な考慮および遵守が全予算過程において担保される規定によって，有効なものにされる。
3　本条の目的につき，EU 条約に附属される，過度の赤字を来した場合の手続に関する議定書（第 12 号）第 2 条に規定する定義のほか，以下の定義が妥当する。
　b）「異常な状況」　当該締約国のコントロールが効かず，財政状況に重大な影響を及ぼす異常なできごと，または，当該締約国の一時的な逸脱が財政の中期的持続可能性を危うくしないことを条件に，改正された安定成長協定の意味する著しい景気の減退をいう。

〔参考〕　わが国の公債関係規定（抜粋）

○　財政法（昭和 22 年 3 月 31 日法律第 34 号）
第 4 条　国の歳出は，公債又は借入金以外の歳入を以て，その財源としなければならない。但し，公共事業費，出資金及び貸付金の財源については，国会の議決を経た金額の範囲内で，公債を発行し又は借入金をなすことができる。
②　前項但書の規定により公債を発行し又は借入金をなす場合においては，その償還の計画を国会に提出しなければならない。
③　第 1 項に規定する公共事業費の範囲については，毎会計年度，国会の議決を経なければならない。

○　地方財政法（昭和 23 年 7 月 7 日法律第 109 号）
（地方債の制限）
第 5 条　地方公共団体の歳出は，地方債以外の歳入をもつて，その財源としなければならない。ただし，次に掲げる場合においては，地方債をもつてその財源とすることができる。
　一　交通事業，ガス事業，水道事業その他地方公共団体の行う企業（…）に要する経費の財源とする場合
　二　出資金及び貸付金の財源とする場合（…）
　三　地方債の借換えのために要する経費の財源とする場合
　四　災害応急事業費，災害復旧事業費及び災害救助事業費の財源とする場合
　五　学校その他の文教施設，保育所その他の厚生施設，消防施設，道路，河川，港湾その他の土木施設等の公共施設又は公用施設の建設事業費（…）及び公用若しくは公用に供する土地又はその代替地としてあらかじめ取得する土地の購入費（…）の財源とする場合

（地方債の償還年限）
第 5 条の 2　前条第 5 号の規定により起こす同号の建設事業費に係る地方債の償還年限は，当該地方債を財源として建設した公共施設又は公用施設の耐用年数を超えないようにしなければならない。当該地方債を借り換える場合においても，同様とする。

○　財政運営に必要な財源の確保を図るための公債の発行の特例に関する法律（平成 24 年 11 月 26 日法律第 101 号）
（趣旨）

第1条　この法律は，最近における国の財政収支が著しく不均衡な状況にあることに鑑み，平成24年度から平成27年度までの間の各年度の一般会計の歳出の財源に充てるため，これらの年度における公債の発行の特例に関する措置を定めるとともに，平成24年度及び平成25年度において，基礎年金の国庫負担の追加に伴いこれらの年度において見込まれる費用の財源を確保するため，社会保障の安定財源の確保等を図る税制の抜本的な改革を行うための消費税法の一部を改正する等の法律（平成24年法律第68号）の施行により増加する消費税の収入により償還される公債の発行に関する措置を定めるものとする。
（平成24年度から平成27年度までの間の各年度における特例公債の発行等）
第2条　政府は，財政法（昭和22年法律第34号）第4条第1項ただし書の規定及び第4条第1項の規定により発行する公債のほか，平成24年度から平成27年度までの間の各年度の一般会計の歳出の財源に充てるため，当該各年度の予算をもって国会の議決を経た金額の範囲内で，公債を発行することができる。
②　前項の規定による公債の発行は，当該各年度の翌年度の6月30日までの間，行うことができる。この場合において，当該各年度の翌年度の4月1日以後発行される同項の公債に係る収入は，当該各年度所属の歳入とする。
③　政府は，第1項の議決を経ようとするときは，同項の公債の償還の計画を国会に提出しなければならない。
④　政府は，第1項の規定により発行した公債については，その速やかな減債に努めるものとする。
（特例公債の発行額の抑制）
第3条　政府は，前条第1項の規定により公債を発行する場合においては，中長期的に持続可能な財政構造を確立することを旨として，各年度において同項の規定により発行する公債の発行額の抑制に努めるものとする。
（平成24年度及び平成25年度における年金特例公債の発行等）
第4条　政府は，財政法第4条第1項の規定にかかわらず，平成24年度及び平成25年度における基礎年金の国庫負担の追加に伴い見込まれる費用（…）の財源については，当該各年度の予算をもって国会の議決を経た金額の範囲内で，公債を発行することができる。
②　前項の規定により発行する公債及び当該公債に係る借換国債（特別会計に関する法律（平成19年法律第23号）第46条第1項又は第47条の規定により起債される借換国債をいい，当該借換国債につきこれらの規定により順次起債される借換国債を含む。次項において同じ。）についての償還及び平成26年度以降の利子の支払に要する費用の財源は，社会保障の安定財源の確保等を図る税制の抜本的な改革を行うための消費税法の一部を改正する等の法律の施行により増加する消費税の収入をもって充てるものとする。
③　第1項の規定により発行する公債及び当該公債に係る借換国債（…）については，平成45年度までの間に償還するものとする。

○　東日本大震災からの復興のための施策を実施するために必要な財源の確保に関する特別措置法及び財政運営に必要な財源の確保を図るための公債の発行の特例に関する法律の一部を改正する法律（平成28年3月31日法律第23号）
第2条　財政運営に必要な財源の確保を図るための公債の発行の特例に関する法律（平成24年法律第101号）の一部を次のように改正する。

第1条中「平成24年度から平成27年度までの間の各年度の一般会計の歳出の財源に充てる」を「経済・財政一体改革を推進しつつ，平成28年度から平成32年度までの間の財政運営に必要な財源の確保を図る」に改め，「とともに，平成24年度及び平成25年度において，基礎年金の国庫負担の追加に伴いこれらの年度において見込まれる費用の財源を確保するため，社会保障の安定財源の確保等を図る税制の抜本的な改革を行うための消費税法の一部を改正する等の法律（平成24年法律第68号）の施行により増加する消費税の収入により償還される公債の発行に関する措置を定める」を削る。

〇 財政構造改革の推進に関する特別措置法（平成9年法律第109号）
（目的）
第1条 この法律は，国及び地方公共団体の財政収支が著しく不均衡な状況にあることにかんがみ，財政構造改革の推進に関する国の責務，財政構造改革の当面の目標及び国の財政運営の当面の方針を定めるとともに，各歳出分野における改革の基本方針，集中改革期間（平成10年度から平成12年度までの期間をいう。以下同じ。）における国の一般会計の主要な経費に係る量的縮減目標及び政府が講ずべき制度改革等並びに地方財政の健全化に必要な事項を定めることを目的とする。
（財政構造改革の当面の目標）
第4条 財政構造改革の当面の目標は，次のとおりとする。
一 平成17年度までに，一会計年度の国及び地方公共団体の財政赤字額（…）を零から差し引いた額を当該会計年度の国内総生産（…）の額で得られる数値（…）を100分の3以下とすること。
二 平成10年度から平成16年度までの間の各年度に国の一般会計において特例公債（…）を発行する場合には，著しく異常かつ激甚な非常災害の発生又は経済活動の著しい停滞（国内総生産の伸び率の低い事態が継続する等の政令で定める状況をいう。）が国民生活等に及ぼす重大な影響に対処するための施策の実施に重大な支障が生ずるときを除きその発行額の縮減を図りつつ，一般会計の歳出（…）は，平成17年度までに特例公債に係る収入以外の歳入をもってその財源とするものとし，あわせて同年度の予算における公債依存度（…）を平成9年度の予算における公債依存度に比して引き下げること。
（財政赤字の対国内総生産比の公表）
第5条 平成10年度から平成17年度までの間における各年度の予算及び当該各年度の地方団体（…）の歳入歳出総額の見込額に関する地方財政計画（…）の国会への提出後，遅滞なく，総務大臣及び財務大臣は，当該各年度における財政赤字の対国内総生産比の見込みの数値を計算して，公表するものとする。
② 総務大臣及び財務大臣は，前項に規定する各年度における国民経済計算の体系における中央政府の貯蓄投資差額及び地方政府の貯蓄投資差額が公表された場合においては，遅滞なく，当該各年度における財政赤字の対国内総生産比を計算して，公表するものとする。

〇 財政構造改革の推進に関する特別措置法の停止に関する法律（平成10.12.18法律第150号）
財政構造改革の推進に関する特別措置法（…）は，別に法律で定める日までの間，その施行を停止する。

【巻末資料2】　連邦憲法裁判所2007年判決（抄）

Urteil v. 9. Juli 2007（BVerfGE 119, S. 96ff.）

1. 連邦の補正予算法律が適時に提出されたかどうかの基準として、憲法機関相互に求められる配慮要請に関する一般原則が妥当する。

2. 予算の真実性という憲法原則から、議院内閣制における予算機能の有効性—行為の公開を通じた方向付け、コントロールおよび透明性—を保障するという目標を伴った評価の正確性という義務が導かれる。歳入および歳出の評価に必要な予測は事前の視点において、事物適合的であり、主張可能である（vertretbar）という結果に至らなければならない。

3. 基本法115条1項2文および109条2項の規定のコンセプトの根本的な見直しは、憲法改正を行う立法者に留保されている。通常の状況において決定を行う、投資という概念の点で、基本法115条1項3文の規定任務は、憲法上の要件の具体化を、連邦憲法裁判所にではなく、まずは立法者の責任に割り当てられる。また、全経済的均衡のかく乱という要件についても、立法者の評価および判断の余地が尊重される。

2007年2月14日の口頭審理に基づく2007年7月9日第2法廷判決

この訴訟手続は、以下の憲法上の審査にかかるものである。すなわち、2004年12月21日の2004年度連邦予算案の補正の確定に関する法律（2004年度補正予算法律）（BGBl I S. 3662）1条および2条の規定における2004年2月18日の連邦予算法律（BGBl I S. 230）1条および2条1項が、基本法110条1項1文および2項（2004年度予算法律新1条）ならびに基本法115条1項2文、20条1項および2項、38条および39条1項（2004年度予算法律新2条1項）と適合せず、したがって無効かどうか、そして予備的に、主たる請求が2004年度予算法律新1条に関係する限りで、連邦銀行につき、2004年、2003営業年度について連邦に単に2億4800万ユーロの収益しか納付することができなかったところ、当初の規定における1条が、2004年度連邦予算計画で35億ユーロの歳入を計上していた点で、ならびに、「労働市場における現代的なサービス提供のための第4法律（Hartz IV）」について、計画された2004年7月1日の発効ではなく、2005年1月1日の発効によって影響を及ぼされた歳入および歳出が、計上された個別予算に見積もられた金額と異なる限りで、基本法110条1項1文および2項と一致していなかったこと、の確認を求めるものである。

申立人：1.　Angela Merkel（連邦議会議員）
　　　　2.　Michael Glos（連邦議会議員）
　　　　3.　Wolfgang Gerhardt（連邦議会議員）
　　　　ほか290人の連邦議会議員
全権代理人　Reinhald Mußgnug（ハイデルベルク大学）

主　文

1. 2004年2月18日の法律の文言（BGBl I S. 230）および2004年12月21日の2004年度連邦予算の補正の確定に関する法律の文言（BGBl I S. 3662）における，2004年度連邦予算の確定に関する法律1条は，基本法に適合する。

2. 2004年12月21日の2004年度予算に対する補正の確定に関する法律（BGBl I S. 3662）の文言における，2004年度連邦予算の確定に関する法律2条1項は，基本法に適合する。

理　由

この抽象的規範統制訴訟は，2つの複合した問題に関わる。すなわち，第1に，2004年度予算法律1条が，2004年度予算の確定に際し，2004年度補正予算法律の文言においてようやく，ドイツ連邦銀行の純益に対する連邦のあるべき歳入を2億4800万ユーロ（当初は35億ユーロ）と定めたこと，ならびにHartz IVの重要部分の施行が2005年1月1日に延期されることを反映したことが，基本法110条1項および2項に適合するのかどうかという点が問題となる。また，予備的に，2004年度予算法律1条は，2004年2月18日の当初の文言において，基本法110条1項1文および2項に違反していたことの確認が問題となる。

第2に，この規範統制訴訟は，2004年度予算法律2条1項が2004年度補正予算法律の文言において，連邦財務大臣に，2004年度連邦予算の全体計画に対する補正において変更されず記載された投資支出総額246億3906万3000ユーロを超える，435億ユーロの信用借入れについて授権したことが，基本法，特に115条1項2文に適合するかどうかの問題と関わる。

〔I〕事実

〔1〕　申立ての経緯[1]

1. 2003年8月15日，連邦政府は，第15期ドイツ連邦議会において，2004年度の連邦予算を含む同計画の確定に関する法律案を提出し（BT-Drs. 15/1500），同時に両者を連邦参議院にも送付した（Br-Drs. 650/03）。予算法律案は，とりわけ，歳入および歳出において2512億ユーロでの2004連邦予算の確定，308億4000万ユーロでの信用の授権，そして248億ユーロでの投資予算を予定した（BT-Drs. 15/1500, S. 13, 27）。

2003年9月26日，連邦参議院は，その意見表明において（BT-Drs. 15/1670, S. 1f.），これは非現実的な成長の期待に基づいており，また法律案に計画された新規債務負担は投資の総額を明らかに超えている，として政府の提案に異議を唱えた。これに対して，連邦政府は，

---

1)　BVerfGE 119, S. 98-104. なお，本文中の注は原文のもの，脚注は筆者による。

今まさに成長への刺激策が必要であり，計画された純信用借入れは全経済的均衡のかく乱の除去のために必要である，と反論した（BT-Drs. 15/1670, S. 2f.）。

2003年11月，連邦議会の予算委員会は，連邦政府の法律案についての報告において，予算総額を2573億ユーロに増額し，信用借入れ授権を293億ユーロに減額することを提案した（予算委員会の勧告。BT-Drs. 15/1922. 政府案に対する重要な変更の概要と説明はBT-Drs. 15/1923, S. 12, 28, 32ff.）。予算委員会は，当時提示された法律案によれば重要な部分は2004年7月1日に発効することとして計画されていたHartz IVの財政上の影響も考慮したのであった。

予算計画の個別予算第60に計上された「ドイツ連邦銀行の純利益への連邦の配分」について，予算委員会の報告はその額の検討または批判の必要を全く認識させるものではなく，予算委員会は，その点についての変更を意図しなかった（決議勧告につきBT-Drs. 15/1920, 報告につきBT-Drs. 15/1923, S. 25）。CDU／CSUおよびFDP会派は，予算委員会の報告においては，もっぱら計画された新規債務負担を批判し，例えばHartz IVのような予算に重要な立法計画が，仲裁手続になお関係しており，そうであれば，予算は，ひょっとすると数週間もしないうちに，本質的部分において現状と合わなくなり，2004年度の初めからすぐに，補正予算によって適合させなければならなくなるであろう，と言及した（BT-Drs. 15/1923, S. 12, 26f.）。CDU／CSUおよびFDP会派議員は，それに対応させる形で，2003年11月26日，2つの決議動議を提出し，そこにおいて，仲裁委員会のHartz IVに関する勧告に基づいて2004年度連邦予算にいかなる財政上の影響が生ずるかまだ予測されえない，と指摘した（BT-Drs. 15/2089, S. 2, BT-Drs. 15/2029, S. 2f.）。

連邦議会は，第三読会の後になされた2003年11月28日の法律決議において，予算委員会の勧告に従った（BR-Drs. 874/03; BT-Plenarprotokoll 15/80, S. 7058ff.）。連邦参議院は，2003年12月19日，根本的な修正を目標に仲裁委員会の招集を要求することを決議した（BT-Drs. 15/2307）。仲裁委員会は，2004年1月14日，第15期ドイツ連邦議会によって決議された2004年度予算法律についての手続を，合意の提案もなく終了した（BR-Drs. 44/04）。2004年2月13日，連邦議会は，連邦参議院により申し立てられた2004年度予算法律に対する異議を（BT-Drs. 15/2501; BR-Plenarprotokoll 796, S. 6 A）却下した（BT-Drs. 15/2504; BT-Plenarprotokoll 15/92, S. 8255）。2004年2月18日の2004年度予算法律（BGBl I S. 230）は，2004年1月1日に遡って施行された。

2004年4月，連邦財務大臣は，月例報告（Monatsbericht April 2004）において（「2004年度連邦予算──予算緊縮，減税そして構造改革の三和音」のタイトルのもと，S. 33ff. [42]），Hartz IVについての2003年11月・12月の仲裁手続の結果として，当初の計画とは異なり，「基本保障（Grundsicherung）」の段階的導入が2004年7月1日にすぐではなく，2005年1月1日開始，と意図されたことを明らかにした。しかし，2004年度連邦予算における予算の計上は，当初の計画を予定していた。導入の遅れは，予算の執行の枠内で対処されることとなった。

2. 2004年5月4日，CDU／CSUならびにその会派の議員は，連邦議会が連邦政府に「遅滞なく，遅くとも2005年度の連邦予算の法律案と一緒に2004年度補正予算を」，そして「補正予算とともに，いずれにしても夏季休暇前に」包括的な予算確保のための法律（Haushaltssicherungsgesetz）を提出することを要求する旨，提案した（BT-Drs. 15/3096）。同

様に，FDPならびにその会派の議員は，2004年5月26日，予算を安定させ，現実の予算状況をさらに明瞭にするために，適時に，補正予算を予算確保のための法律とともに提出することを提案した（BT-Drs. 15/3216）。両提案は，それを審議した連邦議会の委員会において多数を得ず（BT-Drs. 15/3556），総会においてもそれ以上議論されなかった。

2004年10月15日，連邦政府は2004年度補正予算法律案を提出した。そのなかには，予算総額の2556億ユーロへの減額（当初は2573億ユーロ），信用借入れ授権の437億ユーロへの増額（当初は293億ユーロ）および130億ユーロのグローバルな減税の計上が含まれていた（BT-Drs. 15/4020; BR-Drs. 740/04）。連邦財務大臣の2004年11月の月例報告は，2004年度補正予算の政府案について，連邦銀行の収益のからの歳入減少，Hartz IV改革の2005年1月1日への延期による計上変更および労働市場のなお不十分な状況（連邦財務省による2004年11月の月例報告「2004年第3四半期への連邦予算の展開」のもと，S. 35）により，111億ユーロの税収不足が計算されうる旨，指摘した。政府の提示にかかる添付書類（BT-Drs. 15/4020付表，個別予算9, 12, 32, 60）から明らかなように，補正は，個別予算第9（連邦経済労働大臣），第12（連邦交通建設住宅大臣），第32（連邦債務），第60（一般財務行政）にのみ関わる。

2004年11月5日の意見表明において，連邦参議院は次のように詳述した（BT-Drs. 15/4137, S. 1）。

「連邦参議院は，連邦政府が，すでに以前から予測可能な動向に，対応が非常に遅れたという確認についての根拠を新たにした。連邦の租税およびその他の歳入における歳入減と同様，歳出面での負担増も，相当に前から予測可能であった。補正の提出の遅れによって，予算は，計画およびコントロールの手段としての機能を著しく失った。あたかも予算が単なる執行の手段に格下げされたかのようである」。

連邦政府は，これに対して，次のように答えた（BT-Drs. 15/4137, S. 1）。

「2004年度補正予算は，財政上の動向の入念な検討を経て，10月に初めて提示されたものである。労働市場での支出およびいくつかの租税収入は強く景気に依存し，1年未満のスパンでは，ときに大きな揺れを免れない。したがって，前もって2004年度補正予算に関する決定を行うことは経済的に正しくも，合目的的でもない。連邦政府は，いずれにしても早くから，2004年度補正予算の必要性を指摘していた。例えばアイヒェル（Hans Eichel）大臣は，2004年5月27日の連邦議会での演説において，すでに，当時認識可能なすべての負担および負担軽減を考慮し，2004年の追加的な財政需要を，約100億ユーロから110億ユーロまでの規模で挙げていた」。

連邦参議院は，さらに，新規債務負担の額について，新たに批判に加えた。これに対し，連邦政府は，なるほど，2004年度の純信用借入れは2004年度連邦予算に計上された投資総額を超過するが，しかし，基本法115条によれば，全経済的均衡のかく乱の除去のため，これが必要である，と反論した。

2004年11月，連邦議会の予算委員会は，不足する信用授権の増額（437億ユーロのところ435億ユーロ）を提案した（BT-Drs. 15/4138; BT-Drs. 15/4139, S. 4）。2004年11月23日，連邦議会は，予算委員会に提案された信用授権に応じた連邦政府の法律案を議決した（BR-Drs. 921/04）。連邦参議院は，仲裁委員会の招集を要求しなかった（BR-Plenarprotokoll 807, S. 626）。2004年12月21日制定の2004年度補正予算法律（BGBl I S. 3662）は，2004年1月1日に遡って施行された。

【巻末資料2】 連邦憲法裁判所 2007 年判決（抄）　215

　3．申立人は，主たる申立てにおいて，2004 年 12 月 21 日制定の 2004 年度補正予算法律 1 条および 2 条の文言において改正された 2004 年 2 月 18 日制定の 2004 年度予算法律 1 条および 2 条 1 項を，また，予備的申立てにおいて，主たる申立てが補正予算法律の 1 条と関わる限りにおいて，2004 年予算法律の当初の規定 1 条を，審査に付した。
　審査に付された規範は，次のような文言である（かっこ内のイタリックは，2004 年度予算法律の当初の規定）。

（予算案の確定）
第 1 条　この法律に添付された 2004 年度の予算案は，歳入および歳出につき，2556 億ユーロ（*当初は 2573 億ユーロ*）で確定される。
（信用授権）
第 2 条①　連邦財務大臣は，2004 会計年度の支出の補塡のために，435 億ユーロ（*当初は 293 億ユーロ*）までの信用借入れを授権される。
②－⑩　（略）

〔2〕　当事者の主張

　1．申立人[2]
　2004 年度予算法律新 2 条 1 項は，基本法 115 条の憲法の制限を超えている。すなわち，2004 年度予算計画に見積もられた約 246 億ユーロの投資総額に対し，当初は約 47 億ユーロ，つまり 19.1％，最終的には約 189 億ユーロ，つまり約 75％，超過している。さらに，このことは，正しく見積もられた投資から，年度ごとのマイナス投資，すなわち 2004 年度では（予定された）104 億ユーロを引き去るとき，問題はより深刻になる。
　投資の限界の超過を，連邦政府は，すでに 4 度，基本法 115 条 1 項 2 文の景気条項によって正当化した。この規定は，基本法 109 条 2 項および経済安定成長促進法とともに，全経済的均衡のかく乱の際の例外としてのみ用いられるべきところ，そうこうするうち，連邦政府には，むしろ通例のように用いられている。
　基本法 115 条 1 項 2 文の目標，すなわち景気のかく乱の克服は，――当時のドイツにおけるように――構造的に引き起こされた財政危機の克服が問題となる場合には，当該景気条項に立ち戻ることを許すものではない。
　この規定は，「全経済的均衡」という文言で，一時的な危機の状況のみを意味している。すなわち，財政運営の構造的に引き起こされる継続的危機を，この規定は含んでいない。社会的市場経済（soziale Marktwirtschaft）[3]における政府の役割を過度に解釈することは，現在の過大要求を招いた。再統一の負担がさらに加えられ，結局，人口統計学上の推移は，社会的負担のさらなる増大という結果をもたらした。国家の任務を，絶えず増大する債務を通じて調達する財政政策は，国家財政ならびに労働市場および高齢者福祉の保障の連帯への国民

---

[2]　BVerfGE 119, S. 106-108.
[3]　第 2 次世界大戦後のドイツ連邦共和国で初代連邦経済大臣となったエーアハルトおよび同時期の連邦経済省事務次官ミュラー＝アルマックスによって構想された経済政策上の指導原理であって，建国に先立つ 1948 年から西独地域において実現された（田沢五郎『独＝日＝英 ビジネス経済法制辞典』〔郁文堂，1999 年〕846 頁）。

の信頼を失い，ひいては，節約の強化ならびに消費および投資の準備の沈滞へと移行する。それは，反景気循環的景気政策の手段ではうまく対応できない。

連邦憲法裁判所が BVerfGE 79, 311 (339f.) において，目標に向かって全経済的均衡のかく乱に取り組むよう要求したような，そして範囲と使用の点で妥当であるプログラムは，批判される純信用借入れの計算には入れられない。連邦政府は，実質的には，当時の景気状況は，より強固な節約措置を許さないということを理由に持ち出しただけである。法律の理由は，基本的には，「アジェンダ2010」として表示された改革プログラムを，このプログラムと信用借入れの原因 - 効果の関係を明確にすることなく，名前だけ挙げているにすぎない。

国内総生産および潜在的生産力活用の点で，全経済的発展の鑑定評価のための専門有識者委員会（der Sachverständigenrat zur Begutachtung der gesamtwirtschaftlichen Entwicklung）（以下「有識者委員会」という。）もまた，全経済的均衡に関する危険な動向はないとみている（年次鑑定評価〔Jahresgutachten〕2004/05, Tz. 754, S. 521）。潜在的なかく乱としては，唯一，高い雇用状況を逸したままであることがある。しかし，このことが，全経済的均衡の深刻かつ持続的な侵害を根拠付けるに至っているかどうかは，有識者委員会においても争いがあった。さらに，委員会の意見によれば，労働市場でのかく乱の除去のための信用借入れの増額は妥当ではない。2002年以降繰り返されてきた，基本法115条1項2文の景気条項への依存は，それが，効果と結果に目標をおかれた反景気循環的プログラムの基礎にはおかれていないことを証明している。

また，予算年度の終盤になって初めてなされようとされた信用授権は，連邦財務大臣に，本来その年度に承認された信用を要求させなければならないところ，新しい年度に使用できる「残余信用授権」を創設するものである。予算法律2条9項は，委ねられた残余信用授権は，なるほど，当該年度の予算法律1条に確定された予算総額の0.5％の額までに限り使用を許される。それを超える部分は，予算委員会のあらかじめの承認によってのみ使用されることが許される。しかし，〔年度末に初めて信用授権を認めることで〕このことが，開かれた公の議論なしに「ひっそりと」可能になる。このことは，連邦政府および第15期ドイツ連邦議会多数派の「基本法115条1項2文とのなれ合い」という憲法上の疑念を強くするであろう。

最後に，現存する高額の連邦債務が速度を増して増加することは，将来の政治に対して責任をもつ国民代表および政府の行為の自由を消し去るおそれがある。それゆえ，基本法115条1項2文と並んで，基本法20条1項および2項，38条および39条1項に規定された「期限付き支配の民主主義原理」（das demokratische Prinzip der Herrschaft auf Zeit）[4]も侵害されることになる。

2. 政府[5]

2004年度予算法律新2条1項も，憲法上の要求に適合する。

連邦政府および連邦議会は，連邦憲法裁判所によって基本法115条1項2文について定式

---

4) 例えば，Reinhard Mußgnug, Die Staatsverschuldung und das demokratische Prinzip der Herrschaft auf Zeit, in: Gerhard Lingelbach (Hrsg.), Staatsfinanzen, Staatsverschuldung, Staatsbankrotte in der europäischen Staaten- und Rechtsgeschichte, 2000, Thomas Würtenberger, Demokratie als Herrschaft auf Zeit, BayVBl. 2017, S. 613ff. など参照。

5) BVerfGE 119, S. 112.

化された,深刻かつ持続的な全経済的均衡かく乱の診断ならびにかく乱除去手段としての信用借入れ増額の目標および妥当性に関する説明義務につき,当初予算に対しても補正予算に対しても尽くしている。

申立人の主張に反して,民主主義原則からは,基本法20条1項2項,38条および39条に対する違反を根拠付けうる債務状況のさらなる増額禁止の命令は出てこない。「期限つき支配の原理」(Das Prinzip der Herrschaft auf Zeit) は,なるほど民主主義の本質的な要素ではあるが,しかし,議会に対する個別の制約が,そこから出てくるわけではない。基本法115条における信用借入れに関する特別の規定は,その限りで,民主主義原則を具体化したものである。したがって,信用借入れに関してそれ以上の憲法上の制限を,民主主義原則から読み出すことはできない。その他,連邦政府は,国の多額の債務から生ずる後世代の負担増の問題性を認識し,財政の長期的負担能力のための措置を講じることとしている。

〔3〕 第三者鑑定意見[6]

第三者鑑定意見として(BVerfGG 27a条),連邦会計検査院長で教授のDieter Engels博士ならびに大学教授のBert Rürup博士およびCharles B. Blankart博士が意見を述べた。

有識者たちは,一致して,基本法115条1項2文前段により「通常の状況」において妥当する年度ごとの新規債務負担は,純投資に制限されるとする,狭義の投資概念に賛成する。すなわち,制限規定の目的によれば,新規債務負担としては,将来に利益をもたらす効果を伴う投資のみが,国の信用借入れを正当化する。したがって,予算に投資支出として計上された額,つまり総投資ではなく,——これまでの国家実務に反して——実質的にはより少ない(個々に区別して画された)純投資のみが基準となる。また,特に,投資財の価値損耗に相当する減価償却分,単なる更新投資および民営化の売上収益ならびに他の譲渡による収益,例えば債権譲渡による収益は,総支出から差し引かれるべきである。

Prof. Dr. Engelsは,基本法115条の制限効果を実際に機能させるため,予算の作成を超えて予算の執行に立ち入り,とりわけ,前の年度からの残余信用授権の使用に関する「Fifo-Methode」(first in first out) という予算実務に異を唱える。また,連邦会計検査院および州会計検査院は,いずれにしても,予算実務における投資概念のより狭い解釈だけでは,信用借入れの可能性の適切な制限のために十分ではないという見解であり,これは,財政憲法の変更の枠のなかでのみ達成されうる問題であるという。その限りで,とりわけ,スイスの憲法における新しい規律が参考例として引き合いに出されるであろうといい,反対に,EUの規律を基本法に受け継いだとしても,十分な債務制限は疑わしいという。

Prof. Dr. Rürupの見解は次の通りである。基本法115条1項2文後段に定める例外の構成要件は,より狭く捉えられるべきである。かく乱の審査の際に,雇用状況および経済成長という部分目標については,——測定の技術的問題の視点における多くの問題および批判にもかかわらず——景気による影響部分と潜在的生産力の動向の間は区別されなければならない。潜在的生産力の動向は,中期から長期にわたり,技術的な進歩の度合い,物的および人的資本の蓄積,ならびに稼働人口の動向を決定する,教育システム,社会保障システム,規制の範囲,租税負担ならびに債務負担の額等々のような構造的条件に決定的に依存している。経済

---

[6] BVerfGE 119, S. 113-116.

成長の動向の様々な影響部分の分析は，経済学においては，監視されない，中・長期的に，ほぼ構造的に決定される失業および国内総生産の傾向としてのインフレ非加速的失業率（NAIRU〔non accelerating inflation rate of unemployment〕）および潜在的生産力の計算を通じて行われる。そして，そのように新たに把握される新規債務負担の制限違反がなされた場合，必要なのは，より有効なサンクションであり，その際決定的なのは，違反を適時に認定すること，ならびにそれに伴う法的効果を迅速にかつ，できる限り自動的に連動させることである。

Prof. Dr. Blankartによっては，ケインズの「伝統的な」理論の意味における，需要に向けられた国家の財政政策を是認できるかどうかについて強い疑念が提起される。すなわち，そうこうするうち，通貨流通量の制御の理論の結果，経済学上のパラダイム転換が行われ，これにより，国の信用調達を伴う支出プログラムは，いずれにせよ，例えば戦争や自然災害のような，予期しない破局的場面において持ち出されるものである。したがって，憲法上，全経済的均衡の回復のための支出プログラムの権限については，そっくり削除し，効果的な債務制限のモデルとしては，スイスの州レベルですでに実際に行われているような，自動的なサンクションを伴うものが選ばれるべきである。しかし，特に，債権者が関わるシステムもまた，支払不能に陥った場合における，明確性，自動的サンクションおよび有効な刺激という要素が，債務制限の有効なしくみの重要なメルクマールを示す。

〔Ⅱ〕法廷意見――基本法115条適合性に関する判断[7]

1. 基本法115条適合性の判断基準

基本法115条1項2文は，次のように規定する。「信用からの収入は，予算において見積もられている投資支出の総額を超えてはならないものとし，全経済的均衡のかく乱を防止するためにのみ例外が許される」。一般的な規定内容について，およびこの憲法規範の構成要件のメルクマールについて，当法廷は，1989年4月18日判決（BVerfGE 79, 311）において，基本的な態度を明らかにした。その判決は，次のような原則を展開し〔a〕，それから離れる理由は現在でも見出せない〔b〕。

a) aa) 基本法115条1項2文の一般的な規定内容は，とりわけ規定の制定の経緯およびシステム的な関連において示される。

(1) 基本法115条1項2文は，基本法の議会制民主主義，法治国家および社会国家の秩序との全体的な関連において，特に基本法109条2項[8]との密接な関係において理解されなければならない。この関係は1967年および1969年の財政および予算改革の目標によって特徴付けられている。それによれば，この規定は，国家の予算運営について，一般的に，かつ特に債務政策についても，全体経済に対する国家の財政および予算政策の経済的意義に対応するように変革されたものであった。全経済的均衡を考慮する連邦および州の義務（基本法109条2項），ならびにこの憲法上の義務に付け加わる1967年6月8日の経済安定成長促進法の制定は，中期的な景気の推移に反景気循環的な誘導を施すケインズ理論に向けられた。

---

[7] BVerfGE 119, S.137-154.
[8] 基本法109条2項「連邦および州は，その予算運営にあたり，全経済的均衡の必要性を考慮しなければならない」。

(2)　基本法115条1項2文の規範的内容として生じるのは，債務負担のための「特別な必要」および「事業目的」といった古い財政憲法上の拘束から離別するということである。基準となるのは，むしろ，—信用借入れに対しても—，基本法109条2項の意味における景気政策的なそれである。そこから生じるのは，基本法115条1項2文による，全経済的な正常な状況と全経済的均衡のかく乱との区別である。
　(3)　正常な状況においては，信用借入れは禁止されていない。なるほど，全経済的均衡の保持のため，信用借入れの制限または債務の返還を要求することも可能であるが，他方，予算の需要充足機能のための，そして支出を集中させる政策的な意図に資する資金調達のための余地は残されている。とはいえ，あくまで基本法115条1項2文前段は，信用借入れを，投資支出の額に制限している。信用は「将来に有益な」性格を伴う支出の範囲においてのみ，要求されることを許されるのである。
　(4)　この，信用借入れの規律制限の例外は，基本法115条1項2文の後段が許容しており，それゆえ同時に，かく乱の状況，特に景気悪化の際において，基本法110条1項2文の均衡命令[9]と，また基本法109条2項と適合する全経済的均衡が考慮されうる。たしかに，かく乱状況は，極端な緊急事態において初めて現れるわけではない。しかし，全経済的均衡のかく乱の始まり，または間近な切迫は，一面で，信用借入れの規律制限の超過を許される構成要件的前提であり，他方，この超過は，かく乱除去の目的のためにのみ許される。
　(5)　憲法上の審査の出発点となるのは，この規定内容を特徴付ける基本法109条2項および115条1項2文のコンセプト，すなわち，経済の景気への需要に向けられた影響付けが国の財政政策を通じて可能であり，かつ命じられるという考え方である。このことは，—1989年の法廷も同様—，早くから向けられた憲法政策上および財政政策上の批判にもかかわらず，また特に，ますます影響が大きいマネタリズムの主張者による，通貨供給量制御のための，介入主義的需要政策の厳格な拒絶にもかかわらず，現在も妥当する。新しい学問の受容を考慮して予算政策および財政政策の憲法上のしくみを変更することは，同法廷も明確に強調したように，憲法改正立法者の任務であり，さらに不確定な憲法上の基準の具体化は，基本法115条1項3文によれば，法律制定者の任務である。

　bb)　基本法115条1項2文の一般的な規定内容に関する言明に適合的に，中心的な構成要件のメルクマールを具体化する際にも，同法廷は，1989年，裁判所として広範に自制した。
　(1)　同法廷によれば，投資概念は，「従来の国の実務において理解されたよりも広くは理解されえない」（BVerfGE 79, S. 311 [337]）。それに対して，この概念が，国の実務におけるよりも狭く把握されうるかどうかは，同法廷は，明確に，立ち入らないままにした。なぜなら，そのとき設定された規律制限の超過は，より高いということだけであり，したがって，投資概念の問題は判決にとって重要ではなかったからである。
　(2)　判決に重要な，基本法115条1項2文後段の例外の構成要件について，同法廷は，原則として，なるほど，全経済的均衡についての広い概念を承認した。それにより，たしかに憲法上の概念の具体化のために，経済安定成長促進法1条2項の具体的な部分目標（物価水準の安定，高い就業率，持続的安定的経済成長における経済外的均衡）を導くことが可能

---

　9)　基本法110条1項2文「予算は，歳入と歳出の均衡が保たれなければならない」。

になる。しかし，制定の経緯に基づくと，憲法改正立法者は，これらの部分目標を，意識的に，憲法に規定しようとしなかった。そうすると，全経済的均衡の概念は，不確定憲法概念であり，それは，権限ある専門分野としての経済学における新しい確かな知識を受け入れるための，将来に向けて開かれた留保の意味を含んでいる（BVerfGE 79, S. 311 [338]）。

この判決によれば，基本法115条1項2文後段の具体的な適用要件は，一面では，厳格にも理解されうるが，しかし，他面では，憲法上，コントロールが限定的にしか可能でないという考慮にも至る。つまり，前者の面からみると，全経済的均衡が深刻かつ持続的にかく乱され，またはそのようなかく乱のおそれが直接にある場合に限って，例外規定の使用が許されることになる。加えて，増額される信用借入れは，範囲および利用の点で，かく乱を除去するために適切でなければならず，かつ，それが，かく乱の除去に目的として関連付けられなければならない。それに対して，後者の面からみると，予算立法者には，全経済的均衡のかく乱が存するかどうか，または直接にそのおそれがあるかどうかの判断に際して，また，信用借入れの増額がその除去のために適切かどうかの評価に際して，評価および判断の余地が帰属する。この評価および判断の余地には，立法手続における説明責任が伴う。連邦憲法裁判所には，争いとなった場合，立法手続において説明された立法者の判断および評価が検証可能かどうか，および主張可能かどうかの審理が義務付けられるのである。

b）当法廷は，基本法115条1項2文の解釈および適用に際して，この基準から原則的に離れるべき理由を見出さない。基本法115条1項2文および109条2項の規律コンセプトの基本的な修正は，今日でも，憲法を改正する立法者に留保されたままである〔a)〕。通常の状況において決定を行う投資概念の点で，基本法115条1項3文の規律の委任は，憲法上の構成要件の具体化を，まずは立法者の責任領域に割り当て，連邦憲法裁判所のそれには割り当てない。しかし，具体化の際にどのような憲法上の要素が考慮されるべきかは，この手続においては判決における重要性が欠けているため，立ち入らないままにしうる〔b)〕。そして，全経済的均衡のかく乱という構成要件についても，議会の立法者の評価および判断の余地がなお尊重されなければならない〔c)〕。

aa）経済および債務政策の実務に対する国の役割に関して，経済学上の考え方が着実に発展してきたことを背景に，1989年には，すでに，次のことを明示的に指摘する理由が存在した。すなわち，基本法115条1項2文および109条2項の規律コンセプトが修正されるとすれば，その修正の権限は，連邦憲法裁判所ではなく，憲法を改正する立法者の下にあるということである。この点，原則は保持されなければならない。もちろん，憲法上の現行規定を修正する必要性は，ほとんど疑われえない。すなわち，このことは，ケインズ理論に従った，需要を指向する裁量的財政政策の基本コンセプトが内容的にいかに判断されうるかの問題とは関わりなく（全経済的動向の評価につき有識者委員会の見解として，年次鑑定評価2005/06, Tz. 478ff. 参照。同委員会の Bofinger のそれは年次鑑定意見2004/05, Tz. 815ff. および年次鑑定評価2005/06, Tz. 322ff. 参照），1967年および1969年の財政および予算改革以来経過した約40年において，連邦共和国における債務政策が，反景気循環的ではなく，実際には全く一面的に債務の増大に寄与したという経験から生じるのである。連邦および州におけるダイナミックに増大する債務は（BVerfGE 116, S. 327ff. も参照），現在，すでに，危険をはらんだものと広く認識・評価される状況に達している（反対の見解として Bofinger, a.a.

O., Tz. 256ff.）。基本法 115 条 1 項 2 文の規律コンセプトは，国の債務政策の合理的な制御と制限の憲法上の手段として，現実には，有効なものとは示されなかったのである。

　過剰な国の債務およびそれと結び付けられた増大する利子負担は，経済の長期的な成長を妨げ，国のアクチュアルな活動の余地を狭め，将来世代に対して将来への財政負担を要求する。それゆえ，多くの者が，国の支出の信用調達という特殊な領域において（BVerfGE 79, S. 311［343］参照），基本法 115 条の現在の規定を，一般的な民主的法治国家という憲法原則の具体化としての機能の観点から，もはや適切なものと評価せず，民主的法治国家および社会的国家の現在および将来の給付能力の浸食を保護するための有効なしくみを，新たに創ることを望んでいる。

　──過去は明らかにあまり有効でなかった──憲法上のコントロール密度がここで高められなければならないという，ひと目で容易に思いつく帰結は，適切ではない。全経済的均衡のかく乱の存在およびそれへの適切な予算政策上の対応の判断を，立法者に代えて憲法裁判所に行わせることは，事物適合的な，可能な限り財政憲法の目標にふさわしい決定をするチャンスを高めはしない。むしろ，必要なのは，与えられた債務負担の余地を，幾年かの予算年度のスパンのなかで必要な均衡を確保していくというメカニズムの発展である。これを行い，その際，均衡させるための負担を次なる立法機関に移行したいという誘惑に，妥当な方法でブレーキをかける規律の選択と制度化は，現行憲法が解決に向けて十分な指示を行えるわけではない複雑な課題である。その課題は，憲法を改正する立法者に留保され，またその任務が課せられる。

　bb）「予算に計上された投資支出の総額」という，通常の状況において基準となる信用借入れの制限に関し，従前のリーディングケースに対する法状況は，立法者が，基本法 115 条 1 項 3 文の規律任務を，連邦予算法 13 条 3 項 2 号[10]を規定することによって正式に果たした限りで変わった。この規定は，予算において「投資のための支出」のもとで見積もられうる種類をカタログとして，つまり，内容と目的に応じた憲法上の投資概念の法律上の定義として呈示した。しかし，この規定は，それが，従前，行政命令，つまり分類別予算（Gruppierungsplan）（連邦予算法 13 条 2 項 3 文)[11]において規定されていた内容を基本的に単純に引き移すものである限りにおいて，憲法上の規律任務を単に形式的に充足したにすぎないものと評価されなければならない。

　このような，予算実務を支配する投資概念と，基本法 115 条 1 項 2 文の憲法上の構成要件とが一致可能であるということに対しては，学説において，早くから厳しい疑念が呈されてきた（Höfling, Staatsschuldenrecht, 1993, S. 202ff.）。特に，憲法上の構成要件につき，法律上の定義により規定された総投資とは異なる，いわゆる純投資への制限が要求される

---

10) 連邦予算法 13 条 3 項 2 号「……投資のための支出は，以下のための支出とする。a) 建設（軍事施設に関するものは除く），b) 動産の取得（行政のための支出として計上された場合，または軍事活動のための支出である場合は除く），c) 不動産の取得，d) 出資（Beteiligungen）およびその他の資本財（Kapitalvermögen）の取得，e) 貸付け（Darlehen），f) 保証（Gewährleistung）からの要求（Inanspruchnahme），g) 上記 a から f に掲げられた目的のための支出について資金調達される交付金（Zuweisungen）および補助金（Zuschüsse）」

11) 連邦予算法 13 条 2 項 3 文「項（Titel）における区分は，種類（Art）による予算の収入および支出の分類（Gruppierung）に関する行政命令に従う。」

(Höfling, a.a.O., S. 192. ほか)。また,「将来に有用な」は,予算期間を超えて価値を示す効用をもたらすよう見積もられた支出をいうとされる。とすれば,それぞれ,(評価された)減価償却によって,低下しうる評価額が,許容される新規債務の規律制限のために考慮されるべきこととなる。

規律制限につき,目的に向けられた理解をするには,この,従来の実務をけん引する投資概念への批判の核となる考え方は,説得的である。投資のための信用調達および支出は,それがもたらす将来の効果につなぎ合わされている。このつながりがあることにおいて,通常時における債務制限は,現在と将来の時間的な均衡および世代間の配分の正義に寄与し,型どおりの総投資の見積もりとは相容れない,説得的な意味を含んでいるのである。同様に,実際,規範の目的によれば,単なる補填投資は考慮されるべきではなく,他方,資産中立的取引および国の資産対象物の譲渡,例えば,債権あるいは企業の売却は,経常支出と均衡させる収入として考えられてはならない,ということは,首尾一貫して明白である。最後に,連邦会計検査院による意見のなかで非難された,いわゆる First-in-first-out 方式による信用授権を実務が時間的に先延ばしすることもまた,債務負担の制限の基本的な考えに一致すると認めることは困難である。

そのような考慮が現行憲法上,どの程度なされうるかは疑わしい。基本法115条1項2文の文言は,通常の信用上限として「予算に計上された投資のための支出」の総額を規定することによって,総投資を示しているのは明らかである。当時,明らかに,それまでに周知の,また計画された,予算上の投資のための支出評価額と当該年次の新規債務負担額との関係における「額」に着目した規律制限の遵守が,その都度政治的に適切と評価される債務政策の阻害要因になるとは考えられなかったであろう(W. Dreißig, Probleme des Haushaltsausgleichs, in: H. Haller [Hrsg.], Probleme der Haushalts- und Finanzplanung, 1969, S. 9 [37f.]; dies., Zur Neuregelung der Kreditfinanzierung im Haushaltsrecht der BRD, Finanzarchiv n. F. Bd. 29, 1970, S. 499 [502f.]; K. -H. Hansmeyer, Der öffentliche Kredit, 2. Aufl., 1969, S. 70)。信用調達される支出に対する適切な規律制限という基本的考え方についての目的設定的な理解が,従前の,特別の需要および事業目的への拘束から方向転換するに際し,争いとなる状況で,より具体的な解決基準とすべく熟慮の末付け加えられた,という経緯は認識できない。

その限りで,現行憲法に従えば,基本法115条1項2文の修正的解釈が考慮されるべきかどうかの問題—例えば有識者委員会の提案によるような補完(「予算に見積もられた『補正された』投資支出の総額」)の意味において—に,当法廷は,判決における重要性が欠けているため,立ち入らない。これまで実際に適用されてきた信用借入れの規律制限をより厳しく解しても(それを正確に輪郭付けることも憲法上ほとんど根拠付けられないであろうが),ただ超過を拡大させるだけである。

cc)「全経済的均衡のかく乱の除去」という構成要件についても,立法者は,1989年の憲法裁判所の裁判の後に法律を補完しているが(連邦予算法18条1項2文[12]参照),その際,同法廷によって定式化された原則を受け入れるにとどまっている。さらに,なるほど,共同体法の法状況は,構成国への,赤字額と GDP との関係(赤字割合〔Defizitquote〕)ならびに

---

12) 連邦予算法18条1項2文「信用借入れの増額は,全経済的均衡のかく乱の除去のために規定され,かつ妥当なものとされる」。

【巻末資料２】　連邦憲法裁判所 2007 年判決（抄）　223

債務額と GDP との関係（債務割合）への特別の要求でもって本質的に変えられているが（特に EGV 104 条），しかし，基本法 115 条の独自の，異なる種類の基準には触れられないままである（Heun, in: Dreier, Grundgesetz, Band 3, 2000, Art. 115 Rn. 5; Siekmann, in: Sachs, Grundgesetz, 4. Aufl., 2007, Art. 115 Rn. 16f.）。

　それに対して，1989 年以降，特にドイツ統一の結果さらに著しい規模で増大する連邦の債務負担の実際の動向および状況が問題となる。それにもかかわらず，全経済的均衡の深刻かつ持続的なかく乱が存するのかどうか，または直接にそのおそれがあるのかどうか，そしてその除去のために増額される信用借入れが妥当なのかどうかの判断に際しては，議会の立法者の評価の余地および判断の余地の承認に関する当法廷によって展開された原則から離れるべきではない。

　立法者の判断および評価が，立法者に義務付けられた立法手続における説明という条件によって，検証可能であり，かつ主張可能かどうかを，連邦憲法裁判所は，訴訟の中で審査し，決定しなければならない。この，議会の立法と憲法裁判所のコントロールの任務分配は，事柄の性質上，基本法 109 条 2 項および 115 条 1 項 2 文による，状況に応じ動態的な全体経済の変数を指向する経済政策および財政政策に関する憲法上の授権および義務が遂行される際に要求される。すでに述べられた理由から，この憲法上の基準が過去において十分には制御可能なものではないことを示したことについては，事情に何ら変化はない。政府と議会は，専門家の助言を基礎に，経済全体の動向の診断および予測を行い，そして適切な制御手段の選択のために，将来に有効な，リスクを伴う決定を行って，その結果に政治的に責任を負わなければならない。

　債務状況の長期的に憂慮すべき動向もまた，状況に応じた自由裁量的な立法者の憲法上の権限を侵すものではない。比較衡量や優先順の設定は，常に，所与の状況および評価可能な将来の動向への視点でもって行われなければならないため，なるほど，より適切な手段の選択に際しての議会および政府の決定の余地は，先に行われた誤った決定の結果として，事実上は狭まりうる。しかし，法的には，それが排除されたり，あるいは縮められたりはしない（すでに，BVerfGE 79, S. 311, 340）。規律制限の許容される超過を例外として明確に憲法上承認することもまた，異なる結論には至らない。なぜなら，これは，もっぱら，特別に，「安定した」通常の状況からの逸脱について，基本法 109 条 2 項の考慮における正当化を必要とする場合にすぎないからである。

２．基本法 115 条適合性の判断

　これらの基準によれば，2004 年度連邦予算法律 2 条 1 項の新規定は，基本法 115 条 1 項 2 文と，なお一致可能である。

　2004 年度当初予算についての立法手続においても，また補正予算の立法手続においても説明された理由によれば，全経済の均衡が深刻かつ持続的にかく乱されているという診断，増額された信用借入れによってこのかく乱を阻止するという意図，そして，増額される信用借入れによってこの目標がどの程度達成されうるかの予測は，検証可能，かつ主張可能であり，しかも，これは，法律に根拠をもつ財政政策および経済政策の助言および意思形成の機関の言明ならびに経済学および財政学の見解を背景にしたものでもあった。

a）　2003 年 8 月 15 日に連邦議会で提示された，連邦予算法律の当初の規定 2 条 1 項に対

する政府の理由および予算委員会の報告は、同時に、後に、2004年度補正予算法律1条2号により増額される信用借入れの授権のための基礎をも構築した。

aa) 信用借入れが予算に見積もられた投資の総額（政府草案では約60億ユーロ、予算委員会における審議の—最終的—結果によれば47億ユーロ）の超過を根拠付ける連邦予算法律の旧2条1項についての説明の中心には、高水準の雇用状況および適切な経済成長といった部分目標の達成についての失敗がある、という見方がある。

高水準の雇用状況という目標の失敗について、議会で行われた説明— 2003年秋に、予測された平均的失業者数から出発し2003年439万人（2003年春のプロジェクト446万人）および2004年436万人（さしあたりの期待444万人）—（BT-Drs. 15/1500, S. 13など）は、検証可能であり、どの面からも主張可能でないとはいえない。

むしろ疑わしいのは、政府の自己の予測に基づき、適切な経済成長という目標の失敗を根拠にできたかどうかである。連邦政府の2003年春のプロジェクトによれば、まだ、2004年には、国内総生産の実質2％の増加が期待されていた。この目標は連邦の2003年度から2007年度までの予算においても引き継がれ、それは議会に同時に2004年度連邦予算法律案とともに提示された。しかし、予算法律案に対する理由付けにおいて、この成長率は危ういというものであった。より近い日時の他の国の、および国際的な組織の経済成長は、そうこうするうちに、著しく弱められ、春に予測された値を下回った。この状況において、部分目標が遂げられていないとして、基本法115条1項2文後段の意味における承認がなされうるかどうかは、明確でない。いずれにしても、2004年においても雇用を回復するに十分な成長は達せられないという判断が正しかったことは争われない。この、失業者の高い数字に関する根拠付けられた予測のもとになされた判断であることにかんがみると、全経済的均衡の深刻なかく乱を2004年度においても予期したことは、主張可能である。

bb) その限りで懐疑的な、全経済的均衡の評価についての有識者委員会の姿勢は、上記判断に矛盾するものではなく、結局は、予算立法者の評価が主張可能であることを確認する。

(1) いずれにしても、この委員会の多数は、とられる除去措置の妥当性の問題としてではなく、全経済的均衡のかく乱という構成要件の問題として、狭い、単に景気に起因するかく乱のみを把握するという理解を基礎においている（明確には、年次鑑定意見2005/06, Tz. 478, 482）。それによれば、失業者の総数からかく乱を認定するためには、長期的な構造に起因する失業と短期的な変動のそれとを区別したうえで、単に景気に起因する影響のみを考慮することになる（これに批判的なのはBofinger, 年次鑑定意見2005/06, Tz. 336, Kasten 9, S. 219ff.）。この考え方は、需要政策上の手段の妥当性という要素を全経済的均衡の概念に関係付けるとともに、国に信用調達される支出のかく乱除去の手段としての基本的な妥当性を先決問題とする。より一般的な基本法109条2項の規定と併せ、115条1項2文の狭い意味にかんがみると、かく乱の構成要件と投入される手段の支出としての妥当性とを併せみるこの考え方に疑念がないわけではないが、いずれにせよ、かく乱のおそれの認定もその除去のために増額される信用借入れの決定も、立法者の評価および判断の余地の枠内で行われるものである。

(2) 2004年度連邦予算についての2003年から2005年における意見表明において、有識者委員会は、いずれにせよ初めから懐疑や疑念を述べ、これを、進行する時間の経過ととも

【巻末資料2】 連邦憲法裁判所2007年判決（抄） 225

に，たびたび繰り返した。しかし，その意見は，連邦議会における決定が行われる時点で，予算立法者に，異なった評価の主張可能性について現実に問題とするきっかけは与えなかった。2003年11月28日のドイツ連邦議会における予算法律の承認の前である2003年11月7日，要約的に公表された2003年／2004年の年次鑑定評価には，次のように記載されている。すなわち，景気への刺激が需要の刺激を通じて達成されるべきであるならば，現実には，当初の財政計画に対する租税改革の優先と並行して現れる税収不足を，国の新規借入れの増額を通じて均衡させる手段が持ち出される。しかし，減税の景気への刺激はわずかであろう。安易に景気を刺激する影響は，「起こりうる長期的なマイナスの影響」と併せ考えられなければならない。ドイツにおける誤った動向は，まずは，構造的な高い率の失業から，そして，成長の潜在力がわずかであることから生じているであろうため，2004年に期待されうる，国民総生産の1.5％または1.7％の成長率にかんがみれば，基本法115条の例外条項への関連付けは「非常に不安定な基礎の上に」立っている，というのである。有識者委員会は，さらに補完的に（Tz. 401ff., S. 252f.），なぜ自由裁量的な反景気循環的財政政策が，典型的にはその消極的に評価されうる長期的影響を理由に原則的に放棄されなければないのか，について詳細に述べている。

　（3）　まさに，広範な信用調達を伴う租税改革優先のための決定を，自由裁量に委ねる需要政策に反対する有識者委員会の考えないし懐疑の問題として特徴付けることによってもまた，予算立法者の考慮は，異なる結論が考えられるにもかかわらず，主張可能として受け入れられうる。立法者は，国，経済および社会の安定に対する責任を果たすにあたって，失業者数が多いという視点から，特に（まずは）信用調達で賄われる減税によって積極的に需要を刺激することによる短期的および長期的な効果のメリット・デメリットの重要さの程度を，とりわけ経済的理論の基準を指向する有識者委員会と異なって判定することを許されているのである。

　（4）　有識者委員会の，時間的に遅れた言明は，2004年度の当初の予算法律に対する予算立法者の決定を主張可能であるとすることに対する賛成または反対の表示としては，もはや直接の重要性をもちえない。なぜなら，そのような遅れた言明では，当然，予算立法者に，これが考慮されなければ主張可能である理由にはならないという指針をもはや提供することができなかったからである。〔有識者委員会の〕その意見は，予算立法者の時間的な見通しにおいて信用調達による支出が妥当であったかどうかの―事後的な―専門的言明として，もちろん重要性を失わない。しかし，それは，その限りでまた，一義的なものではない。

　2004／2005年の年次鑑定評価において，〔有識者委員会の〕多数派は（2004年度補正予算を視野に入れ），まず，新規債務負担の基本法115条との適合性への「疑念」を述べ（Tz. 737, S. 518），一方で純信用借入れをドラスティックに抑制することは国内の需要の回復，それゆえ経済の回復にとって危険と評価するが（Tz. 738, S. 518），しかし，結論的には，2004年度の投資支出を超過する純信用借入れの妥当性を否定する。なぜなら，不完全雇用の多くの部分は景気的なものではなく，また，2004年は景気後退によっては特徴付けられないからであるという（Tz. 747, S. 522）。有識者委員会の構成員Bofingerは，これに反対の見方を主張する（Tz. 819, S. 548）。

　Bofingerが多数派の提案にかかる基本的立場を鋭く批判する2005／2006年の年次鑑定評価において（Tz. 322ff., S. 209ff., insb. Tz. 336 mit Kasten 9, S. 220f.），有識者委員会は係属中の規範統制訴訟を背景に，2004年度連邦予算に対する態度を，新たにより詳しく表明する

(Tz. 475ff., S. 320ff.)。多数派の見解によれば,2003年秋において得られた情報に基づけば高い雇用状況という部分目標の差し迫った侵害は明白ではなかったが,しかし,2004年に全経済的均衡のかく乱のおそれが「疑われうること」も排除はされなかった(Tz. 487, S. 328)ものの,純信用借入れによる投資支出の超過に対する説得的な理由はほとんど存在しなかったという。—— 2006年度連邦予算について表明されたような(2006/2007年次鑑定評価,Tz. 402, S. 307f.)—— 有識者委員会の多数派の明確な表決は,2004年度連邦予算については行われていなかった。つまり,憲法上の意味におけるかく乱の除去について,その点での妥当性はあまり徹底しては問題にされていなかったのである。

b) 2004年度補正予算についての理由は(連邦政府の法律草案,BT-Drs. 15/4020, S. 4f., 予算委員会の報告,BT-Drs. 15/4139, S. 1f.),直接に2004年度予算法律についての理由につながっており,これを確認する。活発な外需による多少の景気回復にもかかわらず,内需,投資活動および労働市場は,期待されていたよりも悪化して推移しているであろう状況においては,政府は,追加的な節約措置を通じて,全経済的な均衡のかく乱を強めることに寄与してはならない。それゆえ,政府草案における437億ユーロ,ないし予算委員会の決議勧告に基づく最終的な435億ユーロへの信用借入れの授権の増額は,当初見積もられた歳入の多額の赤字(特に,連邦銀行の収益,連邦参議院においてとん挫した重要な租税優遇措置の抹消およびその他の税収不足)ならびに支出の増加(特に労働市場における)にもかかわらず,当初の需要政策のコンセプトを保持するための必要な帰結であり,それゆえ,これは,予算立法者の検証可能で,かつ主張可能な決定として性格付けられるのである。

予算年度の終わりに初めて(遡って)拡大された信用借入れに対する授権は,全経済的均衡のかく乱の除去に寄与しうるのではなく,—前の年度の授権を利用し尽くすということにより,当該予算年度においては—単に将来のための信用授権の「積立て」にすぎないということには,異議を申し立てられえない。それぞれ,まず最も古い信用授権から,つまり前の年度のそれが利用されるという,いわゆるFirst-in-First-out-Methodeの長期的な予算実務への,連邦会計検査院の確かな批判にもかかわらず,予算の作成と執行は,明確に区別されなければならない。補正予算の作成は,予算均衡の命令に拘束され,一予算年度のすべての歳入と歳出の必要な議会によるコントロールと正当化に寄与する。連邦予算法18条3項により一度なされた信用借入れの授権の2年間の有効性の正当な目的は,まずは,当該年度の補正予算によって可能でも,その成立の前に,予期されなかった財政需要の結果,当該年度に政府の活動が十分に行えなくなる危険が生じうることに起因する。したがって,この目的には,その都度,まず当該予算年度に与えられた信用授権を利用し尽くし,予期できない需要が生じた場合に初めて前年の授権から利用させるということがふさわしいであろう。

対置される予算執行の伝統的実務を,立法者は,国家の債務負担政策の制御と制限の有効な手段についての考慮と関連させて取り扱わなければならない。いずれにしても,何か違法な執行実務が,均衡(補正)予算の諦めとして正当化されたり義務付けられたりするものではない。補完的にのみ考慮されうるのは,何十年以上政府によって議会との協働において行われる予算執行の実務において起こりうる誤りの認識も,直ちには,特定の予算法律の憲法違反の確定に至りうるわけではない(BVerfGE 91, S. 148〔175〕, BVerfGE 113, S. 348〔367〕),ということである。

【巻末資料２】 連邦憲法裁判所 2007 年判決（抄） 227

〔Ⅲ〕 特別意見

〔1〕 ディ・ファビオ裁判官およびメリングホフ裁判官の特別意見

I

　法廷意見は，連邦の債務制限に対する基本法の関係規定につき，結論に効果を及ぼすことができないものと解している。これは，規範の文言にも目的にもそぐわないし，基本法の体系にも対応しない。

　法廷意見は，次のような一般的な見解には同調している。すなわち，それは，基本法 115 条について，この規範は，不適切な投資概念によって連邦の起債を制限しようとすることに加え，すでに実質的な前提が失われ使い古されたケインズ流の経済理論にとらわれたものであるがゆえ，1969 年の財政改革時の規定の仕方において，立法者の失策があったという見解である。なるほど，規範に対する批判をそのように強調することは，憲法裁判所の判決に禁じられているわけではない。しかし，それでも，裁判官は，以下のような任務から解放はされない。すなわち，基本法の規定の意味と目的を事案への適用を通して突き止め，具体化し，規範の表向きの不十分さを嘆くのではなく，方法的解釈の限界において克服するという任務である。財政および予算運営の，制御不能な下降は，よりよいブレーキの法政策的要請によってではなく，まず何よりも，現存するブレーキの活動によって遅らされうるのである。

　法廷意見は，2004 年に全経済的均衡のかく乱があったかどうかの問題について，当法廷が 1989 年 4 月 18 日の判決で基準にしたコントロール密度よりも，これをなお強く自制的なものにしている。この，立法者におそらく広い自由を残す「主張可能性コントロール」は必要なように思える。なぜなら，そうでなければ，将来，同様の場合，景気の悪化に対して「節約」が強制されるであろうからである。それでは，2004 年に予算政策上ディレンマをもたらした実際の理由は，憲法上無視されることになる。すなわち，それは，連邦の過大に累積した債務であり，それは，やっかいな背負い込むように，景気や政策の選択に関わっており，また，基本法 115 条がその意義と目的において何十年も軽視されてきたからこそ存在したものである。

　加えて，それでは，1989 年 4 月 18 日の当法廷（BVerfGE 79, 311）の重要な解釈の手懸かりが排除されてしまう。この裁判で明らかに明確に割り当てられた立法者任務の顕著な軽視が，何もサンクションを伴わず，結論において許され，憲法改正のあまり具体的でないアピールによって置き換えられてしまう。連邦の累積債務がそうこうするうちに 9000 億ユーロ以上に達し，毎年 400 億ユーロの債務償却充当額が連邦予算に第 2 の支出費目として負担を与えてくる状況において，憲法裁判は，中心的な財政法上の規範，すなわち，連邦のしっかりした予算運営を保障するために不可欠の規範に通用力をもたせる，という任務から手を引いていることになる。このことは，連邦が，そうこうするうち，景気が回復し，租税収入の算定基礎の改善および消費税の増加によって，従来の連邦債務増加分が返済されることなしに，連邦の財政収入が上昇するとき，ますます理解を困難にする。

　連邦の立法者には，憲法上，当法廷によって設定された期間遵守のもと，ここで最終的に，投資概念を一般的な基準によって具体化し，累積債務の解体のためのコンセプトおよび連邦予算における予測可能な負担能力に対する配慮のためのコンセプトを提示することが課され

なければならなかったはずである。法廷意見は，景気上有利な局面では累積債務を減らすべく立法者の義務を具体化すること，ならびに，——いずれにしても将来のために——制限規定および例外規定のそれぞれの目的に即したコントロール密度に戻すべく告知することを怠っている。

Ⅱ

1. 1967年に行われた基本法109条2項の挿入および1969年の財政改革による基本法115条の新規定を，それまで存在した基本法の起債制限を柔軟にするものとして理解することは十分でない。基本法109条2項の導入によって，原則として，堅実さおよび持続可能性を義務付けられた国家の予算運営・財政運営は，景気の経過の反循環的舵取りにも向けられるべきこととなり，次いで，この目標に寄与すべく，基本法115条の起債制限命令が合わせられたのである。その際，決定的に重要であったのは，次のことである。すなわち，連邦の予算運営・財政運営を年次性および実物指向性の狭い束縛から解放すること，ならびに，多数年の時間を超えて，景気の推移の考慮のもと，中期的に行われる経済政策および財政政策を可能にすることである（BVerfGE 79, S. 331 参照）。

a）その際，債務の制御は緩められるべきではなく，言葉を替えれば，堅実でない，もはや持続可能でない予算運営は憲法上許されるべきではなく，連邦の予算決定の内容と方向にかかる以下のような基準があらかじめ設定されることになっていた。すなわち，それは，国の財政政策上の決定の国民経済への効果をも考慮に入れるような，しかも，それゆえ堅実な予算運営を放棄することなくそうできる基準である。信用借入れおよびその返還は，予算政策上の決定の全経済的均衡（基本法109条2項）への効果が考慮に入れられる状況に強く関連させられるべきものなのである。

そうすると，通常の経済状況の間，連邦の信用引受けが，財政運営上の考慮によって制限されるのは，投資のための支出の最高額までである（通常の制限）。この重要な通常の制限は，なお，全経済的均衡への顧慮なく行われる。というのも，全経済的均衡は，その効果のあらゆる政治的意義はさておき，まずは，原則として現にある通常の収入で支出を賄うという，堅実な予算運営を守るための憲法上の努力のなかでは，副次的な目的にすぎないのである。もっとも，予算上収入と支出が均衡されなければならないという基本法110条1項2文が，純粋に形式的な会計技術上のものにとどまり，基本法の財政・予算運営上の実質的な目標としては理解されえないと解釈する場合には，迷いが生じる事態となる。少なくとも，正しいのは，基本法110条1項2文は，厳格のあまり，支出が通常の，信用引受けによらず調達された収入のみで賄われなければならないものとして，孤立的に理解されてはいけないということである。というのも，そう解しなければ，基本法115条の存在は理解できないからである。もし，両者の規定をシステム関連的にみるならば，次のことが明らかになるであろう。すなわち，基本法は，実質的にも均衡した，すなわち堅実な連邦予算が基調をなす目標を原則とし，段階的に，そしてコントロールされてのみ，その例外を許容するということである。そうして予算法律によって確定された予算計画は，当該予算期間中の政府の経済運営の全体プログラムとして表示されることになるのである（BVerfGE 79, 311〔329〕）。

連邦および州は，なるほど経済企業体ではないが，政治的共同体として，経済的合理性の考慮から無関係な存在でもない。国は，なるほど法的根拠から，特に市民の自由のために，

その他の共同体とは異なる面もあるが,民主的国家は,同時に共同体のなかにあり,それゆえ経済的な法適合性からも逃れられない。ドイツの憲法の伝統は,すでに1848年のパウル教会の憲法以来,次のことを原則としている。すなわち,国の予算は,通常の収入と支出が均衡し堅実なものでなければならず,通常外の場合にのみ信用から資金調達することを許される(パウル教会憲法51条,1871年ドイツ帝国憲法73条,1919年ワイマール憲法87条),ということである。1949年の基本法115条の規定についても,また,現行規定が基礎とする1969年の改正も,堅実な,実質的に均衡した予算の原則が破られたということは確認されないであろう。この原則が憲法上有効であるならば,基本法によって許された例外は,したがって,堅実な予算運営の原則を壊すものではない,と解釈されなければならない。さもなくば,それは全くの例外,またはもはや達成されない政治的な将来目標になるからである。

b) 基本法115条1項2文前段によって意図された,信用以外の通常の収入によって支出との均衡を保つという予算原則の最初の例外は,その規律目的の点で,あらゆる信用が堅実かつ持続可能な予算運営にとって有害であるわけではないという経済的な認識に従っている。要するに,相応な投資のための信用は例外ではなく,均衡予算に「別れを告げる」にすぎない,憲法命令遵守の特別な場合に当たる。それゆえ,ここには当然,均衡の遵守の期待は入り込まないが,いずれにせよ規定の意義と目的から,狭い投資概念の採用が要求される。信用によって,少なくとも収益力が中長期的に増大させられうるならば,経済的観点からはそれは合理的となり,行為の可能性を拡大させる信用引受けとなる。それに対して,信用が非投資的消費に支出されるならば,反対の効果,すなわち中長期的には行為の可能性が縮減される効果が生じる。投資概念が経済的合理性の衣を剥がされることなく,また政治的投資概念として解釈し直されることがないことを前提に,信用を投資に拘束することによって,意味のある制限がなされるであろう。

政治的には,政治システムの安定と秩序に寄与するものすべてが投資にみえる可能性がある。警察官や教員の給与も労働市場の補助も,そして,基本的に政治的に意味があるとみうるすべての支出が,これに属することになる。明白なのは,そのような際限のない投資概念の採用は,基本法115条の制限規範によっては意図されえないということである。基本法115条1項2文前段の投資概念は,国家内部における経済性の考慮を,全経済的均衡への特別の顧慮なく要求しているのであるが,もし,投資概念をドイツの国民経済全体に関係させるならば,投資概念はその場合にもまた,いずれにせよあまりにも広く把握されることになるであろう。むしろ,容易に判明することは,連邦の財産において価値を高める措置を投資として理解すること,そして他方,価値を減じるものおよび財産の譲渡は,予算上,負の投資として考慮する必要があるということである。

連邦憲法裁判所は,1989年4月18日の判決において,憲法機関間での相互の配慮に基づく信頼のもとで,かつ議会の予算権の高い位置価値を顧慮して,しかし,堅実な予算運営の原則のもとでの債務制限の憲法上の目的が現実に達せられるよう,投資概念自体を具体化することが立法者に委ねられる,と述べている(BVerfGE 79, 352ff.)。しかし,この信頼は,裏切られた。なぜなら,連邦の立法者は,それまで妥当している投資概念を,連邦および州の予算について,ただ予算総則法(HGrG)10条3項2号2文および連邦予算法13条3項2号2文に書き記しただけであり,したがって,裁判所によって「緊急」として表示された具体化任務を単に形式的にのみ果たしたにすぎず,それでは,その任務を大なり小なり軽視

していることになるからである（Werndt, in: v. Mangoldt/ Klein/ Starck, Bonner Grundgesetz, 4. Aufl. 2001, Art. 115 Rn. 39 参照）。したがって，連邦憲法裁判所が今や自ら投資概念を解釈することにつき，すでに期限が到来しているといえる。なぜなら，さもなくば，基本法115条は，すでにこの点で，その制限の意義を損なわれ，しかも，1969年の憲法条文が誤っているのではなく，立法者が具体化の作業を拒絶しているということによって損なわれているからである。

　c）　信用による資金調達なしに予算を均衡させるという命令の本来の例外は，基本法115条1項2号後段が規定している。その文言ならびにその意義および目的に従えば，この規定は，狭く解釈された例外状況についてのみ妥当するという点で疑いはない。したがって，信用からの収入は，全経済的均衡のかく乱の除去のために，例外として，予算案に計上された投資総額を超えることができるのである。「除去」という文言は，すでに状況として特異であることを明らかにしている。なぜなら，「危険の除去」との類似性が，憲法改正立法者に意識されていたに違いないからである。「例外は限定的にのみ許される」という定式は，法律言語において他と異ならない基本法にとって，厳格な基準が妥当すべきであるとのシグナルとして，看過できないものとなる。

　このことは，次のことをも意味する。すなわち，規範統制のなかで連邦憲法裁判所の審査もそのことに対応しなければならず，そして，いずれにせよ，全経済的な状況の具体的判断に際して，またかく乱の除去のための信用引受けの妥当性のコントロールに際して，立法者には一定の余地が認められても良い。しかし，少なくともそれは，証明されうる情報の基礎，検証可能な評価・考慮，ならびに従来の国家実務の顧慮のもとでの裁判所による批判的な検証をも必要とする。

　したがって，基本法115条1項2号後段の意義と目的は，連邦の立法者に，ほとんど完全に摘み取られたコントロールの外面の裏で結果として全権を与える，ということは許さない。加えて，1967年における109条2項の憲法改正と，1969年における115条のそれが，いかなる政治的関係に立つのかということを考慮しないままにしてはならない。エアハルト政権は，大勝利した1965年9月19日の連邦議会選挙の後，下降することになるが，それは次の理由にもよる。すなわち，同政権は，例えばルール採掘における危機といった景気上および構造上の危機の徴候が現れた際，明らかな緊縮プログラムや週労働時間の増大要求によって対処し，また，増税を伴う不人気な財政再建法（Haushaltssicherungsgesetz）を決議した—これが，1966年10月，連立パートナーFDPを離脱させることになる—，ということである。ここで憲法改正を行う，以後のキージンガー首相のもとでの大連立は，政府の説明に基づけば，連邦予算—まず政府危機打開の誘因として40億マルクの償還を示す—を建て直し，しかし，同時に，そのとき明らかに徴候をみせていた1966／1967年の景気後退の局面に対して，反景気循環的政策を追求することとしたのであった（この政府の変遷およびポジションの変遷については，Heinrich August Winkler, Der lange Weg nach Westen, Bd II, S. 233, 237, 242ff. 参照）。

　今日の視点からすれば，おそらく当時なされた，景気にかかる危機の誇張によって，ワイマール期のブリューニング（Brüning）による循環促進的緊縮政策が，最終局面で独裁への途に向かった展開との類似性に向き合おうとしたのであろう。しかし，このことはまた，人が，連邦の起債を増大させることの正当化を特異な歴史的範疇のなかで考え，このような根

【巻末資料２】 連邦憲法裁判所 2007 年判決（抄）

拠によって堅実な予算政策の途を離れることにはけっして傾かない，ということも明らかにする。なぜなら，場合によっては致命的となる循環促進的経済・財政政策に対する不安と並んで，それと同じ重要度をもって，堅実でなく持続可能でない国の予算運営によってもたらされる通貨の安定に対する不安，すなわち同じようにその原因が 20 世紀ドイツの歴史のなかに見出される不安が存在するからである。

　2．以上より，基本法 115 条 1 項 2 文後段の厳格な文言は，けっして偶然のものではなく，単なる象徴でもない．つまりそれは，国の反循環的操作をまさに強いるほどの現実の不景気という稀なケースにおける純粋な投資による信用制限の例外，そして，このコンセプトに忠実に景気上昇期における累積債務の償還を，まじめに意図しているのである。それゆえ，先に「通常外の必要」という伝統的な構成要件に関して追求された制限は，けっして放棄されるのではなく，時間的に拡張され，景気目標に実質的に拘束されることになる（BVerfGE 79, S. 333）。

　この，納得のゆく規定のコンセプトは，まず，1966／1967 年の景気後退の克服時においてもほとんど正確に遵守された（連邦財務省におけるアドバイザリー・ボード〔Wirtschaftlicher Beirat〕「新規純起債の縮減の問題に関する鑑定意見」1984 年 4 頁）。また，1968 年から 1970 年までの上昇期においては，実際に信用の量はコンセプトに適合的に償還された。

　その後は，いずれにせよ（今日に至るまで），このコンセプトに適合的に新規起債ルールを扱うという覚悟は弱まっていった。70 年代にとられた政策（Planungs- und Steuerungseuphorie）以降，国家活動は，必然的な全経済的理由もなくますます拡大され，いっそう明らかに，新たな社会給付財源が，公債の増大によって調達された（Karl-Heinlich Hansmeyer, Ursachen des Wnadels in der Budgetpolitik, in: Karl Häuser [Hrsg.], Budgetpolitik im Wandel, 1986, S. 11ff.）。この実務は，基本法 115 条，110 条 1 項 2 号，109 条 2 項および 4 項に照らせば，憲法違反である。立法者は，状況に合った，そして景気に適した債務の限界につき，責任をもってかつ憲法適合的に扱うという任務を果たさなかった。この状況において，連邦憲法裁判所に提訴がなされたのであるから，裁判所は，憲法に規範化された国家債務の制限の侵害を確認しなければならず，連邦の，堅実で持続可能な予算運営のために妥当する中心的な憲法規定の遵守を確保しなければならない。それは，連邦憲法裁判所法 35 条の意味における，条件，経過規定，また期間設定を伴っても，である。

　歴史的な憲法改正にかかる立法者の文言，意義および目的ならびに意思に適合するのは，憲法上のコントロールの広範な縮減ではなく，例外規定の構成要件の審査である。この関連において，法廷は，裁判所によって拘束的とされるどのような基準でなら，均衡のとれた予算運営への復帰，および景気の良い状況のもとでの累積債務の徐々の返済が確実になされうるのか，そして再び連邦の予算運営が憲法適合的になるのかについても，審査しなければならなかった。

　当時，新しく定められた基本法 115 条および 109 条からなる規範システムは，予算立法者に対して，そしてコントロールの使命を授けられた連邦憲法裁判所に対して，次のことを義務付けた。すなわち，判断を行う期間の，時間的（それぞれの単年度を超えた）および実質的（景気の展開を考慮した）拡張の意図に適合することである。立法者も憲法裁判所も，単年度主義の基準をそれだけ単独に当てがってはならず，また債務状況の推移の前で，および債務政策によって生じ，拡大される負担能力の欠缺の前で目を閉じてはならないのである。

このことから生じることは，好景気が続く場合，景気が悪い時期から債務を累積させた立法者は，憲法上，これを削減し，またはそのために準備を行わなければならないということである。さもなければ，将来の全経済的均衡の保持の手段に支障を生じることになるのみならず，そもそも規定全体の意義に矛盾するからである。

連邦憲法裁判所は，すでに1989年4月18日の判決において，かく乱の様相のない通常の経済状況において，信用授権に関して基本法115条が反対の内容を含むことを指摘した。それによれば，憲法上，信用引受けは投資総額が認めるよりも少額に維持することが必要でありうるのはもちろんであるが，さらに「全経済的な利益において理解される相当性をもつ債務」の状況を維持すること，つまり，それを超える債務は，全部または一部でも，信用によって調達されたものではない現在の収入によって返還されることが命じられてもいるのである（BVerfGE 79, S. 311〔334〕）。

Ⅲ

口頭審理は，次のことを明らかにした。すなわち，2004年において，基本法115条1項2文の意味におけるかく乱のための十分な論拠は，全経済的均衡の保持のための古典的な4つのパラメーターに適合的には与えられていない，ということである。

全経済的均衡の具体化のために，通例，経済安定成長促進法1条2文の部分目標が引合いに出される。法廷意見は，決定的に，高い就業率および持続的・適切な経済成長という2つの部分目標に支えられている。これに対し，外部経済的均衡および物価の安定の部分目標が満たされていたのは明らかであった（年次鑑定評価 2005/2006, Tz. 480）。

特に，法廷意見は，連邦政府の「いずれにせよ，2004年も，十分な雇用を創出する成長は達成されない」という見通しの確定（BT-Drs. 15/1500, S. 13）を「主張可能」とみなす。しかし，これでは，法廷意見は，選択された結果の追認にとどまっているといえる。この評価の基礎は，有識者委員会による2005／2006年の鑑定において，事前の予測から詳細に把握されている（Tz. 475-487）。

雇用状況の基準を，全経済的かく乱状況の確定のために，画一的な基準にしようとすれば，基本法115条から，連邦の信用引受けを制限するための決定的な効果を奪ってしまう。有識者委員会は，失業率は何十年も高いことを指摘している。また，考慮されていないのは，この永続する雇用問題は，制度的枠組みの変更によってのみ影響を及ぼされうる，均衡現象の1つである，ということである（Tz. 478）。反対に，有識者委員会の当時の予測に基づくと，2004年には，景気に起因する失業は，むしろ減少するということが期待されえた（Tz. 482）。適切かつ安定した経済成長という部分目標に関しては，有識者委員会は，これは予測される相当な生産高の不足を考慮に入れて判断されるべきものであることを指摘する。当時の委員会の予測によれば，これらを根拠に，かく乱が目前に迫っていることは認識されえなかったのである。（Tz. 481）。

法廷意見は，予算立法者が，彼らの評価をそもそも有識者委員会の経済的な助言に基づくものと説明しているのかどうか，審査していない。予算委員会は，この間に公表された有識者委員会の年次鑑定にほとんど何も関連させていない。唯一，国内総生産の上昇が，特筆すべき程度に雇用を立て直すためには不十分であるという評価を裏付けるためだけに，有識者委員会に一面的に言及しているだけである（BT-Drs. 15/1923, S. 25）。

有識者委員リュールップとブランカルトは，口頭審理において，一致して，雇用水準の弱

【巻末資料2】 連邦憲法裁判所2007年判決（抄）　　233

さは，とりわけ構造的なものであり，9.3％の失業率のうち，1.6％のみが景気上のものである，と詳述した（Blankart, Gutachterliche Stellungnahme vom 8. Februar 2007, S. 3）。2003年における，2004年のために予測された成長の弱さもまた，全経済的均衡のかく乱の原因になるものとしては，すなわち景気上のものとしては，特徴付けられなかった。それゆえ，有識者委員会は，2004年度連邦予算に対する全経済的な動向につき，当時の時点での鑑定として，全経済的均衡のかく乱の兆候は，かなりの程度疑わしいという結論に至っていた（Stellungsnahme des Sachverständigen Rürup vom 11. Februar 2007, S. 7）。基幹となる2004年度連邦予算法律およびその信用授権額の公布の際に景気刺激効果をもたらすために表に出された租税改革の妥当性も，鑑定人のリュールップによれば，原則に即して考えると，すでに手段としては疑わしいものとされていた。

　基本法115条1項2文前段の投資にかかる制限が超過されるのは確かであるのに，投資概念がどのように理解されなければならないかについては，法廷意見によっては，言及されないままである。このことは，信用がそもそもかく乱を除去しえたのかどうか，ほとんど審査されていないことを示すだけではない。妥当する制限を，憲法上，それが連邦の債務の合理的な制限の意味と目的に，将来的に対応することができるように解釈するという準備も欠けている。15年以上も前からの裁判所のそのような要請にもかかわらず，立法者によってなされずにきた投資概念の具体化は，次の理由で，手つかずのままにされてはならなかったのである。すなわち，そうでなければ，2004年度連邦予算に対しても，投資概念に応じて，より少ない額あるいはより多い額の信用が，かく乱の除去のために妥当であったかについてまで，審査を及ぼすことができたからである。唯一，定義上，あらゆる投資があらゆるかく乱状況を除去することができる場合においてのみ，投資概念の厳密な定義が不要になるのである。しかし，法廷意見も，このことは述べていない。それでは，基本法115条1項2文後段による信用がかく乱を除去できるということが検証可能であるかどうか，確実に審査することは，初めから不可能なのである。

　信用がかく乱の除去のために妥当であるかどうかの問題について，法廷意見は，有識者委員会が，2003／2004年度所見において，減税は景気上の刺激を引き起こすであろうが，しかしこの刺激はわずかにとどまるであろうと叙述したことで十分なものとした。しかし，有識者委員会は，この措置のデメリットを，そのメリットよりも大きいと評価している（Tz. 397f.）。有識者委員会が付加的に言及する内容的な疑いにかんがみれば，そのように，妥当性の説明についてわずかな要求しかしないということでは事は始められえない。もし，措置全体の妥当性が，厳格な経済的基準で個別に測られれば，正当なものとされる信用総額が占める割合は，より少なくなりうるであろう（例えば，有識者委員会2006／2007年度所見における2006年度予算の安定化政策の措置の厳格な審査を参照。Tz. 401）。

　法廷意見は，そのような要求の欠缺を，次のことで正当化する。すなわち，短期的および長期的な結果のメリット・デメリットを考慮するのは，有識者委員会とは異なる，予算立法者である，ということによってである。しかし，法廷意見は，―その自らの基準に反して―予算立法者が経済学の知識に基づき，短期的および長期的結果を実際にも考慮したのかどうか，審査していない。すでに政治的理由から，連邦政府の法律案〔租税改革（減税）立法〕および連邦の予算案は，赤字削減のための長期的視点と結び付けられ，新規信用引受けの削減への自助努力が行われることだけが積極的に強調されるように提案されている（BT-Drs. 15/1500, S. 14, 15/1501, S. 5-10）。債務政策のデメリットは，予算委員会の報告において，

反対会派の意見として，それ以上の議論がなされることなく伝えられるだけである（BT-Drs. 15/1923, S. 26）。有識者委員の批判的な評価も考慮に入れられていない。結局，資料のなかには，考慮の要素も，賛否の叙述も見出しえず，法廷意見は，—自らの要求に反して—単なる結果の追認に終わっている。

　補正予算法律の審議においては，このことは，より明らかである。法廷意見は，ここで，補正予算において増額された信用引受けが，かく乱の除去のために決定されたかどうか，そして妥当であるかどうか，全く検証していない。信用が補正予算後の投資額をおよそ189億ユーロ超過していること（年次鑑定評価2005／2006も参照。Tz. 475）を，法廷意見は出発点にしていない（このことは，申立人によってのみ言及されている）。もし，予算立法者の当初の意思にかんがみ，租税改革（減税）の優先が信用を伴い弾みを付けるということから出発するなら，このことが少なくとも「検証可能」であるのかどうか審査されなければならないであろう。しかし，判決の確認によれば，補正予算の時点で111億ユーロの税収減が算定されていたので，見積もられた信用は，この目的を超過していることになる。さらに，不明なのは，全経済的かく乱を除去するために，税収減をどの程度まで均衡させることが妥当であるのかということである。この点で，憲法上の審査は，基本法115条の制限任務を視野から完全に失くしている。すなわち，法廷意見は，政治的に引き起こされる状況の前に降伏しているのである。法廷意見は，もはや投資の額から出発して増額された信用引受けが正当化されうるのかどうかを問題にするのではなく，全経済的均衡のかく乱に際しての補正予算による信用引受けが，基本法110条1項2文に基づき予算を均衡させるために妥当であるということで満足している。予算立法者が収入よりも多く支出する限り，任意のどんな額の信用についても，法廷意見はこれを肯定できることになろう。

　これには，暗黙裡に，次のようなおそれが根底におかれる。すなわち，赤字額が均衡されえないということによって，あるいは支出を相当に切り詰めないと均衡されえないということによって，全経済的均衡をさらにかく乱してしまうというおそれである。その際，予算立法者が，全経済的均衡をそれ以上危険にさらすことなしに，いつ，どこで，もっと節約ができた，そしてしなければならなかったか，ということは問題にされていない。加えて，元々の—そして将来回避可能な—誤りが探究されていない。すなわち，追求されなければならなかったのは，赤字予測を回避するために，初めからより慎重な見積り，ないしは原則的な切詰めについて考慮されなければならなかったこと，あるいは，正当化されるべきでない信用を阻止するために，予算年度の初めに配慮が行われるということである。けだし，400億ユーロを超える新規起債を伴うこの補正予算は，すでに当初予算の編成の際に予測可能であったからである（予算委員会報告におけるFDP会派の見解参照。BT-Drs. 15/1923, S. 26）。

　どのような信用にも開かれている補正予算は，予算年度の初めの時点で予算法律にも悪影響を及ぼす。すなわち，補正予算によってコントロールされずにさらなる信用が引き受けられうるなら，予算法律は予算年度の初めの当初の規定において，厳格に審査することは全く不必要なのである。それゆえ，経済学の専門家によっても，基本法115条の例外規定は，—反対解釈において—法的にも実際にも上限を命じていないと非難されるのである（連邦会計検査院の意見〔Stellungsnahme des Bundesrechnungshofs〕13頁，年次鑑定評価2006/2007, Tz. 403）。そのようなことでは，どの範囲で信用の規定上の上限を超過しているのか，予算実務において判断する役割は果たされない。この点に関する，予算法律の理由の中での叙述も欠けている（連邦会計検査院の意見14頁）。

【巻末資料２】　連邦憲法裁判所2007年判決（抄）　235

　立法者は，補正予算において増加された信用授権が実際のところ，この補正予算のために使われるべきかどうか，またFiFo方式〔First-in-First-out-Methode〕によって次の予算のために繰り越されるのか，説明していない。この残余信用授権によって，投資額の上限を超えた信用の投入やその妥当性のコントロールのみならず，補正予算を呈示する必要性まで意味を失ってしまう（年次鑑定評価2006／2007, Tz. 403）。

Ⅳ

　もし，2004年度予算法律の制定の際および同補正予算制定の際の全経済的均衡のかく乱，ないしは，かく乱除去のための信用の妥当性が否定されるならば，連邦は，2004年度において，171億ユーロの不足を，支出の減少か収入の増大により均衡させなければならなかったのであり，対象となる予算法律は憲法違反と評価される結果となる。なぜなら，そこでの信用は，補正予算を考慮に入れれば，投資の総額をほぼ100％超えているからである。予算の執行において，2004年度の連邦の純信用引受けは，最終的に395億ユーロであったのに対し，見積もられた投資支出の信用制限は224億ユーロであった。この点で，法適合的な行為の選択肢を基礎におくならば，いずれにしても連邦は，2004年度において，171億ユーロの不足を，支出の減少か収入の増大により均衡させなければならなかったのである。
　この点につき，有識者委員リュールップは，口頭審理において，そのような多くの額を給付の削減や増税によって引き上げることは，ドイツにおける需要にあまりに強く作用し，景気悪化の様相を示していた経済力をさらに弱めることになったであろうと述べた。しかし，同時に彼は，高額の新規信用引受け，およびこれによってさらに高められる累積債務は，これ自体，中期的には成長のブレーキになることを認めた。
　しかし，そのような議論は，憲法上のコントロールにとっては，全経済的均衡のかく乱が確認されたときにのみ必要となるのであり，この状況は，初めには根拠付けられていない。かく乱の状況がなければ，堅実な均衡された予算運営の原則が優先する。なぜなら，連邦および州は，全経済的均衡の必要の考慮（基本法109条2項）は，基本法115条1項2文後段の授権がなければ，初めから均衡し持続可能な予算政策のなかでのみ許されるからである。これは，いずれにせよ新しいより有効な憲法上の規律を〔求めて〕呼び寄せるべきではないと思う者の目には，あまりに堅いとか，経済的に無分別だと映るであろう。けだし，債務の法的制限は，それが実際に機能すれば，それだけそのようなマイナスの効果をもつものだからである。
　さらに，景気上の後退の徴候はなくても，現実に成長の悪化，雇用の悪化が想定されればどのような場合でも，額を制限されない信用引受けが連邦に許される，そうであれば，それによって，累積債務を切り崩す現実味はますます低くなる。そうこうするうちに，連邦にとって，明確な，連邦予算に表示された連邦債務の増大する累積額は，2006年度末で，すでにおよそ9170億ユーロとなり，現行の2007年度についてみると，利子の支払いは393億ユーロを必要とする。すなわち，全租税収入の18％が，今日，利払いのために充てられなければならないのである（2007年2月7日の連邦会計検査院の意見5頁および8頁）。期限の到来した信用の現在の返済は，再び，信用引受けを通じて行われており，これには，将来の低金利の局面の後には，利払いでより大きな負担が加わるというリスクを負っている（2007年2月7日の連邦会計検査院の意見9頁）。連邦は，──UMTS〔Das Universal Mobile Telecommunications System〕ライセンスの競売からの1回限りの収入という一部の例外を除いて

――連邦債務が絶え間なく増大を始めたのち数十年経っても，まだ，累積した債務を，純粋な返済，つまり新規債務の額を上回る返済によって切り崩すことを始めていない。

それゆえ，予算立法者は，繰り返される期間権侵害によって，次のような憲法命令，すなわち，景気の有利な状況のもとでは，基本法115条を援用して引き受けられる信用を景気回復の局面における節約または収入の改善によって返済する，という命令を軽視していることになるのである。そのような行動は，ただ憲法には違反しないといえるにすぎないであろう。予算運営上も，この行動は，特別に楽観的な成長の期待ができる場合，または明らかに際立つ節約の潜在力がある場合に限り，全経済的均衡の保持および秩序ある予算運営の点で，なお「主張可能」といえるにすぎない。人口統計上の推移からすれば，むしろ，負担能力の不足は，特に社会保障のシステムにおいて示され，また，とりわけ多額の債務のために，生産性の成長の促進のための資金は，例えば，世帯間の負担の均衡，教育，科学・技術の促進において投資をするために十分に自由とはいえないので，そうこうするうち，公的債務の規模は，まさにその削減の可能性にもブレーキをかけてしまうであろう。1964年の連邦予算と2004年のそれを比較すれば，とりわけ目につくのは，年金のための連邦の支出が12.9％から30.7％へ，連邦の債務に対する利子支出が1.9％から14.4％へ増えており（連邦財務省，財政の負担能力の報告，48頁参照）。それゆえ，負担能力のリスクが，この両者の要因ではっきりすることになる。

通常の経済状況の局面において累積した債務が返済されない限り，連邦は，とりうる政策の支出面で制限されるのみならず，まさに，代表的に年金や介護保険における負担能力の不足が明らかとなれば，給付水準を引き下げるか負担金または租税を引き上げるかの選択肢しか持たないことになる。しかし，グローバル化された，そしてヨーロッパとして統合された経済のなかで，給付に適合した，そして自由にも適合した収入・財産への課税を実現させる可能性は低くなり，それゆえ，間接的な，いずれにせよ社会的な，しかも効果において直ちには目的適合的とはいえない増税への傾向が強まるのである。

公債政策は，いずれ，景気のブレーキになるのみならず，調整・配慮・促進の措置を通じて社会国家原則を実現していく実際上の可能性をも減少させる。将来世代の負担には，とうの昔に足を踏み入れられている。なぜなら，全経済的均衡の保持という目的に照らし，1970年頃以降の信用引受けのもとで，現在，すでに苦しんでいるからである。

その場合，連邦は，基本法109条2項の命令に従って全経済的必要に応じた予算運営・財政運営を行う能力を，高い確率で失うだけではない（予算の緊急状況につき，BVerfGE 86, 148〔266〕）。債務の返済がなされなければ，負担能力の大きな不足の発生を前に，自由の制限，社会保険法上の財産的地位の価値減少，民主主義的な形成能力の喪失といった，公的債務のマイナスの傾向も強められる。結局，好景気の際に累積が全くまたは意味のあるほどに減らず，景気の悪化の際に明確に増える債務は，重要な国家の構造原理について考慮する可能性を徐々に危うくする。それは，非立憲主義への傾向を幫助する。なぜなら，連邦の政治的活動がますます足かせをはめられ，結果，憲法上の制限超過を余儀なくさせるからである。とりわけ，この状況，すなわち，憲法上の秩序の形を変えてしまうこの影響こそが問題であり，これが，憲法裁判所に特別の責任を強いることになるのである。

〔2〕 ランダウ裁判官の特別意見

　法廷意見は，国の過度な債務にかかる政策を，基本法 109 条 2 項および 115 条 1 項 2 文を厳格に適用して制限を行うための，あらゆる努力を回避させるものである。
　この点において，ニーダーザクセン州の憲法裁判所（NVwZ 1998, S. 1288ff.）およびベルリン州の憲法裁判所（NVwZ 2004, S. 210ff.）は，より厳格な基準を用い，基本法 115 条 1 項 2 文（および対応する州憲法の規定）に定められた制限規定の超過がもたらされる場合に，予算立法者に，より拡大された説明責任を負わせるということを通じて優れたものとなっている。
　それに対して，法廷意見には，基本法 115 条 1 項 2 文の解釈・適用に際して，1989 年 4 月 18 日の当法廷の判決の基準（BVerfGE 79, S. 311）を明確にしようとの動機がみえない。しかし，基本法 115 条 1 項 2 文からの投資概念に対しては，私見によれば，まさに以下のことが妥当する。
　基本法 115 条 1 項 2 文によれば通常の状況において基準となる信用借入れの制限，すなわち「予算案に見積もられた投資のための支出の総額」について，当時，予算立法者によって通常の信用制限の算定の基礎におかれた連邦予算法 13 条 3 項 2 号における投資の定義は，基本法 115 条 1 項 2 文の投資概念に照らして妥当でないということが確認されなければならない。連邦予算法 13 条 3 項 2 号の規定は，その投資概念の広さにおいて，憲法上の基準を超え，立法者が基本法 115 条 1 項 3 文によって課された任務の許容限度を超えている。この規定が通常の信用制限の算定の基礎におかれてよいのは，過渡期のみである。

　1. 当法廷がすでに 1989 年 4 月 18 日の判決において定立した基本原則を補完するにあたり，基本法 115 条 1 項 2 文の投資概念がいかに理解されなければならないかは，将来に対して未解決のままではありえない。なるほど，連邦予算法 13 条 3 項 2 号による投資支出が基礎におかれているとすれば，2004 年の連邦の予算法律 2 条 1 項の新規定による信用借入れの制限は，すでに超過している。しかし，通常制限の超過を単に確認するだけでは，さらなる憲法上の審査の起点としては十分ではない。通常制限を超える高額の信用借入れは全経済的均衡のかく乱の除去のための手段であるべきなので，この手段は，通常制限との関係においても精確に決定されなければならない。さらに，将来の予算立法の観点において明確にされなければならないことは，連邦予算法 13 条 3 項 2 号の当時の規定では，基本法 115 条 1 項 3 文の投資概念具体化の規律任務を充足するものとはみなされず，したがって，将来，新規起債の通常制限の決定の基礎にはおかれえない，ということである。
　私は，立法者は，当法廷が 1989 年 4 月 18 日判決（S. 352ff.）において警告した，基本法 115 条 1 項 3 文からの規律任務の充足を，連邦予算法 13 条 3 項 2 号によって単に形式的にのみ果たしたにすぎない，という点については，法廷意見と一致する。しかし，法廷意見とは異なり，立法者への法律委託の意義および規範内容は，それまでに得られた経験を考慮し，投資概念を次のように精緻化することであったと考える。すなわち，この概念が，連邦予算に将来あまりにも強く負担をかけ，将来の予算立法者の，その時差し迫った問題の解決のために必要な決定の余地を過度に制限するような公的債務を予防するという機能（S. 354f.）にできる限り適合するように，である。なるほど，基本法 115 条 1 項 3 文は，立法者に，投資概念の具体化を委託している。しかし，この具体化の内容は，それ自体，憲法で測られな

けなければならない。立法者は、その限りにおいて、具体的な整序・分類の問題や技術的・量的境界付けの問題を規定することができるのである。しかし、憲法上の投資概念を構成する要素は、直接に基本法から取り出されなければならない。

 2. 基本法 115 条 1 項 2 文の「予算案に見積もられた支出の総額」は、収益をもたらす財産の増加、またはプラスの成長効果と結び付けられる支出の差額として、譲渡からの収入などを差し引いて計算されなければならない。
 憲法は、それ自身、投資概念の法的定義を含んでいない。したがって、その内容は、基本的に、概念の機能面に向けられた解釈方法によってつきとめられなければならない。基本法 115 条 1 項 2 文前段は、公的債務に対する制限機能およびブレーキ機能を有する。いずれにしても、将来の収入を予算運営上先取りすることは、次のことによって制限されるべきである。すなわち、借入れは、将来有利になる性格をもつ支出の範囲内でのみ要求することを許される（S. 334）ということによってである。かくして、この制限の内容および有効性にとって決定的なのは、投資の概念となる。したがって、基本法 115 条 1 項 2 文前段の意義と目的は、投資概念を狭義に解することを要求する。つまり、基本法 115 条 1 項 2 文は、特別に将来負担をもたらす予算の効果と利益をもたらす予算の効果を相殺するために、信用借入れによる将来の負担と、将来に利益をもたらす支出の総額とを抱き合わせる規定なのである。基本法 115 条 1 項 2 文の債務制限の基礎には、この世代間の均衡の原則がおかれている（参照、Isensee, in: Wendt u.a. [Hrsg.], Festschrift für Karl Heinrich Friauf, 1996, S. 705 [706f.]）。基本法 115 条 1 項は、その限りで、財政憲法の領域において民主主義原則を具体化するものである（参照、BVerfGE 79, 311 [343]）。したがって、看過できないのは、将来の世代の政治的な形成の自由が常にそれだけ制限されるということである。民主主義原則は、公的債務を禁じている、否、将来の予算立法者の活動の余地を守るために制限することを命じている。したがって、通常の場合において、予定された公的投資支出による新規起債の制限は、将来の世代の負担に、利益をもたらす財産の増加またはプラスの成長効果が対置することを保障しなければならない（Höfling, Staatsschuldenrecht, 1993, S. 189; Isensee, a.a.O., S. 712）。しかも、それは、将来利益をもたらす効果がありさえすれば十分というのではなく、現実に将来の予算年度に反映することができ、かつこれが固有の支出から取り除かれるような経済上の実体が作り出される場合にのみ承認されうるのである。

 3. 投資支出に関する制限は、このことから生じるのであり、まさにこのことに、投資概念の具体化が向けられなければならない。
 憲法上の構成要件は、純投資に制限されなければならない。すなわち、分類別予算に計上された総投資は、減価償却費分だけ、当期に生じている公的資本のストックの価値が減少したとして、縮小されなければならない。それを超えて生じるプラス増大効果は、もっぱら純投資からのみ引き起こされうるのである。カメラル予算において純投資は表されないであろうという異論があれば、補助計算がなされればよい。
 さらに、そのマイナス投資的効果に基づき、財産の譲渡、貸付けの返済および保証請求にかかる返済からの収入は、投資の総額から差し引かれなければならない。なぜなら、これらは、連邦の財産、そして将来の収入の可能性を永続的に減少させるからである。
 貸付けは、それ自体、投資目的のために受領者のもとに投入される場合にのみ、投資とし

て考慮されうる。消費目的に供与される貸付けは、将来のプラスの増大効果には至らない。
　保証請求にかかる支出は、投資に計上されてはならない。なぜなら、連邦によって取得される返還請求債権は、通例、回収困難であり、それゆえ控除されなければならない。

　4．投資概念の意義および目的から導かれるこのような解釈は、基本法115条1項2文の文言と矛盾しない。つまり、そこにおける、通常時の信用制限は「予算案において投資のために見積もられた支出」によって決定される、という定式は、予算立法者は、予算案における見積もりによりさえすれば、その支出を基本的に基本法115条1項2文の意味における投資にすることができる、と理解されてはならないのである。その文言は、むしろ、通常時の信用制限は、予算策定の際計画される「Soll」の投資が基準となるのであって、「Ist」のそれではない、ということを指摘している。このことによって、この定式が、規律の周知効果および警告効果と接点をもつことにもなる。すなわち、投資の総額、それゆえ信用上限は、予算案策定者に一義的に認識されなければならないのである。
　基本法115条1項2文において、総投資を考えることは、システム的な考察方法にも矛盾する。なぜなら、基本法115条1項2文においては、投資のための支出に対置する「信用からの収入」について、純信用借入れしか考えられないからである。つまり、信用概念と投資概念との間の実質的な対照性の命令は、算定の基礎および制限の基礎を統一的に「純（netto）」で算定することを命じているのである。さらに、基本法115条1項2文は、基本法109条2項との密接なシステム的連関のなかにある。基本法109条2項から生ずる連邦の義務、すなわち、その予算運営に際して全経済的均衡を考慮に入れるという義務は、信用借入れにも及ぶ（BVerfGE 79, S. 334f.）。投資概念を過度に広く解すれば、基本法115条1項2号は、基本法109条2項から生ずる全経済的均衡の考慮と並ぶ信用借入れの追加的制限としての意味をもたなくなる。
　なるほど、基本法115条の新規定の成立史は、別の方向を示すようにみえる。予算改革の法律案の理由によれば、基本法115条1項2文における投資支出の概念のもとには、マクロ経済的考察において国民経済の生産手段を獲得し、増やし、または改善するような措置のための公的支出が理解されうるとされている。これに数えられるのは、例えば、建設措置、不動産または価値を有する動産の購入、持ち分の獲得、貸付けおよび投資補助である（BT-Drs. 5/3040, S. 47）。しかし、さらなる概念上の限定について、理由は何も言及していない。基本法115条1項2文の成立史の指摘が投資概念の機能的・システム的考慮を無効にする、ということはできない。すなわち、法律の規定の解釈にとっては、ここで表されている法律の規定および意味の連関から生ずる立法者の客観的な意思が基準となるのである。資料は、立法を行う機関の主観的な考えを客観的な法律内容と同視するよう用いてはならない。そのことは、特にここで妥当する。なぜなら、基本法115条が適用されるべき状況は、1969年の新規定以降、基本的に変わったからである。当時の財政上の前提および期待は、もはや与えられない。1960年代半ばまで、連邦および州における純信用借入れは、副次的な役割を演じていた（財務省第三者委員会鑑定、1984年3頁）。1966／67年の景気崩壊の間、初めて大規模に信用調達された支出プログラムが実施された。それは当時、経済外的な刺激策とも結び付き、経済的状況の改善にも至った（前掲3頁）こともあって、1967／69年の予算改革立法は、反循環的財政政策の典型は実務において転換可能との期待のもと行われたのであるが、その後、そのような反循環的景気政策は行われなかった。つまり、回復局面でも、

もはや信用借入れの縮減には至らず，いわんや借り入れられた信用の効果的な返済には至らなかったのである。これは，結果として，絶えず増大する連邦の累積債務となり，多額の利子負担と結び付いた。この結果にかんがみ，基本法115条の解釈は，基本的には，その成立史からは決定されえないのである。

　5．この訴訟に対しては，憲法上の投資概念に対するこのような詳述は，なお結論をもたない。予算立法者は，これまで次のことから出発することができた。すなわち，連邦予算法13条3項2号における投資の定義は，基本法115条1項3文からの立法委託を果たすために作られたものであり，通常時の信用制限の決定の基礎に置かれてもよい，ということからである。しかし，立法者は，将来のために，憲法上の基準に十分な法律上の規律を作らなければならない。そうでなければ，将来において，通常時の信用制限の算定は，ここで述べられた投資概念の解釈の考慮のもと，基本法115条1項2文に基づいて〔憲法裁判所によって〕直接に行われなければならなくなる。

索　引

ア　行

赤字国債	197
アドバイザリー・ボード	91, 153
安定化委員会	101, 140, 157, 198
安定成長協定	16, 100, 117, 131
HPフィルター	149
MHPフィルター	149
欧州委員会	133
欧州共同体設立条約	131, 205
欧州経済共同体設立条約	131
欧州理事会	133
欧州連合の機能に関する条約	131

カ　行

カールスルーエ（連邦憲法裁判所）の不快感	15, 73
会計検査院	192
閣僚理事会	157
隠れた債務	169, 182
過度な財政赤字	132
カメラル式予算システム	115
監視手続	133
官房学	5
管理勘定	107, 119, 178
議会の予算権	71, 196
期間権侵害	50
基金	143
期限付き支配	68
北ドイツ連邦憲法	6, 202
規範統制	13, 38
均衡勘定	144, 149
均衡予算原則	16, 63
金融安定化基金	178
金融取引	177
経過規定	108
景気上の起債制限	96, 100
景気調整	22
景気調整手続	117
景気要因に基づく投資	144
景気要素	117
経済・金融危機	147
経済安定成長促進法	11, 20, 41
経済研究所共同作業グループ	153
経済財政委員会	134
経済性検査	183
経済性原則	193
経済専門有識者委員会	153
経済通貨同盟の安定，調整および制御に関する条約	206
決算審査	191
検証可能性	14, 56
建設国債	197
健全化支援	108
憲法裁判権	43
憲法裁判所の「自制」と「アピール」	67
憲法上の補完ないし緊急権	66
憲法のエステ	107
憲法附属法	196
権力分立原則	71, 196
公金検査請求訴訟	195
公債残高	19, 142
構造的の起債制限	95, 100
構造的の起債枠	116
効率性	193
国民の支持	147
国民のための財政	187
古典派国民経済学	5
コミットメント	164, 199

サ　行

ザールラント州憲法裁判所	34
再建プログラム	152, 158
最終パッケージ案	107
財政運営に必要な財源の確保を図るための公債の発行の特例に関する法律	208
財政改革	9, 11, 46, 192
財政緊急事態	152, 154, 158, 162
財政計画委員会	154
財政経済諮問会議	152

財政決定者のコントロール	191	先端投資	143
財政憲法	18, 47, 122, 180, 198	専門有識者ヒアリング	77, 110
財政構造改革の推進に関する特別措置法	210	早期警戒システム	84
財政国会中心主義	187	相互性の秩序	70

タ 行

財政再建の支援	17		
財政政策委員会	153, 159	第1次連邦制度改革	12
財政制度等審議会	152	第2次連邦制度改革	15
財政法	208	第2次連邦制度調査会	75
財政法4条	123, 195	団体訴訟	195
財政民主主義	187	地方財政法	208
財政立憲主義	188	調整勘定	100
債務共同引受法	13	通常外の財政状況の悪化	36
サンクション	31, 58, 83, 122, 135	通常外の必要	35
残余起債受権	30	つなぎ債務	169
自制	55	ドイツ国法学者大会	18
持続可能性	189	ドイツ帝国憲法	6, 202
自動安定化装置	23, 118	ドイツ統一基金	13, 29
支払不能	155	投資	14, 26, 41, 55, 56, 59, 61, 62, 95, 143, 148
ジャンプ効果	176	等族制国家	4
州憲法	125	特定多数	119
重商主義	5	特別意見	15, 58, 61, 232
州の起債制限	86	特別財産	12, 29, 177
主張可能性	14, 28, 56	トップダウン手続	175
償還勘定	145	トレーガー鑑定	10
償還規定	16		

ナ 行

償還計画	119		
将来世代	24		
将来の国民	188	2009年改正基本法	203
初期立憲主義	6, 44	2007年判決	14
助言	193		

ハ 行

審査要求	194		
スイス財政法	143	バーデン大公国憲法	201
スイス財政法改正	145	バイエルン王国憲法	6, 44, 201
スイスの起債ブレーキ	79, 141	発生主義	194
制裁金	135	反景気循環的財政政策	10
税収予測委員会	153	判断過程統制	194
政府間協定	108	ハンブルク州憲法裁判所	37
世代間	23, 62, 69, 196	引継債務償還基金	13, 29
説明義務	163	評価および判断の余地	55
説明の負担	65	平等原則	193
節約と公正	189	非立憲主義化	67
1969年改正基本法	203	比例原則	49
1949年基本法	8, 203	FiFo方式	30, 169
全経済的均衡	11, 40	複数年度予算	116
全経済的均衡のかく乱	11, 28, 42, 47, 55, 58, 197	負担能力	95, 136
全経済的均衡のかく乱の除去	64	負の投資	27

プロイセン欽定憲法	201	**ラ 行**	
プロイセン憲法	6	リーマン・ショック	73, 88, 105, 147
プロイセン修正憲法	201	利害関係人	194
プロイセン州憲法	202	リスクマネジメント	182
ベルリン判決	155	リスボン条約	131
ヘレン・キームゼー会議	9	立法者の「背信」	66
補完性原理	48	利払いの負担	24
ボトムアップ手続	175	LiFo 方式	170
		領邦等族	6
マ 行		例外起債	118
マーストリヒト基準	79	例外規定	28, 98, 101, 145
マーストリヒト条約	131	連邦委託官	166, 193
魔法の四陣角	20	連邦会計検査院長	193
未解決のテーマ集	156	連邦憲法裁判所の「特別の責任」	67
見越し信用授権	170	連邦財務省案	98
民間監視団体	194	連邦鉄道財産	13, 29
民主主義原則	62, 68	連邦予算法	11
無利子の預け金	135	論点ペーパー	103, 105
ヤ 行		**ワ 行**	
有識者委員会	77		
有識者委員会の鑑定意見	80, 94	ワイマール憲法	7, 202
ヨーロッパ投資銀行	135	**A〜Z**	
予算回避	13		
予算総則法	11	Harz IV	51
予算法発展継続法	12	INTOSAI	181
		pay as you use	23
		PPP	179

著者紹介

石森　久広（いしもり・ひさひろ）
1962 年　広島県生まれ
1989 年　広島大学大学院社会科学研究科博士課程単位取得
1996 年　博士（法学）（広島大学）
現　在　西南学院大学大学院法務研究科（法科大学院）教授
　　　　西南学院大学副学長（2014- ）
専　攻　行政法，財政法，地方自治法

主要著書

『会計検査院の研究』（有信堂，1996 年）
『政策法務の道しるべ』（慈学社，2008 年）
『財政民主主義と経済性』（有信堂，2011 年）
『ロースクール演習行政法〔第 2 版〕』（法学書院，2015 年）
『基本演習行政法』（法学書院，2016 年）

財政規律の研究——ドイツ憲法上の起債制限

2018 年 2 月 14 日　　初　版　第 1 刷発行　　　　　　〔検印省略〕

著者ⓒ石森 久広／発行者　髙橋 明義　　　　印刷・製本／創栄図書印刷

東京都文京区本郷 1-8-1　振替　00160-8-141750
〒 113-0033　TEL (03) 3813-4511
　　　　　　FAX (03) 3813-4514
http://www.yushindo.co.jp
ISBN978-4-8420-1522-4

発　行　所
株式会社　有信堂高文社

Printed in Japan

新・基本行政法	村上武則編／横山信二監修	三〇〇〇円
新・応用行政法	村上武則編／横山信二監修	三五〇〇円
行政の裁判統制と司法審査——行政裁判の理論と制度	横山信二編	五八〇〇円
給付行政の諸問題 村上武則先生還暦記念	横山信二著	八〇〇〇円
給付行政の理論	横瀬山川信敏二行肇編	八〇〇〇円
会計検査院の研究——ドイツ・ボン基本法下の財政コントロール	村上武則著	九〇〇〇円
財政民主主義と経済性——ドイツ公法学の示唆と日本国憲法	石森久広著	四五〇〇円
ドイツにおける公法上の結果除去請求権の研究	太田照美著	五〇〇〇円
東アジアの行政不服審査制度	尹龍澤著	九〇〇〇円
個人情報保護——理論と運用	平松毅著	四〇〇〇円

★表示価格は本体価格（税別）

有信堂刊

世界の憲法集〔第四版〕	阿部照哉編	三五〇〇円
人権の司法的救済	畑博行編	四五〇〇円
立憲主義──過去と未来の間	阪本昌成編	七〇〇〇円
権力分立──立憲国の条件	阪本昌成著	六〇〇〇円
分権国家の憲法理論──フランス憲法の歴史と理論から見た現代日本の地方自治論	大津浩著	七〇〇〇円
亡命と家族──戦後フランスにおける外国人法の展開	水鳥能伸著	一〇〇〇〇円
フランス憲法と現代立憲主義の挑戦	辻村みよ子著	七〇〇〇円
市民主権の可能性──21世紀の憲法・デモクラシー・ジェンダー	辻村みよ子著	四二〇〇円
アメリカ連邦議会と裁判官規律制度の展開──司法権の独立とアカウンタビリティの均衡を目指して	土屋孝次著	四六〇〇円
外国人の退去強制と合衆国憲法──国家主権の法理論	新井信之著	七〇〇〇円

★表示価格は本体価格（税別）

有信堂刊